辛德勇 著作系列　06

讀書與藏書之間

中 华 书 局

图书在版编目（CIP）数据

读书与藏书之间/辛德勇著. —北京：中华书局，2020.6
（辛德勇著作系列）
ISBN 978-7-101-14574-8

Ⅰ.读… Ⅱ.辛… Ⅲ.古籍-中国-文集 Ⅳ.G256-53

中国版本图书馆 CIP 数据核字(2020)第 084086 号

书　　名	读书与藏书之间
著　　者	辛德勇
丛 书 名	辛德勇著作系列
责任编辑	孟庆媛
出版发行	中华书局
	（北京市丰台区太平桥西里 38 号　100073）
	http://www.zhbc.com.cn
	E-mail：zhbc@ zhbc.com.cn
印　　刷	天津图文方嘉印刷有限公司
版　　次	2020 年 6 月北京第 1 版
	2020 年 6 月北京第 1 次印刷
规　　格	开本/920×1250 毫米　1/32
	印张 12¾　字数 268 千字
印　　数	1-5000 册
国际书号	ISBN 978-7-101-14574-8
定　　价	78.00 元

自　序

　　我是一个从故纸堆中讨生计的人。不是转贩旧书，而是在古人写下的书籍的字缝里找文章做。

　　既然读书，就需要买书。近十几年，因为买旧书的缘由，时常会接触到一些藏书家。在藏书家的眼里，我多半算得上是个专业的"学者"，买的书也只是学者必需的"用功"的书籍，与藏书存在着根本的差别。可在一些学者看来，像我这样胡乱买旧书，又似乎是与学术毫不相干的事情。礼貌一些，会说这是在收藏书籍；不客气地讲，就是"玩物丧志"那句现成话。非驴非马，被每一条正道上的人，都视同蝙蝠。可见，虽然同样是以书为侣，但是在读书与藏书之间，似乎存在着很大的间隔。我祖居东胡故地，借用西汉时东胡人的话来说，也可以将这一中间地带，称之为"瓯脱外弃地"①。

　　然而，若要对读书与藏书分别给出确切的界定，却并不容易。譬如，你可以说，读书者买书只为方便阅读，不需要考虑诸如品相、版

---

① 瓯脱：《史记·匈奴列传》记载，秦汉时在东胡与匈奴的居地之间，"中有弃地，莫居，千馀里，各居其边为瓯脱。东胡使使谓冒顿曰：'匈奴与我界瓯脱外弃地，匈奴非能至也，吾欲有之。'"三国时人韦昭，释此瓯脱为"界上屯守处"。

本等书籍外在形式上的差异。但是，并排放上两部内容和印制形式完全相同的书籍，一部油污水渍，蓬头垢面，另一部则触手如新，墨香袭人，恐怕天下所有"读书"者，都要选择后一部。又譬如许多自命为"读书"的人，会以为藏书者类皆束书不观，纯粹是把书籍当作古董和艺术品来装点门面。可是，其实从来就没有根本不读书的藏书家，藏书家对书籍的内容大多各有不同的偏好，就可以很好地说明这一点。——只不过你有你的读法，他有他的读法，他可能只是茶馀饭后把玩赏鉴，同时悉心品味书籍蕴涵的文化内容与其形式之美，并不像以读书为职业的那些人，一定要通过看书来写东西、谋衣食而已。

如此说来，在读书与藏书这两大界域中间，应当还存在着一个很宽泛的过渡地带。不仅是我，其实很多需要常年读书的人，都是处在这一地带的不同位置之上。近年济南齐鲁书社办了一个讲藏书的刊物，名为《藏书家》，实际上在上面写稿子的人，多半是既读且藏，或者说是因读而藏，读而后藏，真正称得上藏书家的作者，只占其中很少很少一小部分。

我从来没有想过要当藏书家，以后更不会有这种念头。严格地说，买书只是为了读书，为了更方便地读书，更多地读书，也为使读书变得更有趣味，更多一分惬意。

上学受教育，老辈的说法叫念书；书面化一些的说法，便是读书。小学和中学，应当好好启蒙打基础的时候，正赶上了所谓"十年动乱"，在学校，非但不能像现在一样"正规"上课受教育，反倒是时常要代替家里有事的老师给同学"讲课"，于是，就养成了我自己读书的习惯。自己阅读，随心所欲，找想看的书，这样，自然而然地也很早就滋生了跑书店买书的嗜好。当然，像那个时代大多数孩子一样，手头儿能够省下来的零花钱有限，能买到的书，自然也极为有限。

少年时代购得的书籍，历经数度移徙搬迁之后，都早已不见踪影，只记得读的最多的是李瑛的几本革命诗集。虽同样是用分行的句子，来图解那个时代的政治意象，但李瑛的诗似乎很讲究节奏和韵律。直到现在，我读新诗，还是很看重这一点。另一部印象深刻的书籍，倒是古代文献，名为《何典》。印象深刻，是因为书名奇特，好记，至于这部书的内容，直至今天，也没有好好读过。这反映出，我可能在一定程度上，已经显露了聚而不读的"藏书"倾向。

1977 年考上大学以后，开始有明确目标地搜罗专业所需要的书籍。高考时本来报考文科，却阴差阳错地被录取到理科。既要满足读文史书籍的欲望，又要适应念理科的需要，欲求者甚广，而从生活费中节省下来的购书款项却依然有限，故所得而求之者甚寡，在书店里还是翻看的时间很长，买下的书籍很少。不过，外界条件的抑制，反而愈加强化了内心购书的奢望。

在大学本科时期，值得一提的是，似乎有了一点儿贴近藏书家的购书路数。这就是不问喜好与否，以及是否都用得上，成龙配套地购买某一系列的书籍。其中如人民文学出版社出版的外国文学名著丛书，就是现在藏书者通常称之为"网格版"的那一种绿底黄色网格封面的版本，我是见一本收一本，基本收齐了当时已经出版的所有品种。又如旧期刊，一本一本地配齐了自创刊号以来的《地理知识》和《地理》。《地理知识》发行量大，配齐并不太困难，但《地理》是 20 世纪 50 年代发行时间很短的地理学中级刊物，介于高端的《地理学报》与普及的《地理知识》之间，上下不靠，存世无多，为配齐它，耗费了我很多个周末。不过大学毕业以后，由于购买必需专业书籍的巨大吸引力，再也没有这样刻意按照出版的系列来购置书籍，从而也就在这个关键环节上，脱离了通往"藏书家"的路途。

不过，也正是从这一时期开始，我逐渐体味到在购书过程中寻寻觅觅的乐趣。觅书的乐趣，本来主要体现在搜寻旧书、旧期刊的特殊体验之中。但在那个新书发行渠道还很不通畅的年代里，除了周末常去旧书摊儿寻觅需要的书刊之外，我还有另外一种觅书的途径，这就是通过征订书目，找寻即将出版的新书，向书店预约订购。

回想起来，至今我仍然对当时哈尔滨市南岗新华书店负责预订图书的那一位女士，心存敬重和感激。数年之间，这位店员为我订购了许多书籍，其中包括现在还一直使用的《中国自然地理》系列丛书。特别令我感动的是，其中有一些书，整个哈尔滨市，因为只有我一个人预订，所以，书店竟为满足我一个人的需求，特地从出版社订进了惟一的一本。例如由中央气象局气象科学研究院天气气候研究所编辑的《全国气候变化学术讨论会文集（1978年）》，就是这样，是我在《科技新书目》上看到出版消息后，由这家书店代为订购，买到手中的。像这样专门的书籍，除了北京、上海，当时在其他地方，是很难买到的。等到我读了研究生，专门学习历史地理学之后，直至今日，一直为能够拥有这本论文集而颇感得意。后来徜徉于南北各地旧书摊肆，却始终没有遇见过这本文集，也就更为感激专门为我预订书籍的这位店员。

各个专业，都需要读书，但从事历史这一专业，似乎需要比其他专业读更多的书。当然，更准确地说是浏览更多的书。这一方面是因为历史专业所读的书，其中有相当一部分，读法有些特别，并不是逐字逐句地阅读，只是走马观花，了解一下大概内容，日后做专门研究需要时，再仔细阅读，或是查找一些有用的资料；另一方面，是因为从事历史专业，不管学术进展到什么地步，出现多少新知识，得出多少新结论，对每一个具体问题的研究，依然需要立足于原始资料，一切从头做起，去读很多代以前学者早已读过的书籍，而不像其他很多学科，新知识随时淘汰老知识，有了新著述，就可以扔掉老书不用。历史学研究用书这两个特点，决定了干这一行的人，往往需要在书斋里储备很多很多的书籍。

大学毕业以后，接着读研究生，由理科转入文科，进入历史学领域。因为有了比较具体的专业，读书的范围，也变得非常具体，而购书的数量，则基于专业的需求，开始大幅度增加。当时买书，几乎纯粹是为了实用，丝毫没有考虑过兼顾阅读与赏玩。不是没有这样的意愿，而是尚且无力顾及于此。

记得上个世纪 80 年代中期，业师黄永年先生从北京琉璃厂古籍书店，为单位购买了一批古籍，其中有明末刻本钟惺、谭元春评点《水经注》，价格 80 元。这是古代地理学名著，因我学习历史地理专业，先生特地指点说，此书价格不贵，书店另存有同样一部，可以考虑买下。但我当时正处于贪婪地扩充存书数量的阶段，根本没去考虑。现在，这样一部书的售价，至少要在 5000 元以上，结果同样还是不会考虑将其收入书囊。当时为集中力量，购买专业文史典籍，竟毫不吝惜地让出了几乎全部现代文学和外国文学书籍，并且从此以后，便不再购买这一类"闲书"了。

不管读书还是买书，我都受到业师黄永年先生的直接点拨和影响。先生是当今第一流的版本目录学家。读研究生，入学伊始，我即师从先生学习目录学。先生的讲授，为我打开了广阔的学术天地，诱使我想尽可能有所涉猎。多年来购书博杂不一，与所从事的狭小专业相比，或许稍显泛滥无归，即缘自于此；并非像一些朋友误解的那样，只是出于收藏书籍的目的。不过，先生博闻强记，过目不忘，做学问，并不主张买太多的杂书，甚至反对抄卡片、记笔记。无奈我生性驽钝，记忆力低下，一部书常常反复读过，仍然留不下多少印象。这样，在使用史料时，需要反复核查，完全靠去图书馆借阅，远水解不了近渴。为此，才不得不尽可能多购置一些书籍，以备稽考。

然而学海无涯，而一个人的生命和精力毕竟十分有限，买下的很多书，根本顾不上看，有些书甚至终此一生，恐怕也无暇一览。得筌而忘渔，这便与购书的初衷相背离，难怪要被一些人视作"藏书"了。事实上，在文史专业者，以及文史爱好者中间，类似我这样胡乱买书而又束之高阁的人，比比皆是，我只是其中很普通的一员。

由为读书而购书，却在不知不觉中已向"藏书"的方向偏倾，这便使得我与书籍的位置关系，逐渐介处于读书与藏书之间。买书一多，似乎也必然如此。当今各地评选"藏书状元"，普遍把拥有书籍的数量，作为衡量藏书家分量的指标，看来也有一定的道理。

其实，就"藏书"的实质内容而言，除了赏玩古董或存而不用的涵义之外，专业人士搜集的某一方面的书籍，虽分拆来看，平平常常，但花费多年心力精挑细选聚拢到一起，最终其本身往往就会成为一种重要的收藏。很多图书馆的学术特藏，就是由此构成。不过，这种意义上的"藏书"，只是聚拢书籍形成的一种自然结果，而不是它的出发点和聚书的过程。即使按照这一意义来讲，我收存的书籍，严格地说，恐怕也还算不上是"藏书"，只能说是略微形似而已。这是因为我拥有的书籍，内容过于杂乱，没有特别着意搜罗某一类书籍，包括我赖以谋生的专业历史地理学。没有学术价值或是派不上用场的专业出版物，我丝毫没有兴趣，而是否具有独特的类别取向，应该是判别所有收藏和收藏家的一项基本指标。

在目录学方面，是黄永年先生授以目录学，从而引发我广泛购求各类文史典籍的欲望；在版本学方面，则是倒转过来，由于购买古籍旧本，需要求教于先生，始逐渐习得一些版本学基础知识。由于顾虑没有多少机会接触实物，当初在西安读研究生时，听黄永年先生的版本学课程，只上了两堂课，便偷偷开了小差。幸蒙先生偏爱，没有怪罪。上个世纪 90 年代初，转迁至北京工作，在琉璃厂、海淀等中国书店的店面里，可以经常随意翻看古籍。当时古籍的价格，尚且不甚昂贵，不知不觉中便诱发出购买古刻旧本的欲求。于是，从实用的石印本、影印本和书市上一元钱一本的零篇残本开始，试探着摸索购买一些线装古籍。一边学，一边买，十几年下来，竟也积累了上百部古书。

很多没有买过古书的人，往往把购买或存有古书，理所当然地视作藏书。其实这是很表象的看法。并不是所有的线装书籍，都有很高的收藏价值。比如有些清代乃至明代的破烂刻本，其收藏价值，甚至还远不如现在新出的洋装书。从收藏的角度看，这里边有很多讲究。

我买下的线装书，有一小部分完全是供一般阅读使用，与买洋装新书出发点没有什么差别。譬如《读史方舆纪要》，当时买不到中华书局印制的洋装本，只好买了一部线装石印本来用；《天下郡国利病书》，也是因为一直没有新的标点印本，便购置一部影印线装的《四部丛刊》三编本。至于其他大多数书籍，则确实不同程度地具有一定收藏价值，勉强可以看作是一种收藏。

不过我的这种收藏，仍然与一般意义上的藏书家略有区别，这就是正宗藏书家特别看重的精美版刻佳品和流传有绪的名物，我基本上一无所有。我搜罗书籍的着眼点，仍是书籍的内容而不是外在形式。在书价相对低廉而可以接受的大前提下，一重稀见，二重独特的史料价值，三重相对少见的学术名著，最后才是考虑版刻或印制的艺术价值。这还是典型的读书者的立场，是扩展到版本领域的目录学视角。如此说来，我买线装古籍的实质目的，依旧还是读书。这类书籍，可以更多地满足我阅览孤本秘籍的好奇心，也能够在阅读使用的同时，一并领略古籍版刻之美，使阅读历史文献，变得更为享受。其实，以读书求知为职业，这本身就是一种难得的人生享受，许多人因过于看重功利的目的，而把读书弄得苦楚万分，实在是一种"异化"。

同样都是购买线装古籍，路数却是各有不同。我购买线装古籍和其他旧书，始终遵循一项重要的准则，这就是人弃我取，不与他人争强竞胜。这客观上是由于实力有限，不具备相应的资格；主观上是生性不喜欢凑人多的热闹，就像做学问也是按自己喜欢的方式和选自己感兴趣的题目去做一样。

藏书是一件自得其乐的事情，藏书家则是一帮自我陶醉的家伙。他们不大在意别人另找其他的乐子，也不在意那样做是否合乎"道儿"

上的规矩。再说，和所有行业一样，少一个同行，就等于少了一个竞争的冤家，有百利而无一弊，管它作甚呢？我的乐子，藏书家们虽然看不大懂，却依然很礼貌地认可为一种另类的收藏。

这样，通过古籍的收藏，由读书而转入藏书，使得我在读书与藏书之间，似乎又进一步向藏书一侧有所偏倾。不过，我所拥有的这类古籍，数量实在太少，在我一万多册书籍的总数当中微乎其微，改变不了总体构成的性质；同时，书籍的种类，又杂七杂八，经、史、子、集，明版清版活字，抄本写本稿本，样样都有一点儿，又哪一样也不成体系，虽然可以算作收藏，却怎么也达不到藏书家的标准。

藏书家有理由也有权利只赏玩而不认真阅读藏储的书籍，或者是拿藏书作文章；读书人则应该在阅读中发掘所存书籍的价值和意义。既然是从阅读角度购买书籍，我在买下古籍旧本之后，都要尽可能品味梳理一下这些书籍的内在蕴涵。本书"书衣题识"部分，就是其中的一部分心得和感想。需要说明的是，除了古刻旧本之外，我还曾买下过很少很少一小部分外文珍本书籍和较为稀见的晚近书刊资料，书中对此也有所涉及。

整个这部分内容，有些是做了比较深入的学术性考述，有些只是随意铺叙一时的想法；加之书籍的内容差别很大，我对每一种书籍的讲述形式，便是各随其宜，并没有追求统一的写法。所谈到的书籍，单纯就版本而言，多不值一提，正宗的藏书家，难免讪笑。书箧中值得挖掘利用或是分析介绍的稀见古籍以及文献资料，还略有一些，以后有合适机会，我将陆续撰文，公之于众。

买书本是为阅读或者收藏，但对于绝大多数人来说，寻觅旧书本身，却很容易转变成为一种独特的消遣和享受。借用一位西方藏书家的话说，这是一种浸透于血液之中的诱惑。正因为如此，搜罗书籍的这些怪人，往往会津津乐道个中的奥妙与情趣。我生性懒惰，在游山玩水这一点上，如同业界内写《水经注》的老老前辈郦道元一样，"少无寻山之趣，长违问津之性"；不管走到哪里，逛旧书店、旧书摊儿，浏览和寻觅旧书，差不多成为最主要的"游览"项目。本书"书肆记游"部分，便是记录我访书阅肆的一些经历和观感，以之与同道者交流。其中有些文章，是应人之约，命题而作，有索稿者特定的要求。当然，讲述的具体内容，依然完全出自我本人的看法。

不管读书，还是藏书，都离不开目录学和版本学知识。本书"书山问路"部分，是我学习版本目录学的一些体会和认识。这两门知识，看似简单，没有什么高深莫测的微言大义，一切玄机禅语，对之都难以施展。因此，一些人往往将其视之为"小道"，不屑于略为措意。实际上，这是一片广阔无边的森林沧海，要想掌握好这些内容，很不容易，需要日积月累，博闻多识。以我涉学之浅，所说必然会有很多疏漏和谬误，连同本书其他内容一道，衷心希望能够得到读者的批评指教。收在这里的文章，有的曾在刊物上发表过，在这里做了不同程度的修改和润色。书中所附书影，除评述拍卖一文外，均摄自本人藏书。

2005 年 6 月 9 日记

目　录

书肆记游

卖书人徐元勋

徐元勋是中国书店一位卖古旧书的老师傅，去年去世了。得知他去世的消息，就想写一点东西。在我的眼里，他就是清人李文藻在《琉璃厂书肆记》里提到的那种"颇深于书"的卖书人。

我买旧本古籍起步很晚，是 1992 年调到北京工作以后的事情。当时我住在北大附近，海淀中国书店的古籍业务，恰在这时重新开张，徐师傅被经埋梁永进从琉璃厂大库请来，负责经管古籍。由于来往近便，那一时期，我竟把逛海淀中国书店当作了日常的消遣。也就是在这时，我正式开始试探着买一点古籍，并很快熟悉了徐元勋师傅。

王锺翰先生在《北京厂寺访书记》一文中曾经写到："厂寺书贾，非南宫即冀州，以视昔年之多为江南人者，风气迥乎不同。重行规，尚义气，目能鉴别，心有轻重。"王先生这篇文章写在 1950 年，说的是解放前三四十年间的情况。徐师傅确切的籍贯，我说不清楚，但是河北南宫、冀州一带人，则没有疑问，并且也是解放前在琉璃厂学的徒，其乡前辈"重行规，尚义气，目能鉴别，心有轻重"这些特点，在他身上都有所继承和体现。

卖古书的人从业时间久了，单纯搞搞版刻鉴别，做到"目能鉴别，

綠牕遺藁序

故妻孫氏蕙蘭蚤失母父周卿先生以孝
經論語及凡女誡之書教之詩固未之學
也因其弟受唐詩家法於庭取而讀之得
其音格輒能爲近體五七言語皆閒雅可
誦非苟學所能至者然不多爲又恒毀其
藁家人或竊收之令勿毀則曰偶適情耳
女子當治織絍組紃以致其孝敬辭翰非

清嘉庆刻本《四妇人集》

心知轻重"，应该说并不算难，特别是现在宋元乃至明初版本都很少见，日常经手的大多是明嘉靖以降的版本，鉴别起来，尤其没有多大难度。难的是分辨学术流别，了解古籍的文献价值和学术价值，过去孙殿起、雷梦水辈优长于普通书商的地方，正是在这一点上。卖书的人不比做学问的人，懂得什么书有学术价值，是不必写文章宣扬的，他手中衡量价值的尺度，就是价格，通过价格来体现书的价值。

记得大约是在 1993 年，我在海淀中国书店徐师傅那里，见到一部乾嘉间原刻本清孙志祖著《家语疏证》，书仅一册，却标价高达 80 元。80 元在今天固然不足道，但是当时像这样一本普通方体字清刻本，在北京，往贵里说，一般只是二三十元一册，80 元是普通明末刻本的价格；我在这前后，也是在他那里买下的大名鼎鼎的康熙原版林吉人写刻《渔洋精华录》，一套四册，也不过 80 元而已。除了徐元勋师傅，恐怕很少有人能给《家语疏证》定出这样高的价格。然而，这却自有他的道理。《家语疏证》乃是孙志祖辨明审定《孔子家语》为伪书的辨伪名著，其对于《孔子家语》之价值，犹如阎若璩《古文尚书疏证》之于伪古文《尚书》，为研治古代学术史者所必读。而此原刻本流传稀少，并不多见。我曾核对过几家图书馆收藏的所谓原刻本，其实都是后来的翻刻本。当时我初涉此道，弄不明白他何以会定出如此高价。直到大半年后，业师黄永年先生来京，命我陪侍到店里看书，一看此本大叫好书，当即指点我将其收入寒舍（此书后来因永年师以赏赐黄丕烈代古倪园沈氏刻《四妇人集》而索赦藏道光陆建瀛木犀香馆刻本《尔雅义疏》，我便一并把此书也奉呈业师藏弄，被永年师收入所纂《清代版刻图录》），我这才明白个中道理。

这次陪侍永年师访书，永年师在徐师傅那里买下了一部《大慈恩寺三藏法师传》。这是日本东方文化学院在 20 世纪 30 年代用珂罗版影高丽藏印本。此书一套四册，徐师傅定价 240 元，而当时买一部部头相当的普通明末刻本，如南监本和汲古阁刻《宋书》、《南齐书》、《梁书》、《陈书》、《周书》之类，价格也不过如此。书上架已近一年，却始终无人问津。一次我对他说，这书不过是一部影印本，标价未免太高，恐怕很难卖得出去。徐师傅则笑笑说，这书你不懂，你老师懂，是本好书，很难得的。果然，永年师一见即满脸欢喜，收入囊中；并告诉我说，这是传世《大慈恩寺三藏法师传》最好的一个版本，当时印行不多，传入中国的更是寥寥无几，对于研究中外交通史和唐代历史来说，都是难得的佳本，不能因为是影印本而等闲视之。后来我有机会到日本东京访书，前后跑过不下二百家旧书店，也始终没有见到此书，可知确是难得一遇，心中对徐元勋师傅和业师黄永年先生不能不愈加叹服。

有了这样一次经历之后，我就常主动向徐元勋师傅讨教，从他那里学到许多版本目录学知识。后来国家给古旧书从业人员评定职称，徐元勋师傅成为全国为数不多的获得高级职称者之一，他很高兴地向我讲述了评定结果。以他在古籍版本目录方面的学识，这当然是受之无愧的。

徐元勋师傅在海淀中国书店，是给国营店当伙计，替人家经管书。这与过去个人开书铺，性质完全不同，不宜随便自作主张。因此，不好按过去的标准看待他对顾客是不是很讲"义气"。我经济能力有限，买的书很少，而且都是人家拣剩不要的滞销货，所以，虽然和徐师傅很熟，却没必要让他给我预留什么好书。不过，据我所知，他对有需要的老顾客和朋友，确是常常会预留出所需要的书籍的。

徐师傅给我的帮助，主要是帮助我调换过几次书籍，尽管送给书店的书籍，价格要远远超过换回的书籍，书店是有得无失，而我得到了自己更喜欢或者是更有用的书籍，还是要感谢徐师傅体谅读书人的情谊。如我所得清人曾燠《赏雨茅屋诗集》的嘉庆九年初刻八卷本，虽然定价仅 300 元，当时还是苦于手边无钱，便用旧存康熙刻本《容斋随笔》与之易得。对于书店来说，《容斋随笔》要远比《赏雨茅屋诗集》好卖，且能卖上更好的价钱；而对于我来说，不仅通行的后刻二十二卷本《赏雨茅屋诗集》与此初刻本不同，紧接着此本之后在嘉庆十五年编刻的第二次刊本，就刊落了初刻本中的许多内容。此初刻本具有独特的文献学价值，且流传不多，得到了自然很是高兴。

其实，对读者的"义气"，不一定是具体提供什么方便，重要的是一种相互理解与沟通的情谊。我虽然常去看书，而且总是把书架从上到下，一翻到底，最后却很少买书，可他从不厌烦，总是笑着和我闲聊，出去上厕所或办事时，还经常让我帮助照看门面。这种尊重和信任，使人温暖，也就更加愿意到店里看书。现在我能多少粗知一点古籍版本的皮毛知识，首先是要感谢业师黄永年先生的教授指点，另一方面，就是得益于这几年在北京书肆上浏览古籍摸索出的实践经验。徐师傅主管海淀中国书店古籍业务期间，为我浏览古书，提供了十分惬意的环境。

徐师傅体谅和尊重读者，还体现为注意遵守执业的规矩。所谓"行规"，对读者主要是要讲信用，不能随意胡来。读者看到想要的书，

國朝名家詩選　蕅齋氏手鈔

洪亮吉

月波臺夜坐

月色轉綠天光青松梢盡皚明一星之光忽隨白露零倒射

北斗光冷冷星光墮凌山光曉竹屋居甚覆漁艇三更向盡

吹眼筇海上已復生紅霞

琴溪客館作

扶扶離之彈琵琶幕幕懸之開渚花青天沈沈忽無見步月

點點生光華遠之溪水何方灣漢之山窗已成夜膿之擾

擾雞一鳴雨點語之煙冥冥

清明日早起

清黎庶昌手写《国朝名家诗选》

让店里先单留出来，过些日子或交钱来取，或改变主意不要，由读者随意决定，这是经营古旧书的老规矩。不管是谁留书，徐师傅对此均一律恪守不爽。说到这里，我不禁想起前些年琉璃厂某书店有一位经管古书的仁公，读者一留下什么书，他就把书藏起来，或另行卖给别人，不仅毫无信义可言，简直匪夷所思，不知其居何心肠。相比之下，也就显出了人品的高下。

一次，我在徐师傅那里找到两册清末黎庶昌手写的《国朝名家诗选》。徐师傅一看定价仅 300 元，连连说是别人帮助上架，搞错了书价。这是一批徐师傅和梁经理从四川刚刚收来的书籍中的一种，收书时徐师傅就盯上了这本书，准备卖个好价钱，不料被我拣了个便宜。尽管心里很是遗憾，但照规矩，既然已经标价上架，也就只能忍痛出售，徐师傅还是按规矩把它卖给了我。

在海淀中国书店工作几年之后，不知是因为年龄大了，还是其他什么原因，徐元勋师傅退休了。退休后，徐师傅曾在什刹海边的荷花市场，开过一家旧书店，我到店里去看过他一次，他送了我一部清末什么人的诗集。这书本无关紧要，可他的生意经营得并不好，送我一部书，也是很珍重的情谊。这也是前面所说的古旧书业崇尚"义气"传统在他身上的表现。没退休时，是给人家做事，当然不好拿东西随便送人。记得他书店的店名，好像就是承用李文藻《琉璃厂书肆记》中提到过的陶氏"五柳居"。不过，他这家店没经营多久，就关张歇业了。此后，则在家中收售一些古籍，偶尔也被一些书店请去，临时帮助做做价。

徐师傅喜欢喝一点儿酒，而酒量似乎不大。在海淀工作时，南京图书馆的版本权威沈燮元先生，正住在北京图书馆编纂全国善本书总目。沈先生一个人住在北京，闲暇时常常到书店里来消磨时光。徐师傅便时或与沈先生相聚小酌，面红耳赤地共忆书林盛事。这些话，就都是不可与我辈后生小子相共语的了。

徐师傅家住在隆福寺中国书店的后面，退休后我到他家里去过两次。虽然他在家里还零星卖一点儿书，但我并不是找他买书，只是想看看他。第二次去时，徐师傅一定要请我吃饭，结果到附近的餐馆里，一起喝了些酒。我俩聊得很痛快，不知不觉间，他已有些醉意朦胧。徐师傅说要送我一部光绪刻的《亭林遗书》，供我作研究之用。这书部头较大，是能卖些钱的，而徐师傅老伴儿从来就没正式工作，家里很不宽裕，所以我不能接受，婉言谢绝了。他的这一份心意，让我很是感动。

这次见面后，因为工作太忙，很长时间没去看他。没想到，后来就听到了他病逝的消息。

古旧书业工作者对于传承学术事业，具有特殊作用，过去的文史工作者，一向很重视他们的劳动，珍视与他们的交往。过去在琉璃厂，曾看到过一幅前清遗老金梁为北京悦古斋古董店老板韩德盛撰写的墓志，那真是情辞并茂，神采飞扬，动人耳目。虽然写的是古董商而非旧书商，我还是希望能在这里写出那样富有文采的字句来。可惜拙于文辞，仅能直述对于徐元勋师傅的一些印象，作为卖书人与买书人相互交往的纪念。

2000 年 7 月 23 日记

原刊《藏书家》第 4 辑，2001 年 9 月

牛头、鸡肋与狗屎

——闲说旧书市上拣漏儿

搜集旧书，和搜罗所有旧物古董一样，个中妙趣，本在于寻寻觅觅之中。冷摊儿，老店，看似漫不经心的翻检，其实一肚子猎奇探幽的心肠，卖家再精明，也总有漏网之鱼，揽入囊中，便称作"拣漏儿"。

不过，说起来此情此景已恍如隔世。十几年来，自从买旧书在社会很大范围内变为一种商业投资，甚至是居家理财的途径，再想不经意间收取那些让你心动、心喜的好书，机会绝对是可遇而不可求了。

所谓"拣漏儿"，就是花比市面上流通价格低很多的钱，买到同一档次的书籍；而那些对于绝大多数藏书家来说，你即使清清楚楚告诉他所有有价值的地方，人家也根本不要的书籍，花再便宜的价钱得到，自珍自赏，也不能说是拣漏儿。

人弃而我取，说得文雅一些，借用当年谢国桢的话，是拣人家扭剩的瓜蒂；用更容易理解的话来说，就像是拣狗屎。虽说狗屎或许也能肥田，什么书都多少有些用处，但藏书与读书，毕竟不是同一回事。狗宝是名物，故世间珍而储之；狗屎是秽物，所以人皆避而远之。想要靠拣这种漏儿，来丰富自己的"藏书"，应是南辕北辙，愈行愈远。

经过十几年拍卖场上的历练，新一代富有实力的藏书家已经相当

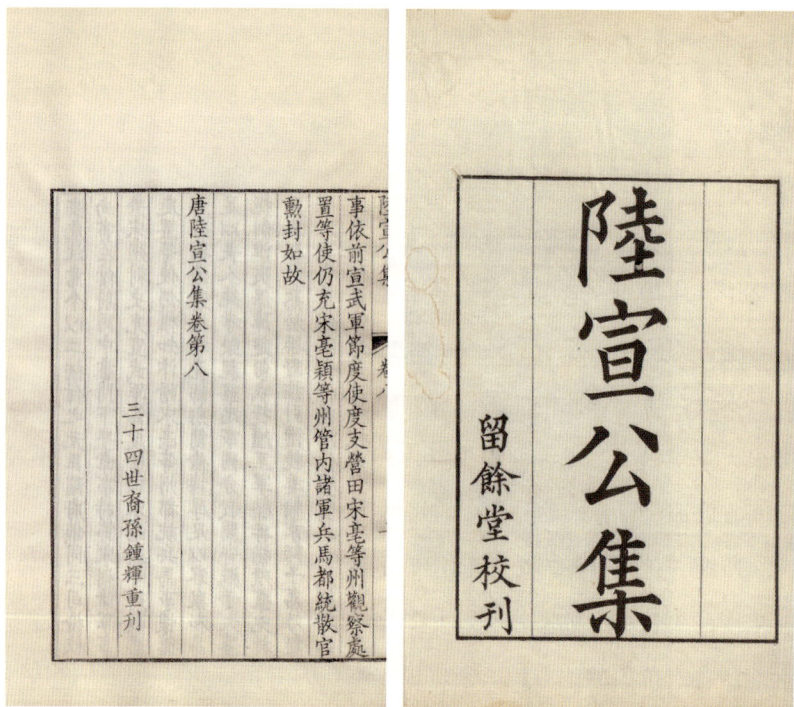

清陆锺辉刻《陆宣公集》

成熟，不但鉴赏版刻技艺方面具有入木三分的眼力，而且由表及里，对书籍外观背后的各类实质内容，也兼而品之，收藏的领域，甚至拓展到经学书籍。所以，现在的拣漏儿，比过去不知要难过几多倍。

难则难矣，可是话分两头，书籍与瓷器等普通古玩到底还是有很大差别，这就是认识书籍内容的价值，需要很多专门知识，这不是普通藏书家想做就能很容易做到的事情。所以，有些好书，价钱很低却无人问津，不是藏书家们不想要，而是不了解其价值，一旦明白个中奥妙，会立即蜂拥蚁聚，吞而食之。从这个意义上来说，不但现在仍然时或有漏儿可捡，恐怕在可预见的将来，也必定还是如此。

不过，这种漏儿，主要还是从读书人用书角度看的漏子。除了其中个别一小部分之外，绝大多数这类书籍，从投资或是资产保值的角度讲，恐怕只能算是食之无味、弃之可惜的鸡肋。因为读书人不会成为收藏的主体，永远只是其中很边缘的一小部分，而大多数藏书家终究不易知晓此等书籍的妙处所在。因而，这类收藏群体太小，从实力来讲，又处于收藏大厦的下部。图书收藏重心的指向，永远都是书籍的外在艺术形式，而现在要是依然能拣到这种漏儿，似乎也可以称得上是一种奇遇了。

七八年前清代写刻本卖得最火的时候，一天，在一家常去的旧书店里看书。老板很熟，闲翻过后，出门时便随口与他应酬一句："也没什么好书可看的。"不料，老板很当真，竟从下边拿出一部书，往柜台上一放："书倒是有，就是价钱贵一点儿。"话已至此，不管想买不想买，买得起还是买不起，想溜之乎也怕是不妥，做做样子，也只能看过书再走。这是规矩。

老板一边打开蓝布函套，一边推介说："是刻得很好的写刻本《陆宣公集》。"熟悉古籍版本的人都知道，清雍正时朝廷重臣年羹尧，曾以写刻形式刊印过《陆宣公集》。这个本子，雕版虽然精美，却很是常见，精于此道者，均不为措意。因为这种年刻本见得实在太多，所以当即应答：对此并无兴趣。不料老板告之，并非年某的刻本，而是由陆宣公一个什么孙子刊行于世。

这可是闻所未闻。翻开一看，更是大出意外，该本每一卷后面都镌刻有"三十四世裔孙锺辉重刊"一行题识。这陆锺辉是清代雍正、乾隆年间的大盐商，附庸风雅，刻过一批古籍。因为出得起好价钱，请得到好刻工，刻印的书籍，都是纸白墨精，赏心悦目。这部《陆宣公集》，字体妍丽，开化纸初印，原签原装，同样精美至极。如果仅仅是这些，还只能说是世间尤物，可赏玩而不为珍稀；真正令人赏叹的是这样的名家佳刻，竟一向不见于称道和著录！其罕见难得，几若云中仙子，只宜梦寐遐思。它的版刻价值，至少也应当比普通的年羹尧刻本高出八倍以上。可是，老板却只开出了与普通年刻本相当的价格。在清代刻本中，这算是拾到了牛头，也才称得上是真正的拣漏儿。

2005 年 3 月 12 日

原刊《收藏·拍卖》2005 年第 4 期

津门得书偶记

听熟悉各地古书情况的书友讲，在十多年前，天津的古旧书肆曾有过一个短暂的黄金时代，价格大大低于毗邻的京城，而佳椠秘籍，却是屡见迭出。无奈我涉足此道，为时已晚，而且始终只是一个非常"业馀"的票友，投入的热情，还不足以激使我专程去天津购书。所以，直到上世纪末、本世纪初，才利用在天津办其他事情的馀暇，去浏览了几次当地的古旧书肆。然而，迟至此时，津门书肆早已被搜掠　空。不仅北京的书蠹，没人再去寻珍觅奇，就连天津当地的古旧书收藏家，也都纷纷转而萃集日下。提起天津，只剩下"一无所有"的评语，似乎除了参加拍卖会，便完全不必再去肆间阅书了。

第一次去天津看书，是在过去了的 90 年代末。当时，只有半个小时左右的空闲时间。急急忙忙找到古旧书店，不巧正赶上照管古书的人有事外出，不在店里，其古书部分，便不向顾客开放。幸好，另有一堆残破的线装古书，摆在普通洋装本旧书一起卖，每本一律两元。在上个世纪 90 年代初北京琉璃厂每年一度的古旧书市上，用这样的价钱，确实可以找到很多好线装书。比如，时下每册可以卖上几百元乃至上千元的清康熙写刻《通志堂经解》零种（单种全，不是残本），康熙刻毛奇龄《西河合集》零种，道光写刻钱塘汪氏《振绮堂遗书》零种，等等，当时也只有一元钱一册。但这次在天津看到的残本，却基本上都是垃圾书。版刻与内容，均一无可取。

有人说，若想当藏书家，最不可缺少的要件是"有闲"，也就是要肯花时间寻觅。这话有一定道理，却还没有讲到最本质的地方。最能得其真味的藏书者，是能够领略和品味寻觅书籍的乐趣；而要想浸润其中，则需要摒除各种外来的影响和干扰，不管别人喜欢什么书，不管什么流行，皆可平心静气，用自己的眼光去筛选。

这天，慢慢筛选一过之后，竟然在乱书堆中，找到两本明嘉靖刊何镗编著《古今游名山记》的零本。虽是竹纸后印，4 元两册，也算是很惬意的收获。

良好的第一印象，诱惑着我常常生出再去天津觅书的欲望。可是，书瘾终归还是没有那么强盛，想想也就放下。直到大约三年以后，才利用出差办事的机会，又一次重访津门书肆。

这次相继去了古旧书店的两家店面，确实都是很平常的大路书，很难找到稍有特色的书籍。在其中一家，凑合着买下一本英文版的讲图书装帧的旧书，80 元，价钱适中；另外花 30 元，买到一本民国年间商务旧版陈澧《东塾读书记》，算不上便宜，但手头没有，需要用。

说来也巧，随后在最后一家书店的架上，竟并排陈放着三部《东塾读书记》，标价各 200 元。粗看这三部书，好像都是同样的光绪广东刻本。但稍一翻检，发现其中一部，卷次尚多存墨钉未填，文中也时或留有墨钉，另取不带墨钉者相互勘比，见第一页文字便有异同。这部带有墨钉的书籍，与通行的光绪本或是同一刻本的初印样本（但

東塾讀書記卷二

番禺陳澧撰

諸子書

韓昌黎進學解稱孟荀二儒吐辭爲經謝金圃荀子序云小
戴所傳三年問全出禮論篇樂記鄉飲酒義所引俱出樂論篇
聘義子貢貴玉賤珉亦與德行篇大同大戴所傳禮三本篇亦
出禮論篇勸學篇卽荀子首篇而以宥坐篇末見大水一則附
之哀公問五義出哀公篇之首則知荀子所著載在二戴記者
尙多禮謂此吐辭爲經之證也文心雕龍諸子篇云其純粹者
入矩三年問喪寫乎荀子之書此純粹之類也昌黎讀荀子則
云時若不醇粹劉彥和論禮記所取諸篇昌黎總論之言各有
當也

荀子書開卷卽曰學不可以已靑取之於藍而靑於藍冰水爲

左：清潭宗浚《希古堂文乙集》稿本　　　右：清光绪刻初印本《希古堂文乙集》

述畫賦 并序

昔唐貿泉有述書賦其目序云刊訛誤於形聲定目存
於指掌可謂富矣然畫亦藝事之一昔人所以番名物
知遠近也而綿邈千載題詠窄及其異歟余庶得失則皆
籍鳩晉囊篇不揣固陋妄為斯作至其優劣得失則皆
纂集前人之說而不敢妄下己意蓋仿寶氏之體而不
盡沿其例云詞曰

涉文圃以遐覽悅繪事之稱神效三長以呈技該六法
而扇分涵烟雲於尺素睨江海於一塵意即近而創炬
情邈古而構新包庶彙於萬狀羌儗詭而鮮倫其始也

至少有一部分版本，后来正式印行时已经完全重刻），或是早于此本而未见著录的另一刻本，无论哪一种，都很值得收藏。由于返回北京的时间已近，顾不上仔细比对，便急忙付钱收下。

陈澧是清代学术史上差可与顾炎武相比肩的代表性学者，《东塾读书记》也堪称是与《日知录》异曲同工之作。所以，能够找到这部版本不为人知的《东塾读书记》，实在是一件很值得庆幸的事情，从而也加深了我对天津访书的热情和期望。

有了这次收获，随后第二年有机会第三次去天津，看书便愈加仔细。先是找到一部清末谭宗浚的《希古堂文乙集》，为作者骈体文集，光绪广东刻本，一册，120元，钤有"南州书楼藏书、徐汤殷整理"印章，知为广州徐绍棨旧藏。选购此书，一是书口上的卷次、页码俱存墨钉待填，似初印样本；二是首篇题为《述画赋》，十多年前，初涉京都书肆时，曾买到过一部骈文清稿本，佚去作者姓名，依稀记得其中似有一同名作品，内容相近，二者或许会有关联。

后来查了一下《清人别集总目》，书中著录谭宗浚此集，有光绪六年和光绪十四年两个刊本，而各自只有一部印本存世，分别收藏在南开大学图书馆和国家图书馆。我得到的这个本子，前有光绪六年谭氏自序，且卷次待定，疑即光绪六年刻本之初印样本。不过，南开大学和国家图书馆的藏本，都只有一卷，而我得到的这个本子，共110多页，这样的篇幅，按照当时的一般习惯，至少应该分作两卷以上要更合理些；若是统编为一卷，则又不必刻入卷次，其以墨钉空存卷次未填，似乎本来就有分卷的考虑。所以，还需要相互比对，才能知晓这一版本在内容上与另外两种传世版本，是否有较大差异。

印本传世如此鲜少，已自值得珍惜，而核对前此所得佚名骈文清稿本，知正是此谭宗浚氏文稿。文稿内除《述画赋》等少数几篇之外，其馀大多数文章都为刻本所未收；已收的《述画赋》等，又曾做过较大修改，这又大大提高了文稿的文献价值。

这部稿本，当年以 50 元买下，仅封皮上被人不伦不类地题有"古文选"三字，箧藏有年，一直不知其究竟为何物，今幸赖获此刻本，始得辨识其作者，可谓喜出望外。

接着，收下一本清人诗集，作者署"玉山李文杰"，仕履不详。书名题为《续瀹江诗抄》。定价 80 元。书前有道光壬辰（十二年）序，审纸张墨色，似即刊刻于此时。书仅一卷。我感兴趣的只是集子里的一组《冰溪竹枝词》，吟咏李氏家乡玉山风情，聊可备一方掌故。其馀诗作，则大多无甚意味。

作者李某，名不见经传。道光时期刊印的这种篇幅单薄的小集子，存世估计一般都不会太多，但具体的状况，还是需要查对。多年去一次天津，无法让店家留存待查，只好姑且收下。返回京城后，始得从容检对《清人别集总目》，见只著录有李氏所著《瀹江诗抄》一部，为道光六年刻本，藏江西图书馆；而此《续瀹江诗抄》，则尚未见著录。稀见若此，即使诗作不佳，也应以善本视之了。

好运还在继续。俗语云"接二连三"，我随后找到的一本书籍，恰好像是这句话的应验。这部书为毛装，书口题作"马状元传稿"，书册中夹着略微残破的内封面，顶镌"顺治辛丑状元"，书名题云"马章民先生传稿"，下署"本衙藏版"。审其内文字体，似为顺治康熙间金陵书坊所刊。此书通篇为马氏一人所作时文，似此清初个人制艺专集，尚不多见；而时文应时性很强，一时有一时的时尚，风尚转移之后，往往即无人眷顾，估计存世也不会很多，所以便将其收下。不过，标价400元，这在八股文中，已是不低。

回到北京后，检视《清人别集总目》，见书中尚未著录此《马状元传稿》有公藏存世，愈加觉得捡到了便宜。又检《清史列传·文苑传》，知其作者马世俊（字章民），虽高中状元，但除却时文书画之外，却别无政绩学术可言，惟一值得一提的壮举，亦与科考有关，乃是在廷对时"侃侃直陈，称王者天下为家，不宜示同异"，为此，"时论伟之"。知道了作者这一背景，收藏其时文专集，也就更具有特别的意义。日后暇时加以研读，应当能为理解清初科举考试内容与政治统治的关系，提供有价值的史料。

这几次在天津购买古书，都有了惬意的收获。不过，好运似乎也是到此为止。接下来几次在津门访书，却几乎都是一无所狄。看来我撞上的"书运"，终归只是一个偶然，便宜注定不能常捡。

2005 年 5 月 15 日记

在斯堪的纳维亚买旧书

买旧书最好的去处，应当是文化中心都市，国内如北京、上海，国外如巴黎、伦敦、东京等地。在偏离于文化中心之外的地方，虽然偶尔也会遇到一两本好书，却总不会有那种五彩迷离目不暇接的兴奋，逛书店往往就会觉得缺少刺激。

过去生活在斯堪的那维亚半岛上的所谓"维京"（Viking）人，很多是以做海盗为营生，讲究的是蛮劲强力，靠不要命来夺别人的命，养自己的命，用不着什么文化。所以，对于西方人来说，在岛上的瑞典和挪威两国买旧书，可能如同中国人在蛮荒的东北买旧书大致相当，像样的藏书家，大多是不屑一顾的。不过，如果你仅仅是买些一般看的书籍，不管走到哪里，却都可以随手找到一些感兴趣的东西。近两年先后去挪威和瑞典公干，闲逛旧书店，就拣到几本消闲遣兴的读物。

挪威首都奥斯陆，是一座很安静的小城。散步一个小时，足以走遍主要城区。所以，只要你住在老城区里，到哪里都谈不上有多远。我住的旅舍，离挪威最大也是历史最为悠久的奥斯陆大学的老校区很近。大学附近，往往是书店集中的场所。所以，住处附近就有好多家旧书店。闲暇时漫步街头，很容易就走到了店里。

最先是到了一家有两层店面的书店。楼下的书，基本上都是挪威文的，看不懂。到楼上看看，发现一架子讲旅行、探险的书，陡然一阵兴奋。但是找了好半天，也没有找到一本我感兴趣的与中国有关的行记，又觉得很失落。

不过懊丧过后，稍静下心来想想，自己本来也既不专门收藏西文书籍，又不专门研究中外交往，何必非找这类书籍不可呢？我对那些域外人士入华行记中对于中国的认识和记述，很有兴致。虽然考虑过日后或许有时间能利用这类资料，来做些本行专业即中国历史地理学或中国地理学史的研究，但更多的还是好奇。我觉得那些老外的新奇目光，很是好玩。况且逛旧书店，买旧书，翻阅把玩旧书，不管哪一样，从根本上来说，都不过是一嗜好，是一体验，是一乐子，而不应把它当作研究工作的延伸；要是纯粹为做研究搜集资料而买书，那逛旧书店就与泡图书馆查资料没多大差别，从而也就没有多少趣味可言了。因此，走到旧书店里，也就不必过分拘泥，要随遇而安，随遇而乐。结果心一放松，好玩的书也就随之映入眼帘。

这是一本讲西洋旧书价格的书籍，名为 *Prices of Books*，简单直译过来就是"书籍的价格"。内容是讲述在过去各个不同历史时期内英格兰书籍价格的变化历程，包括印刷术普及之前的写本流通时期，但叙述的重点显然是旧书而不是新书的价格。因此，作者甚至用了很大一部分篇幅（三章），来讲旧书拍卖的价格实况；最后还用两章篇幅，讲述了莎士比亚著作和其他一些经典书籍的价格变迁。

这部书是 Richard Garnett 博士编纂的"图书馆文库"系列小丛书中的一种，作者名为 Henry B. Wheatley。西洋"书话"、"书史"类书籍数量繁多，但专门讲旧书价格的相对较少些。这本书虽不是单行本，却是此书的初版首印，且品相完好，当然值得收下。不论中外，有许多书，在最初面世时，都是被收在丛书当中的，不能因为是丛书零本，就一律忽视。

这本书印行于 1898 年，是历史纪年即将走入 20 世纪的时候。这些年我陆续买下一些 19—20 世纪之交的西文书籍。单纯论年代，这在西洋书籍当中，自然算不上什么，很少有古董价值。但我们正刚刚经历过另一个世纪交替。在这两次交替当中的整个 20 世纪，正是开天辟地以来中国社会发生最强烈最迅猛动荡变化的一段岁月。回过头来，看看一个世纪以前的世界，特别是中国在世界中的面貌，应当是一件很有意思的事情。于是，想以"读书百年"为主题，围绕这些书写点儿文章。只是自己外文程度有限，又没有足够的闲暇时间，恐怕最终还是难以如愿。

几天后，在这家店相邻的另一家旧书店里，我又买下了一本大英博物馆的国王藏书陈列介绍（*A Guide to the Exhibition in the King's Library*）。这一陈列，包括有西方各地的早期印刷书籍，书中有简洁的印刷史知识介绍，大量实物照片插图，以及陈列品目录。——这是指中国传统意义上的"目录"，包括列举书名、作者之"书目"和讲书籍内容大要的"书录"。虽然只是提供给参观者的说明性读物，但并没有因此而减低其学术严肃性。书籍封面上的副标题已经表明，可以把它看作是一本印刷史图解。书中除了介绍德国、意大利、荷兰、法国、西班牙以及英国等地的早期印刷书籍外，还有专门的早期音乐印刷品和书籍装帧介绍。不知是由书籍的"说明书"性质所决定的，还是由于它

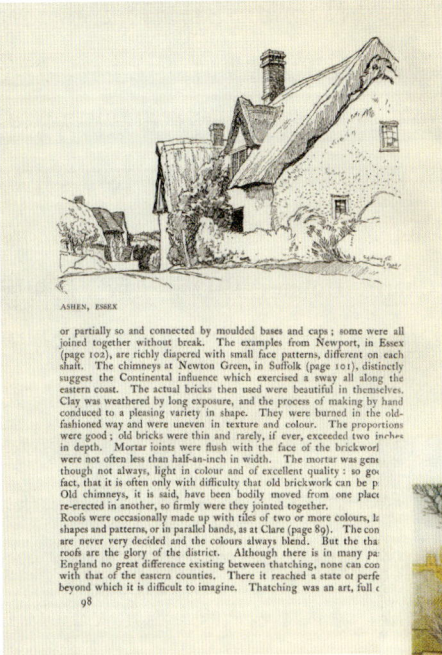

ASHEN, ESSEX

or partially so and connected by moulded bases and caps ; some were all
joined together without break.　The examples from Newport, in Essex
(page 102), are richly diapered with small face patterns, different on each
shaft.　The chimneys at Newton Green, in Suffolk (page 101), distinctly
suggest the Continental influence which exercised a sway all along the
eastern coast.　The actual bricks then used were beautiful in themselves.
Clay was weathered by long exposure, and the process of making by hand
conduced to a pleasing variety in shape.　They were burned in the old-
fashioned way and were uneven in texture and colour.　The proportions
were good ; old bricks were thin and rarely, if ever, exceeded two inches
in depth.　Mortar joints were flush with the face of the brickwork
were not often less than half-an-inch in width.　The mortar was gen
though not always, light in colour and of excellent quality : so goo
fact, that it is often only with difficulty that old brickwork can be p
Old chimneys, it is said, have been bodily moved from one place
re-erected in another, so firmly were they jointed together.
Roofs were occasionally made up with tiles of two or more colours, la
shapes and patterns, or in parallel bands, as at Clare (page 89).　The con
are never very decided and the colours always blend.　But the tha
roofs are the glory of the district.　Although there is in many pa
England no great difference existing between thatching, none can con
with that of the eastern counties.　There it reached a state of perfe
beyond which it is difficult to imagine.　Thatching was an art, full o

98

*The Village Homes of England*内文

MORLEY, OXFORDSHIRE
water-colour drawing by SIDNEY R. JONES

*The Viuage Homes of England*插图

印制于 1939 年，正当二战爆发前后，时局动荡，书籍装帧很简单，封面只是一块硬纸板，这在西洋书籍当中是不大常见的。

这家旧书店里有一些时代较早的西文善本，外观很是诱人。由于不想花大价钱买这一档次的东西，大致浏览一过后，还是集中精力，翻看普通旧书。经过一番寻觅，选了一本《英格兰乡村住宅》(*The Village Homes of England*)。编著者 Charles Holme，1912 年出版。是初版本，或许也只有这一个版本。买它，看好的是有上百幅钢笔素描住宅建筑插图，以及将近十幅水彩插图。虽然只是一种写实的图解性小品，但书籍绘画插图的魅力，终究是现在通行的摄影图片所无法比拟的。打开书一看到插图，就满心喜欢，尽管装订稍有开裂，品相不够理想，还是二话不说，拿到手中。因为书价偏高，身上带的挪威克朗不够，书店又马上要关门，好一番软磨硬泡，老板才勉强收下美元。

离我住处最近的一家旧书店，营业的时间很短，将近中午才开门，下午三、四点钟就下班。因为要办事，时间凑不上，呆了好多天，直到临走前两天，才有机会光顾。书店店面不大，书籍的品类花色也相应地要稍少一些。当值掌柜的不知是老板还是伙计，戴眼镜，留短须，目光沉静，一副儒雅面相，让读者平添几分走入自己书房的感觉，心里很安定，从而弥补了店面空间的局促。浏览选书时，他看出我是来自东方的外国人，便和蔼地询问是否需要帮助。我回答说，想看一些关于中国的书籍。略一沉吟之后，他不无遗憾地告诉我说，店里只有几种西文《毛泽东选集》。

随意浏览近一个小时，选定了两本书。

一本是挪威文的世界各地奇风异俗的介绍性书籍，19 世纪末出版。

看上它的是书中大量平版复制的铜版、钢版画插图。插图的内容，都
是各地的山川风物，其中也有一部分关于中国的画面，明显取自西洋
旅行家的中国行记。回国后，一位朋友看到，爱不释手，恳求出让，
不忍拂其兴致，只好割爱，在这里也就不必细说了。

　　另一本是一部类似连环画的故事集，名为 *The Foreign Tour of
Messrs. Brown, Jones, and Robinson*。作者 Richard Doyle，1855 年伦
敦出版。内容是讲述布朗、约翰和鲁滨逊三个英国人，在比利时、德
国、瑞士和意大利各国游历的过程中，所遭遇的种种滑稽故事。满篇
整本都是精美的铜版画，只有简单的文字说明，比现在普通连环画的
说明还要简单。书籍印制考究，通体金口，每一页都有软纸护页衬盖，

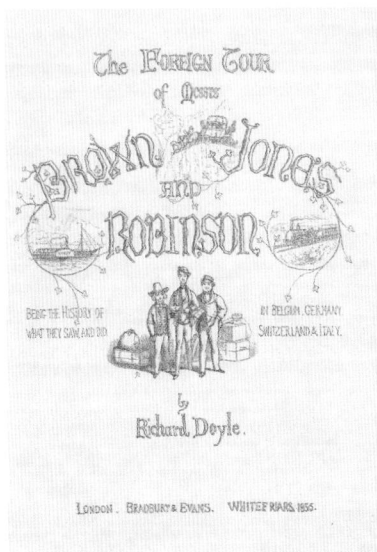

The Foreign Tour of Messrs. Brown, Jones, and Robinson 扉页与内文

以防护版画受损。末尾有说明云，此乃为献给女王而特制的印本，难怪其精良如此了。

这家店里，不仅有这样插图精美的书籍，还有一些版画，包括旧书中的版画插页。由于离住处很近，在离开奥斯陆的当天，利用出发前一个上午的空闲，又去逛了一次，买下几幅铜版画插页。有意思的是，这几幅山水风景画，都是 1860 年刻版于瑞典斯德哥尔摩，冥冥中似乎预示着我在斯堪的那维亚半岛访书的下一个都市。

斯德哥尔摩是北欧最大的城市，我前后去了将近十家旧书店。这里书籍的档次和种类，要比奥斯陆稍高、稍多一些，大部分店里，都有一些年代古久或是精美珍稀的善本，免不了要翻翻看看，饱饱眼福。

镌刻于1860年的瑞典铜版画

逛过的旧书店虽说不少，可买下的书，种类却比较单调，大致属于两类：一类与自己从事的专业多少有些关连；另一类与书籍的历史和书籍的收藏、阅读有关，英语的说法叫"books about books"。

前一类中，多是不上不下的普通中级读物。比如，有一本世界政治、经济、文化要素地理分布状况的统计地图；还有一本欧洲古城的仿古示意地图，并配有简要文字叙述。这些都算不上专业学术书籍，只能一般翻翻，增长一点见识。真正具有学术价值的书籍，只有一本德文版的 *China und Europa*（《中国与欧洲》），作者 Adolf Reichwein，1923 年柏林初版。本书的副标题为"18 世纪的精神与艺术联系"，旨在论述 18 世纪中国思想、艺术在欧洲的传播与影响。18 世纪是中国影响欧洲的一个

China und Europa 内文

黄金时代，比如在有形的要素方面，像洛可可艺术、陶瓷、丝绸、园林、家具、漆器，等等，都是在这一时期，展示了全面的影响。所以，这是中欧关系史上非常重要的一个发展阶段，本书的学术价值，自不待言。

后一类书，可以分为三种。

第一种是讲图书历史和图书专用名词术语，有 Leonard G.Winans 著《书籍——从写本到市场》(*The Book, from Manuscript to Market*)，1941 年纽约初版；Francis Meynell 著《英国印制书籍》(*English Pringted Books*)；Jean Peters 编著《书人语汇》(*The Bookman's Glossary*)，1975 年纽约第 5 版。《书籍——从写本到市场》文笔通俗浅显，《英国印制书籍》则有许多精美的彩色书影。

A history of Wood Engraving 内文

在这类书籍当中，我最喜欢的是一本《木刻版画史》（*A History of Wood Engraving*），作者为 Douglas Percy Bliss。书的内容，是系统讲述西洋版画的发展历史，配有 120 帧版画的照片作插图，黑白木刻的古拙风味，煞是惹人喜爱。版画史与书籍插图的历史，在很大程度上是合二而一的同一回事，所以，爱好书籍的人，不同程度地早晚都会喜欢上版画。此书初版于 1928 年，我买到的是 1964 年的再版本。书籍印制雅致，品相完好，300 克朗，算不上贵。

第二种是讲书籍收藏，有 J. H. Slater 著《藏书》（*Book Collecting*），1892 年伦敦初版；又 P. H. Muir 著同名书籍，1949 年伦敦初版；R. W. Charman 等著同名书籍，1950 年剑桥初版；Robert L. Collison 著同名书籍，1957 年伦敦初版；Paul Jordan-Smith 著《爱书狂》（*For the Love of Books*），1934 年牛津大学初版；Dr. G. C. Williamson 著《写在藏书楼背后的故事》（*Behind My Library Door*），1921 年伦敦初版；John T. Winterich 等著《藏书入门》（*A Primer of Book Collecting*），第 3 次修订本，约 20 世纪 60 年代纽约出版，等等。

这一种类的书，买得太多，一时只大致读完了其中的一本，名为 *The Gentle Art of Book Collecting*。作者 Bernard J. Farmer，1950 年伦敦初版。全书分十章讲西洋人收藏书籍的基本常识，从为什么要藏书和藏书界的基本术语开始，到初版本、老圣经、摇篮本，乃至书籍的清洁和保藏方法等等，一应俱全，文笔简练生动，是一本很好的西书收藏入门书，我把书名译作《藏书雅趣》，不知道是否得当。

我们国家虽然翻译出版过一些西洋的书话书，但总的来说，对于西方藏书知识的了解还很不够（如收在三联出版社《文化生活译丛》中的《聚

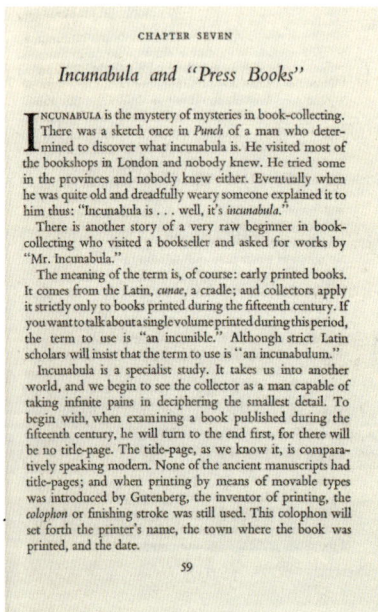

CHAPTER SEVEN

Incunabula and "Press Books"

Incunabula is the mystery of mysteries in book-collecting. There was a sketch once in *Punch* of a man who determined to discover what incunabula is. He visited most of the bookshops in London and nobody knew. He tried some in the provinces and nobody knew either. Eventually when he was quite old and dreadfully weary someone explained it to him thus: "Incunabula is . . . well, it's *incunabula*."

There is another story of a very raw beginner in book-collecting who visited a bookseller and asked for works by "Mr. Incunabula."

The meaning of the term is, of course: early printed books. It comes from the Latin, *cunae*, a cradle; and collectors apply it strictly only to books printed during the fifteenth century. If you want to talk about a single volume printed during this period, the term to use is "an incunable." Although strict Latin scholars will insist that the term to use is "an incunabulum."

Incunabula is a specialist study. It takes us into another world, and we begin to see the collector as a man capable of taking infinite pains in deciphering the smallest detail. To begin with, when examining a book published during the fifteenth century, he will turn to the end first, for there will be no title-page. The title-page, as we know it, is comparatively speaking modern. None of the ancient manuscripts had title-pages; and when printing by means of movable types was introduced by Gutenberg, the inventor of printing, the *colophon* or finishing stroke was still used. This colophon will set forth the printer's name, the town where the book was printed, and the date.

59

The Gentle Art of Book Collecting 内文

书的乐趣》一书，勒口上的内容简介，竟然把作者——著名的美国藏书家牛顿，错说成是"一位英国藏书家"），尤其缺乏这类基本读物。所以，我想如果哪个出版社有兴趣，像这样的书，是很值得出版的。

第三种是指导阅读的书籍。这类书西方也一直很多，我买下的是一本 Charles F. Richardson 著《书籍的选择》（*Choice of Books*），1881 年伦敦初版。除了爱其文笔隽永之外，这书在形式上也很惹人喜爱：一是浅黄色摩洛哥羊皮面，金顶毛边，外观就很雅致；二是开本为袖珍小本，金顶，毛边儿，字体和版心都娟小秀雅，而左右两边和下边留出的空地相对较大，特别是地脚处的空白边，出奇地大，有点儿像中国古书中之高头讲章在天头处空白未印文字一样的视觉效果，开本虽小，却不显得局促，清净，舒展。

　　逛旧书店，买旧书，其中的趣味，有点儿像观光客游览老城区的古董建筑。但是，旅游者也不可能对新市区里的丑八怪新建筑完全视而不见。一心寻觅旧书的人，当然也会买一些用得着的新书。这次在北欧买下的新书中，有两本世界历史地图集，由于是比较通行的读物，发行量大，价格并不比国内更高；另一本美国学者Jonathan Spence写的32开本纸皮小书，讲述西方人中国观的演变，却因为内容比较专门，花去了将近200挪威克朗。

　　北欧各国的消费水平，处于世界前列，所以，旧书店里的书籍，即使是我买的这些普通货色，也都价格不菲，虽然得到很多喜欢的书，却绝无便宜可言。如果说在斯堪的那维亚买到了什么便宜书的话，那只有临离开斯德哥尔摩的前一天，早晨散步，在市中心的杂货市场上，无意中碰到一套1898年出版的德文艺术史手册。书中有大量精美的插图，4大本只要80克朗（瑞典克朗面值稍低于人民币），当然便宜至极。于是，当即毫不犹豫付钱买下。可是，便宜从来就没有白拣的。这套书的纸张甚为厚重，死沉死沉，把它从瑞典背回北京，耗费了好大的力气，给我这番在斯堪的那维亚的买书经历，留下了一个颇为疲惫的句号。

2004年2月28日记

原刊《藏书家》第9辑，2004年8月

大东购书漫记

小　引

《诗经》小雅里，有一篇名叫"大东"。诗云："小东大东，杼柚其空。"前人诠释所谓"小东"、"大东"，一向没有通解。民国时傅斯年由此出发，揭示周人东拓疆土的过程。傅氏以为，"东"本地名，西周初年指商都以东地区，大致即今河南濮阳一带之秦汉东郡地界；后来始随着疆土的拓展，向东一直到今山东泰山迤东迤南地区，也被称之为"东"地。"东"地扩展过于广袤，为相区别，旧地称为"小东"，新境便称作"大东"。

傅斯年阐释这一观点的文章，题为《大东小东说——兼论鲁燕齐初封在成周东南后乃东迁》，是一篇名作，所说观点，可谓精当不易。只是他解释小东、大东之别，以为"大小之别，每分后先"，"小东在先，大东在后"，似不如以其距中原之远近为分别更加贴切，即所谓"小东"、"大东"，犹如国际上惯称之"中东"、"远东"。

或许正是基于这样的理解，日本人才会自称其国为"大东"。他们历史上有名的性读物曰《大东闺语》，便是显著的例证。就与中国中原地区的距离而言，可谓当之无愧，至少是比"大日本"的自号，要切合得多。我这篇谈买书经历和翻书感想的笔记，是 2002 年底至 2003 年初赴日本进行学术交流期间，徜徉于日本书肆的写实，犹如购书日记，因此，便借用了这样的雅称，来表示买书的地点。

这次在日本购书，所得均为常见大路货，收书的原则是相对比较便宜；同时，我对它的内容又感些兴趣。所以，基本上没有什么孤秘罕传或是精美绝伦的书籍。在这里拉杂写下的文字，也就以泛泛介绍和漫谈感想为主要内容。对于偏嗜奇秘书籍的藏书朋友来说，恐怕没有多少值得眷顾的东西。白天买书，晚上翻看，随手写下一点儿笔记。顾得上，就多写几笔；顾不上，就少写两句。想到多少，就写多少，内容非常浮泛。回国后略加整理，便是这份记录。

2002 年 11 月 23 日

前天抵达日本东京，住在东京都立大学的国际交流会馆。

几年前来东京，为买书，花光了所有的钱，还欠下一万多元的债。所以，在北京出发前，本下定决心，这次在日本绝对不再这样买书。东京都立大学位于东京西郊，到市中心的旧书店街神田神保町，路程很远，不像我上次在东京，住在亚细亚文化会馆，与神田近在咫尺。这也在客观上限制了我的书瘾。不过既是入瘾已深，终究心痒难耐，今天还是来到了神田。即使不买，也不能不看看。

走在神田旧书店街上，一切都是那么熟悉，一切都是那么亲切，就像漫步在自己独有的私家园林，每一条路径，都在等待着你踱过。

空气中弥漫着旧书的气息，这是一种刺激，让人兴奋，让人激动。站在一家家一排排的书架前，眼前的书籍，犹如五颜六色林林总总的花草，芳菲撩人，只欣赏，不采摘，那需要很深的内敛功夫，很超脱的人生境界，而我显然还需要在今后的岁月里，得到更多的修炼。结果是在著名的一诚堂书店，买下了一本英文书籍。

如果是在北京，逛一趟琉璃厂，买下一本旧书，好像也没有什么不正常的。可是，你要知道，根本不能拿琉璃厂来和神田的神保町相比较。需要知道，琉璃厂只有几家旧书店，而神田的旧书店，是有一百好几十家，这里是旧书的帝国，像包容百川的大海一样，汇聚着各式各样的旧书。走在这里，脚下是无数沼泽一样诱惑的陷阱。置身其中，漫步一整天，能够只买一本书即脱身出来，对于一个嗜书成癖的人来说，已经体现了极大的自我克制。只是一旦"破戒"，自我约束会变得更为脆弱无力，买书的冲动很容易随之溃堤而出，一发而不可收拾。

神田的旧书店虽很集中，但大多数书店，铺面都不是很大。在这当中，一诚堂的规模，是相当大的。大，一般就要偏向综合，古、今、日、外，什么都有一些，不够专门。楼上楼下两层。楼下卖普通的洋装日文旧书，种类比较繁杂；楼上则是西文旧书、和刻本以及精工复制汉和刻本书籍——在这几类书中，都有一部分珍本。当然，相应地，价钱也都很可观。

我选的这本英文书，名为 *The Tragedy of Paotingfu*，翻译过来，似乎可以写成《保定惨案》。此书的副标题写着：这是一个关于那些生活、服务和献身于长老会、公理会、中国内地会的信徒的真实故事，他们在 1900 年 6 月 30 日至 7 月 1 日期间，殉难于中国保定府。了解中国近代历史的人，当然一望可知，这是讲清代庚子年间义和拳袭击洋人和"教民"行动中在保定死去的教徒。作者衣萨克·凯特勒（*Isaac C. Ketler*）。我买到的是 1902 年 6 月由美国的福莱明·雷维尔公司（*Fleming H. Revell Company*）出版发行的第 2 版。在书中找不到初版发行的时间，而检核序言末尾所签署的时间，就是这个第 2 版发行的 1902 年 6 月，序言中也并没有提及再版修订之类的词句。所以，终究还是无法判断初版本印行的确切年月。

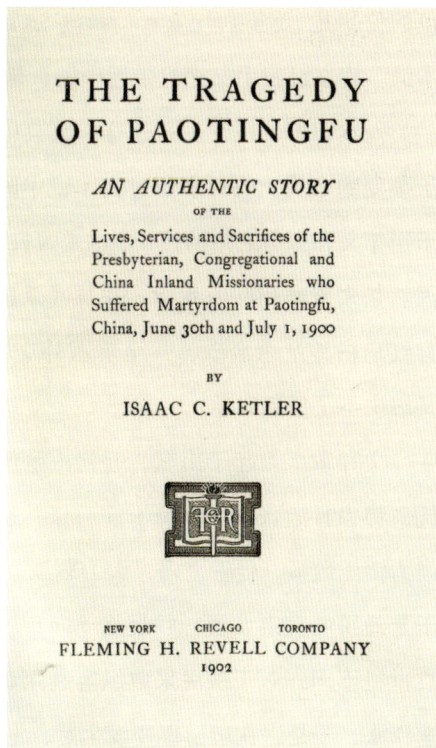

THE TRAGEDY
OF PAOTINGFU

AN AUTHENTIC STORY

OF THE

Lives, Services and Sacrifices of the
Presbyterian, Congregational and
China Inland Missionaries who
Suffered Martyrdom at Paotingfu,
China, June 30th and July 1, 1900

BY

ISAAC C. KETLER

NEW YORK　　CHICAGO　　TORONTO
FLEMING H. REVELL COMPANY
1902

The Tragedy of Paotingfu 扉页

从版本上讲，这样的书，当然没有什么特别的价值。不过这本记录中国近代史上重大事件的著述，出版已有百年，不管是对于我，还是对于中国的任何一位历史学者来说，在国内也不是很容易入手的。再说，价格3500日元，再加上5%的消费税，折合成国币大约为250元上下，比北京旧书店的价格也要稍微便宜一些，而若是在东京专门出售有关中国文史旧书的书店，如琳琅阁等处，则至少需要翻上一番。所以，能买到这样的书，还是觉得满惬意的。

有意思的是，在这部书末尾的护页上，钤盖有"中国出版对外贸易总公司"的蓝色中英文字号，并贴有以"人民币元"（RMBY）为单位的价签儿（具体价格已被旧书商刮去），说明它是作为旧书由中国流入日本的。现在经我手又把它带回中国，带回到书中所记事件发生的国度。

一本旧书，往往就是这样，冥冥中连接着某些历史的因缘。从庚子事变到今天，一百多年过去了，中国和世界都发生了很多变化，对于当年义和拳勇之举的评价，也是毁誉更替，波动起伏不已。"洋鬼子"固然是来侵略和欺侮我们，并且残杀过许多我们的同胞，但是，不分青红皂白地乱杀滥砍，甚至屠戮外交使节和妇女儿童，既愚蠢野蛮，又解决不了任何问题。

义和拳本兴起于山东，起初得到山东巡抚李秉衡和毓贤的姑息安抚，势力日渐张扬。到庚子前一年，袁世凯出任山东巡抚，改而施行强力镇压政策，合省之内，大力剿杀。这下子拳民们在山东不好呆了，于是纷纷向直隶发展，并最终逼向京城。当时的直隶按察使廷雍，与袁世凯不同，对于拳民采取纵容利用政策，使得义和拳的势力得以迅速膨胀，于是，在庚子事变发生后，汇聚起大批拳民，围攻保定教堂。

据时人刘春堂撰《畿南济变纪略》记述：

> （庚子年）六月初四日（按即西历 1900 年 6 月 30 日），廷雍公奉檄抚用拳匪，赏顶戴，助钱米。是日，焚北关教堂。次日，冒雨焚南关教堂。廷雍公闭城严备，派张协戎督兵弹压。教士、教民数十百人焚杀净尽，无一脱者。内地会贝教士见公理会火起，急携其妻子逃至刘爷庙营中求救。营官王占魁惧罪不敢留，送交拳匪，诣城内献俘。教士曰："死无所吝，但愿一见方伯。"当事者不许，仍异出城骈戮之。

《保定惨案》书中，记述的就是这两天里被杀的西洋教士在中国的事迹，依据的多是这些西洋教士及其友人的书信和当时的报道，所以，对于研究相关问题，具有很高的史料价值。

上引《畿南济变纪略》文中提到的内地会贝教士，原名为 Benjamin Bagnall，或许可以音译为本杰明·贝格纳尔（此等人往往有自己取用的汉文名字，因不熟悉相关史事，不详此贝教士是否也有汉文名字）。此人原本是一名英国海军准尉，加入教会后曾在中国太原等地传教。他和妻子艾米丽·金斯蓓丽（Emily Kingsbury）就是他在太原活动期间相识并结婚的。《保定惨案》书中，附有贝格纳尔一家的照片。贝格纳尔身穿教会神职人员的白色长袍，而他的妻子，却穿着地道的中式衣衫，看得出对中国文化颇有些感情。书中引述一位美国教士的话说，中国人不会有比贝格纳尔夫妇更为真诚的朋友，这或许并不仅仅是泛泛褒扬，而是存有一些具体的缘由。照片上贝格纳尔夫妇二人并排而坐，神态安祥，身前站立着他们的小女儿格拉迪丝（Gladys）——五六岁的样子，怀里抱着一只小黑猫。格拉迪丝是保定西洋教士圈子里面很讨人喜欢并受到普遍钟爱的孩子。《畿南济变纪略》云贝教士携"妻子"求救，所谓"子"，指的就是这个小女孩。

在《保定惨案》一书中，对于他们被杀的经过有如下记述：

> 他们被带到城东南角处的拳坛。稍过一些时候，贝格纳尔夫妇和他们的女儿格拉迪丝以及库珀（Cooper），也被带到这里。他们是逃到王占魁的军营中避难时，被这位凶残的军官采用卑劣手段逮捕的（王占魁后来被联军斩首，以惩处他的罪行）。当天下午，他们所有的人，都被四五个中国人带到城外，捆绑的双手举在头上，并与脖子系在一起。……小格拉迪丝靠在妈妈身边走着，身体没被捆绑，可是她却第一个被长矛刺死，尽管格拉迪丝的母亲恳求留下她的生命。这些人全部被杀死在城东南角的护城河外，并且被埋葬在那里。他们在临死前，没有受到折磨。

读到这些，使人们对于这一段历史，会产生微妙的切入肌肤的具体感觉。小格拉迪丝自然是完全无辜的，但这种悲剧，并不完全是由中国义和拳民的无知与野蛮所造成的，而是历史本身就是这样残酷。

作为一个西洋人，《保定惨案》的作者衣萨克·凯特勒，当然不会去记述西洋侵略者对无辜中国民众的虐杀，而在中国人撰写的《畿南济变纪略》一书中，我们却可以看到，八国联军入侵后，在保定附近仅一次就"屠男女二百馀口"的野蛮行径。

即使是在一百多年以后的今天，这种历史的残酷性，在本质上也并没有任何改变。或许大家多交互着看一看这种战争双方的记载，会有助于我们从人性的角度，更为清醒地认识历史，更为智慧和理智地处理国家间的利益争端；至少应当有更多的人，能够怀抱着这样的期望。

2002 年 11 月 26 日

从上午起，又去神田的书店看书。大前天开了个头，买书的欲望又在爬升。

在专门卖中国文史书籍的山本书店，仔细看了很长时间。店里中国古籍的价位、品种和档次，都与几年前没有多大差别。山本书店每有新的售书目录出版，大阪的友人泷野邦雄先生，都会寄给我看。这样，看着架上的书籍，更缺少新鲜刺激的感觉。

记得在近期的《山本书店古书目录》上，见到过一部清人江有诰的《江氏音学十书》。这是研究古代音韵的名著，书为嘉庆、道光年间刊刻，是我感兴趣的清人学术著作中极为罕见的一种，旧时学者珍若球璧。由于原本传世甚罕，民国时期曾影印，以供学者治学之需。现在通常能够见到的，就是这种影印本。现存国家图书馆的王国维旧藏本，其中尚有部分抄配，其原刻本入手之难，可想而知。正因为罕见难求，书店虽标价高达 50 万日元（约合国币三万三四千元），还是很快就被人买去。我在店里仔细看了好半天，也没能看到它的容颜。

架上的中国古籍，引起我兴趣的只有一部清人赵绍祖的《通鉴注商》。这部书订正了元人胡三省《通鉴注》的许多疏误，是作者在嘉庆年间家刻的本子。虽是清代通行的方体字，而镌刻精整，刷印无多，一向流传很少，故深得旧时学者青睐。山本书店的定价颇为不菲，无如爱书心切，只能照单付账。

离开书店时，在店门口瞥见一叠 20 世纪五六十年代印制的复制木版画明信片，画面蛮有味道。每样各选一种，总共买了六七套。一套仅一百日元，物美价廉，是很惬意的收获。

这一天里，最兴奋的还是买下《通鉴注商》一书。在傍晚的归程上，耐不到返回寓所，一路在电车上就急忙翻看赏玩不已。赵绍祖的著述，过去只读过其读书笔记《读书偶记》和《消暑录》，感觉赵氏读书虽细，论见识，却往往不得要领。粗看《通鉴注商》，似乎存在同样的倾向。其实，清代乾嘉学者，大多数都属于此等人物，并没有多少人能够企及钱大昕辈的高度。

神田旧书店集中区的核心部位，是靖国大街与白山大街的交叉路口，其中比较多的书店集中在靖国大街的南侧。但并不是所有的旧书店，都在这两条大马路上。在这里逛书店，最便利的一点，是日本的旧书经营同业行会组织印制有不止一种旧书店分布图，并附有各家书店经营特色的简要介绍，放在每一家旧书店里，免费向读者发放。所以，即使地点稍微偏僻一些，也丝毫不影响嗜好旧书的瘾君子上门。而有些僻处边缘地区的旧书店，价格说不定还会稍微便宜一些。

山本书店已接近靖国大街上旧书店区的最西端，北临靖国大街。离开山本书店以后，按图索骥，在山本书店对面靖国大街背后一条很僻静的小街上，来到了通志堂书店。书店很小，但在门口，有一书架100 日元一册的旧书，其中很多与中国历史有关。还是想尽量控制购书，在架上只选了两本：一本是中国大陆人近年在台湾文津出版社出版的博士论文——《宋代修史制度研究》；另一本是都竹武年雄著《蒙古高原的游牧》(《蒙古高原の遊牧》)。

《蒙古高原的游牧》撰述并出版于 1981 年，作者在日本侵华期间，曾先后以兴亚院蒙疆连络部职员、驻张家口日本使馆官员，以及蒙古善邻调查所成员等身份，在锡林郭勒盟等地从事直接服务于日本政府的"调查"工作；在 20 世纪 70 年代以后，又来中国内蒙做过考察。本书论述的核心内容，是蒙古族的游牧生活形态，特别是牧业生产的迁徙方式。所做论述，主要是以过去侵华期间的调查为基础，同时也结合许多后来的考察，以及相关文献资料。从《史记·匈奴列传》起，中国古代典籍一直记述北方游牧民族是逐水草而居，但对于北方游牧民族的具体"游牧"形式，却基本上见不到记载。这本书虽然算不上是严谨的研究著作，只是松散的学术随笔，但对于认识北方游牧民族的生活方式，仍然很有帮助。

在这家书店里，另有一些讲旧书收藏和鉴赏的书籍，但价格相对较高。我最感兴趣的是日本藏书家和书籍鉴赏家庄司浅水写的一本书话集，名为《奇书·珍书·书蠹》(《奇本·珍本·本の虫》)，遗憾的是由于出版年代已久 (1954 年) 而标价太高，只好放弃。最终仅花 500 日元，选了这位作者稍后出版的另一部书话集——1966 年出版的《书籍的乐园》(《書物の樂園》)。价格相对比较便宜，是因为已不是初版本，而是初版本问世三年之后，编入桃源社《桃源选书》丛书中的文库本，已经没有什么版本收藏价值。

庄司浅水文笔很舒展，文章写得很随意，在这一点上，与中国的黄裳多少有些相似。不同的是，黄裳只懂中国古书，而庄司浅水则西文很好，古、今、东、西，见多识广。因为知识庞杂，写起来自可左右逢源，挥洒自如。这本书，虽然只是一本普通的小 32 开本，且不足 300 页，而涉及的范围却相当广泛，谈读书，谈集藏书籍的心理感受和拣漏儿的经历，谈初版本、限印本、豪华本，谈藏书印与藏书票，谈各种奇书、珍书、禁书，谈作伪，谈"奸淫圣经"等独特的圣经版本以及《天路历程》等宗教书籍的珍本，等等。尽管书中谈的只是很一般的藏书基础知识，但在中国，似乎还找不到这样知识丰富的书籍鉴赏家或是研究者。至于收藏家中，则 1949 年以前，只有上海的周越然，兼收中西书籍。但周氏的情趣和境界，都太像上海这座商埠，过于市井气，其藏书的规模和档次，更根本没法和庄司氏相提并论。近半个多世纪以来，却还没有听说过有人从事这样广泛的收藏。这也是中国人整体文化生活的水平尚远不及日本的一个显著例证。

上面说到的"集藏"书籍，是我自己组合成的用法。中国习惯把收集书籍，称之为"藏书"，称收集书籍的人为"藏书家"。日本则除此之外，还有"集书"一词，似乎是直接译自英文的 collect books 或是 book-collecting 一词。与"藏书"相比，"集书"一词，更能体现出寻觅挑选书籍这一最富有魅力的过程，这也是藏的神髓所在；而"藏书"本身的语义，则只体现出收集书籍的结果，甚至只是持有书籍。这种微妙的词义差别，也体现着中国与日本在藏书文化上的差距。

曾不止一人，见到我胡乱写下的书话以后，很认真地询问我，到底收存有多大数量的书籍？也有人同样认真地讲述说，某人一次即赠送其若干箱书籍云云，傲视之情，溢于言表。讲这种话的人，很可能就是受"藏书"一词字面语义的影响，只看到结果，而完全不懂所谓"藏书"在字面之外延伸出来的丰富语义和乐趣，并不只在于收藏多少书籍这一结果，更在于通过四处搜罗、精心别择而得到心爱书籍的过程。只存有书籍而没有这种收藏过程的人，家里存书再多，甚至有再多珍本善本，也根本谈不上藏书，只能说是获得或是拥有书籍。

　　差不多是在与山本书店相对称的靖国大街另一端，紧挨着明治大学本部附近的骏河台下路口，有一家专门经营西洋旧书的崇文庄书店。书店规模较大，档次也很高。楼上楼下两层店面，楼上是富丽堂皇的珍本，楼下为稍普通一些的书籍。说是普通，也基本没有廉价的大众读物；相应地，价格也很可观。以前来这里，没有买过书，原因也是嫌贵。这

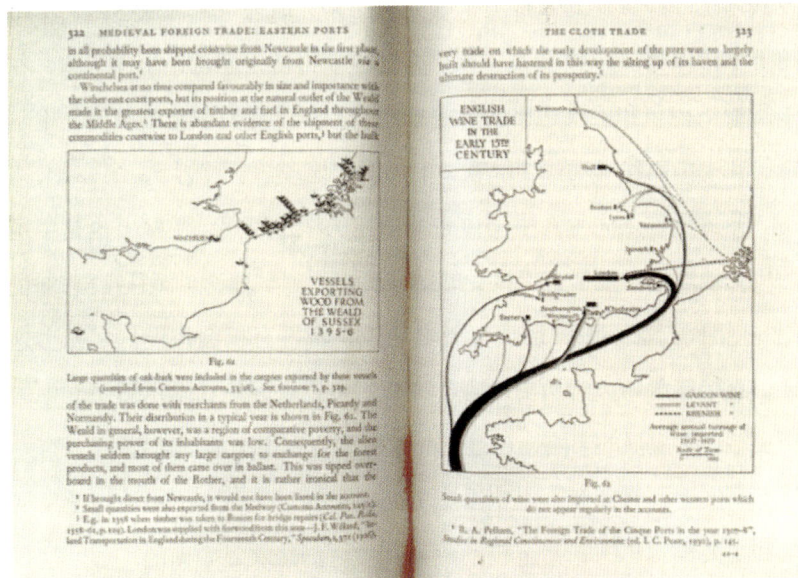

《1800年以前的英格兰历史地理》内文

次进到店里，本来也没想买书，只是想翻看抚摸一下这些精美的西洋旧书，没有想到，竟意外地在书架上看到一本很重要的专业书籍。

这本书籍为《1800 年以前的英格兰历史地理》(*An Historical Geography of Ergland before* 1800)，分时段叙述了从史前到 1800 年期间英格兰的历史地理状况。共有十几位作者，每人撰写一章或两章。主编达比（Henry Clifford Darby）是 20 世纪中期英国历史地理学界的最高权威，同时也是历史地理学发展史上的里程碑式人物和英国地理学界的泰斗。达比毕业于剑桥大学，1932 年任剑桥大学地理学讲师，1945—1952 年间任利物浦大学教授，并担任地理系主任，后来又相继出任伦敦大学和剑桥大学教授，直至 1975 年退休。

在达比执教于利物浦大学期间，燕京大学历史系助教侯仁之先生，在其硕士导师洪业的安排下，赴利物浦大学地理系，师从达比，学习博士学位课程。1949 年夏，侯仁之先生获得博士学位，学成归国，在中国最早传布和实践达比的学术思想，与史念海、谭其骧两位先生一道，在中国创建了现代学术意义上的历史地理学学科。

通过侯仁之先生在中国传布的达比的学术思想，实际上也是中国的历史地理学者最早直接接受的西方历史地理学理论，而且直至 20 世纪 80 年代以前，中国也没有历史地理学者再有机会像侯仁之先生这样，直接接触西方的历史地理学知识。可以说，达比学术思想对中国历史地理学发展的影响，超过了其他所有西方历史地理学者。

事实上，直到今天，中国历史地理学界对于西方历史地理学发展史和主要学术思想，甚至包括达比在内，仍然缺乏全面的了解。这也是制约中国历史地理学进一步取得实质性发展的一项重要原因。若干年前，我曾就此向侯仁之先生讨教，提出中国历史地理学界应当系统介绍西方历史地理学流派的想法。侯仁之先生非常诚恳地说，当时他在英国师从达比读书，并没有接触达比之外、特别是英国以外其他西方历史地理学家的理论。侯仁之先生赞同：中国学术界现在应该着力弥补这一缺失。

由侯仁之传先生传承过来的达比的研究方法，主要是按照"时间断面"来复原历史时期的地理面貌，这是达比所倡导的历史地理学研究方法当中最基本的内容之一。除了主持编著《1800 年以前的英格兰历史地理》一书之外，达比本人主要的具体研究，是曾针对英格兰东部沃希湾（the Wash）畔一处叫做 Fenland 的地方，在中世纪时，由于拓干开发利用这里的沼泽地带而造成的前后地理景观变化，作了深入研究；他还以末日裁判书（Domesday Book）作为基本史料，综合研究了中世纪的英格兰历史地理问题。通过这些研究，达比对于历史地理学的研究方法，逐渐形成了一套系统的主张，而这部《1800 年以前的英格兰历史地理》，虽然每一位作者的观点和方法并不完全相同，但大多数作者都在很大程度上，体现和实践了达比提出的按照时间断面（cross-section）来复原过去的地理这一基本主张。

由于所研究的英格兰这一区域，得到比较广泛的社会关注，具有普遍影响，从而使得《1800 年以前的英格兰历史地理》一书，成为历史地理学研究史上的一部经典著作。就是这样一部对中国历史地理学和整个世界历史地理学界，都曾产生过特别重大影响的西方学术经典，在中国历史地理学界，却极少有人读过。由于英文程度不高，在这方面努力不够，我这也是第一次见到此书。

要想改变当前中国学术界的虚假繁荣，需要有责任感的学者，来做很多工作，而系统了解西方学术经典，应当是这其中一项非常重要的基础建设。尽管已经老大不小，研究习惯早已形成，不大可能做出多大改变，但为了能多少充实一些自己的空虚和无知，还是花费很多钱（4800 日元），买下了这本久闻其名的书籍。

此书初版于 1936 年，由剑桥大学出版社出版。我买到的是 1951年的第三次印本，此前在 1948 年还曾重印过一次。虽然与 1936 年的第一次印本相比，已经谈不上有多大收藏价值，但毕竟比读复印本要舒服多了。人一辈子以读书为职业，总应该有一两部印制讲究的本专业学术经典。过去在北京的旧书肆上，虽然也买到过一两部英文的历史地理书籍，但像这样有名的典籍，还从来没有遇见。所以，买到这本书，也是这一天里很让我兴奋的收获。回到寓所，洗去一天奔波的汗水，捧在手里，闻到那种好的旧书所特有的墨香，顿时消除了疲劳，并涌起再去寻觅旧书的欲望。

这一天，买书的最后一站，是在一家店名为"古書かんたんむ"的书店门前摆放的低价书籍当中，挑选了五本 8 开大本文物图集零册。这五本书分属三部不同的丛书，每册价格在 300 至 500 日元之间。一本内容为世界各国的"原始艺术"，但所收图片基本上都是人像；一本是埃及美术，与上一本是一套书。还有两本，是日本"重要文化财"中的神社与寺院建筑。我最感兴趣的，则是一本"请来美术"收录中国古代流入日本的书画精品。

这类书籍，在发达国家，虽然印制精美，但都属于大众读物，售价本来就比较便宜；不成套的零本，更不值钱。书册太重，带回寓所，花费了好一些力气，只是一想到价格比中国要低 10 倍左右，也不觉得冤枉。在国内，我还从来没有买过这一类书，就是因为价格太高。

2002 年 11 月 28 日

昨天休息了一天，今天又有精神，一早即出发去神田，逛旧书店。买书不多，但也逛了整整一天。

先是在靖国大街上，由西向东，依次逛起。在专门经营西洋书籍的"小川图书"店里，看了好一阵子。书店店面不大，但有不少讲藏书的英文书籍。这些英文书，都很吸引人，只是价格太贵，平均都在 4000—8000 日元上下，稍好一些的书，高达一两万日元（比如一本 John T. Winterich 与 David A. Randall 合著的《藏书入门》即 *A Primer of Book Cellecting*，此后不久，我在欧洲物价水平很高的瑞典买到，也只花了 145 克朗，而在这里，却标价 4000 日元。瑞典克朗币值比国币略低，而日本的售价折合成国币，则已接近 300 元——补记），所以，最终一本也没有买。前天，在崇文庄店里，也看到一些同类书籍，价格大体相当。

神田大部分旧书店，都会在门口的人行道上，摆放一些最低档次的旧书，价格非常便宜。一方面，这是由于店面都过于狭小，没有地方摆；同时，也便于吸引那些匆匆走过的过路人。

日本的朋友总是劝我，说神田的书价格太贵，同样的书，在其他地方买，往往会便宜很多。这话当然不假，但对比之下，从总体上看，神田的书籍，档次要比其他地方高出很多。在这些不值钱的书籍里，也会比在其他地方的同档次书籍当中，找到更多感兴趣的东西。这也是淘书者更喜欢神田的一个重要原因。贵，自有贵的道理。

在"原书房"书店门前 100—200 日元一册的书籍当中，拣了几本略可一看的小书。不过，其中值得一提的仅有下述几种。

《历法与占验的科学》（《暦と占の科学》）。这家"原书房"，是以经营"易学"书籍为其特色之一。店内实际陈列的书籍，很大一部分是阴阳数术类的东西。这本《历法与占验的科学》，作者永田久，身份为法政大学教授。虽说是新潮社《新潮选书》丛书中的一种，但这就是本书的初版本，此前并没有另出版过单行本。美中不足的是其第一次印刷，时为 1982 年，而我得到的已是 1986 年的第十三次印本。可见这本书很受读者欢迎。

书中讲述日本、印度、中国、埃及、希腊、罗马以及北欧各国的历法知识，以及历法与占星术等社会文化的关系，涉及天文、神话、宗教、民俗等诸多学术领域，内容很严肃。我在大学本科的时候，念的是地理系，学过一定的天文历法原理。不过当时懵懵懂懂，似懂非懂。后来学历史，遇到天文历法问题，也总是想绕着走。站在路边翻看一下，觉得这本《历法与占验的科学》写得相当轻松，而且简捷明了。希望这本小书，能够帮助我理解相关知识，不再对此心存畏难。

《历史学入门》（原名如此）。有斐阁 S 系列丛书中的一种，但却是初版初印（1992 年）。由浜林正夫等主编，多人执笔，带有明显的左翼思想色彩。这本书篇幅虽然很小，内容却从一般的理念、流派，到大学生写历史学论文的技术规范，几乎应有尽有。从内容的编排上看，应是一本指点门径的好书。我从事历史教学和研究工作，本来就是半路出家，接受基础教育时又正值动乱的年代，一路跟跟跄跄，很多入门的知识，都需要一边走，一边补。找到合适的书籍，一向被我视同求师问学。

《骑马民族未尝来过》(《騎馬民族は来なかつた》)。日本放送出版协会NHK丛刊（NHKブックス）中的一种，1993年初版初印。日本学者江上波夫，曾写过一部名为《骑马民族国家》的名著（中国出版有张承志译本），提出在公元四、五世纪之际，北亚的骑马游牧民征服日本，始建立日本王朝。本书作者佐原真，一向不同意江上波夫这一观点，两人曾展开过多次公开对谈。我对日本国家、民族的来龙去脉，没有多少兴趣，买这本书，是想看作者对有关畜牧习俗特别是有关马匹饲养、使用情况的叙述，借以了解中国北方畜牧民族的状况。

在这家"原书房"店内，买到一本地道的学术著作，这是收在平凡社版"中国古典文学大系"当中的《洛阳伽蓝记》和《水经注（抄）》。两种书合为一册，是这两种中国典籍的日译本，其中《水经注》还只是河水、渭水、洛水等几条中原河流部分的节译。译本对于中国读者来说，本来没有太大阅读价值，但译者都是研究中国历史文化的著名学者。译注《水经注》的人，是对于中国历史地理深有造诣的森鹿三和日比野丈夫等，所做注释，不仅详细，而且具有很高学术水平，这对于相关研究就很有参考意义了。

这本书吸引我的注意，首先是其中的《水经注（抄）》。此书初版于1974年，我买到的是1998年的第十三次印本。记得还是在20世纪80年代初，我在西安刚刚读硕士研究生不久的时候，导师史念海先生延请杭州大学的陈桥驿先生前去讲学。陈桥驿先生在讲述《水经注》的研究状况时，曾特别赞誉这部译本的学术质量。

从读研究生时开始，多年来我一直关注《水经注》研究，并且设想，待到退休之后，将专心研究《水经注》的地理问题，并为此搜集到许多资料。可是却一直未能得到这部《水经注（抄）》。此书原价6000日元，以前见过几次，都嫌价高未收。翻看这部书的标价签，为2000日元，相对于其学术价值，这已算是很便宜了。因此，毫不犹豫，当即将其收下。这也是一天中最惬意的收获。

接下来，在"小宫山"书店门口的书摊儿上，又找到与此《洛阳伽蓝记》和《水经注（抄）》性质相近的两本书，这便是平凡社《东洋文库》丛书中的《骑马民族史》。《骑马民族史》原书三册一套，译注中国历代正史北狄传。因为仅存前两册，而且内有批注，不干净，便以500日元三册的价格，摆在路边地上贱卖。为本书做译注者，都是日本研究中国北方民族史的老一辈著名专家，第一册为内田吟风、田村实造等人，第二册为佐口透、山田信夫、护雅夫诸人。第二册截止到《新唐书》。虽说一整套应有三册，但这套书最初出版时，就是分册陆续出版，第一册出版于1971年，第二册出版于1972年，而我买到的都是初版首次印本，实际也就算不上残书了。

既然是以三册为定价单位，又再没什么喜欢的书，就又随手拣了一本纸皮小文库本"岩波新书"中的《历史的进步究竟是什么》(《歷史の進歩とはなにか》)来凑数。从书名就可以看出，显然是在批判社会进化史观。不管这个世界是在变好还是在变坏，反正只要你活着，就无处躲藏。像这类问题，在我看来，就像鸡生蛋还是蛋生鸡一样，不思考还好像明白一点儿，越思考就越不明白；越想，活着就越没有意思，甚至连买旧书，也会变得毫无味道。所以，这种书，一般看看，当然无妨，但千万不要顺着作者的思路去思索，还是稀里糊涂地淘买一些旧书，自得其乐为好。

大半天过去，想买的书找到不多，虽然每到神田，都是流连忘返，但看书时间长了，终归有些疲劳。在这种时候，神田也有很好的去处，可以改换一下脑子，这就是去经营绘画的店里看看。这里既有经营日本版画浮世绘的店，也有兼营西洋版画和浮世绘的店，"蒐堂"属于后一类。在这里欣赏了好一阵各类版画之后，竟买下几张西洋黑白木刻版画的复制品。出来后看看时候还早，又去经营西洋书籍的北泽书店，想仔细寻找一下，看有没有像《1800 年以前的英格兰历史地理》那样的历史地理学经典，结果是一无所获，在失望中结束了这一天。买旧书要想经常有所收获，本来就只能"随遇而安"，不能特别执着于任何一种书籍。

2002 年 11 月 30 日

乘车经新干线赴京都。大阪友人泷野邦雄先生，约请途中在大阪稍事停留，一起逛逛大阪的旧书店。约中午时分抵达大阪，当即与泷野先生去大阪梅田的旧书店街（古書のまち）。这条旧书店街的规模很小，远不能与东京神田的神保町相比，很快就转了一圈，买下一本《版画史》（《版畫の歷史》）和两本《庄司浅水著作集》的零册。

《版画史》为小野忠重著，1954 年初版首次印本，品相完好。此书是日本通论版画历史的权威著作，在东京的旧书店里，曾见过几次，但售价都比较高。这本标价 2500 日元，比东京所见至少要低一半，于

15 世紀の写字僧──リョン版テレンシ
ウスの扉絵から

16 世紀の彫版家──ヨスト・アマン職
業づくしから

ス、ブルゴーニュ地方の古い家から発見され、その家主の名をとつてブロタの版木とよばれるもので、兵士二人をつれた隊長の頭上に十字架に釘うたれた手が見える、つまりキリスト磔刑の断片なので、兵士の服装などから十四世紀後期一三七〇年頃の彫版とされています。またキリストや聖母や聖バルバラその他の聖像をあつめた十五世紀チロルの版染の布をルランド・ハンターの「装飾的な布」は紹介していますが、ブロタ版本が断片であることをよく説明するように九枚の版本で仕上げていて、ただ布と紙とのちがいだけで、画面は全くゴシック聖像であることを注意されます。つまりこの版染の歩みのながい重なりのうえに僧院の聖像の版本利用

70

《版畫の歷史》内文

《版畫の歷史》书函

是当即把它买下。内容很丰富，西洋、日本、中国，都有所涉及；风格、技术、工艺、工具、载体，各个方面，都有介绍。中国还见不到同样的著述。美中不足的是，一部分插图，印制不够精良，由于开本偏小（小32 开本），插图和文字版面的视觉效果都显得有些局促。

《庄司浅水著作集》不清楚总共有多大规模，我买下的是其中"书志篇"部分的第 3 卷和第 13 卷。"书志篇"这部分原定出版 12 卷，后来增至 14 卷，出版于 20 世纪 80 年代初。这是作为庄司浅水的"喜寿"也就是七十七岁庆贺纪念而出版的，就在这 14 卷编定之时，庄司氏已另与他人合作，撰有《眼中的书史》（《目で見みる本の歴史》），在报纸上连载。看来，仅仅是"书志篇"这一部分，离编成全集，也还有很大的距离。

我买到的这两个零册，各自 2500 日元，这也是原来的定价。花这样的价钱，是看重扉页上有作者的毛笔签名和印章。除了业师黄永年之外，这是我第一次得到有作者签名的著名藏书家的著作。过去买书，本来不大在意作者签名或是名家收藏印章；看重庄司浅水的签名，是因为敬重他丰富的书籍史知识，而且还非常喜欢他的文笔。庄司氏描绘出一片书的风景。不过，读这类书本来就是一种消遣，不妨先置备在手边，日后闲暇时再从容领略这书中的景致。

2002 年 12 月 3 日

几天来，一直住在京都，与京都大学的学者做学术交流。今天上午，泷野邦雄先生来京都，带我一同去书店看书。第一站还是著名的汇文堂。几年以前，到这家店里来过两次，店内陈设还和几年前一模一样。店主对我多少还有些印象。因为和泷野先生很熟，一见面，便热情送来茶水。

店里已经是由年轻的下一代女主人当值掌柜，以前熟悉的曾与内藤湖南辈有过密切交往的掌柜老太太，因年事过高，已不再下楼打点业务。店里的线装古籍，比以前更显萎缩，但价格确实比较低一些。翻检一番，买下一部日本人研究《周易》的汉文稿本——《易道三十六则》。并不是看出有什么好处，只因为是部稿本，而且价格也不算贵。另外，又挑了几本清末民初覆宋元刻诗、词集，只是因价格适宜，取以把玩而已。又逛了几家旧书店后，承泷野先生招待，一同吃了午饭。

下午，与泷野先生同在日本和歌山大学任教的友人王妙发驾车来到京都，三人一同转了几家书店，我没有找到合适的书。最后，去了京都以经营西洋书籍著名的临川书店。但是，我们根本顾不上去看西洋书，因为泷野先生得知，店里最近购得日本已故某著名汉学家的一批藏书，这才是这一天里我们预定的首要目标。

除了西洋书籍，临川书店也经营一部分汉、和古本，所以才会有我们要看的这批汉籍。老板叫人搬出几大纸箱书籍。上前略一翻一看，我当即明白，已经有人捷足先登。因为看到的只有线装本《四部丛刊》和《四部备要》的零种，基本没有刻本。泷野先生和王妙发兄都再三谦让，最后是由我先选了一部此藏书者批点最多的《四部备要》本《陈书》。虽然这些批语并没有什么学术价值，但作为一代知名学者的手泽，也是弥足珍贵。

由于价格不贵，就另外又选了几种用得上的大路书，其中包括《四部丛刊》本《伊川击壤集》等。《伊川击壤集》是宋朝理学家邵雍（字尧夫）的诗集。虽说是诗集，可实际上其每篇诗作，只是以诗说"理"，普通人大多只能当格言看看，不能当作诗来读，恰如邵氏自言作诗旨趣所云："尧夫非是爱吟诗，诗是尧夫语道时。"前不久，在国内刚买到过一部邵氏此集的明末刻本，但纸有严重风伤（过去北方冬季以煤火取暖，印书的竹纸，长期遭受火烤后，往往会发黄变脆，习称"风伤"），未经修补，不便翻阅。于是，便顺手买下这部影印本。此本乃是用明成化刻本影印，书品整齐，其视觉感受，与家藏明末刻本互有长短。

泷野先生和王妙发兄，各自也都选了一两种有此藏书人批点的线装书籍。大家都很高兴，泷野先生请客，在一家餐馆，吃了顿精美的豆腐餐，共话得书的喜悦。

2002 年 12 月 4 日

昨天送走泷野先生和王妙发兄，回到寓所，摩挲欣赏所得线装《陈书》良久。观此书中批点，朱墨灿然，藏书者点读仔细，天头上每每写有要语提示，因忆先师史念海先生教诲治学门径所授"读书得间"四字，感叹前辈学者治学，凡真正有所成就，乃无不从此入手，从而愈知从事史学研究所必须坚持的基本立足点之所在。

上午，自己又去汇文堂书店。在店里，遇到一位来自台湾的旧书癖好者，手里拿着一本京都旧书店地图。日本这类旧书店地图，范围最小的，像前面提到的东京神田旧书店地图；再大一些，就是像这类一个城市的旧书店地图；更大范围，则有全国的旧书店分布图。与这位同好稍聊了几句，知其兴趣所在，重点是中医古籍，但也涉足其他很多方面。

店主仍是送上茶水招待。在这里又选了几部国人晚近覆刻的中国古籍，与昨天买到的差不多，纯粹的玩物，同样不值得提。另外，还选了一部和刻本"本邦"诗集。这部书的书名，叫作《橘门韵语》。

"橘门"是作者的号，书刻于明治年间，已经很晚，算不上古书。但是，版刻极精，特别是前面的一篇序文，末记刻工为"木邨嘉平"。此人正是襄助杨守敬刊刻《古逸丛书》的日本技艺最高的刻工，在中日文化交流史上，很值得纪念。正文虽然不是木邨本人操刀，但梓版的刻工市川文次郎，显然也是一位良工，记得好像也曾参与过《古逸丛书》的刊刻。爽利洒脱的写刻字体，配以轻薄柔韧的日本黄皮纸，美艳而又不失古雅。若是用中国的纸张，或是白色美浓纸、白色日本皮纸之类的纸张来刷印，都不会有这样好的效果。售价 5000 日元，自是不可多得的清供佳品。惟一的遗憾，是字里行间，刻有日式训点，纸面稍显不够清整。不过，这也是购买晚近和刻本古籍所无可奈何的事情。

汇文堂不只经营古籍，本来是以有关中国的洋装本文史书籍为大宗。在店里，又选了几本学术研究用书。

一是郑德坤著《中国历史地理论集》。从学术谱系看，作者算是我的同门老前辈，当年在燕京大学念本科和研究院，毕业后留校任教，后来又先后受聘于厦门大学、香港中文大学等校。20 世纪 80 年代初，郑氏在香港中文大学退休后不久，台北联经出版公司出版了这一文集。

橘門韻語卷之上

東京　秋月伯起著

男　新抄

門人谷　永祚校

發鄉作東遊

細雨如絲暗澗阿一林黃葉影婆娑客途從此爭行 [中村敬宇曰、]

得天地秋籖次第多 [淡而有味、]

耳水訪日高東卿賦呈

觀山本有法得 [敬起] 好平疇又歌側向背及陰陽萬狀難

和刻本《橘门韵语》

所收论文，全都是关于《水经注》和《山海经》的研究。

在 20 世纪 30 年代，郑氏直接受教于顾颉刚先生，并积极参与顾颉刚先生创建的禹贡学会的工作，做了很多历史地理方面的研究。不过在今天看来，他的研究深度不是很够。一方面，这与当时的历史地理学研究尚处于学术拓荒阶段有关；另一方面，或许也与他刚刚走入学术研究领域即遭遇日寇入侵，颠沛流离之中，很难安稳地打好基础有关。郑德坤最重要的研究，或许不在历史地理方面，而是与沈维君合著的《中国明器》一书。这本书被顾颉刚先生编为《燕京学报》专号之一，在 1933 年出版，是系统研究中国明器的奠基之作。

我读硕士研究生不久，就在《燕京学报》上读到郑德坤的《水经注板本考》一文，当时做了很详细的笔记，随后又在图书馆借阅过他的这部文集，可是，一直没有机会买到此书。文集标价 1800 日元，虽稍有些贵，但这是我的本行专业，不容易遇上，所以还是要买下。国内研究历史地理的同行，除了当年与郑氏有所交往的老辈之外，拥有这本书的人，恐怕极少。

二是《东方闻见录》。此书中国习惯译作《马可波罗行记》或《马可波罗游记》。这类西洋学术典籍，我总感觉日译本要比中国的翻译更为细致可靠。本书由日本著名元史专家爱宕松南译注。译者在参考西方各主要译注本的基础上，新加入许多他本人的注释。这些注释，着重参考了中国古代的相关典籍。中国的同类译作，之所以不能与日译本相比，原因也正在这里——翻译者往往不具备如此高深的专业造诣，而专业研究者又往往不具备相应的语言文字能力。

本书分装两册，收入平凡社《东洋文库》丛书，1970 年 3 月出版第一册，我买到的是同年 6 月的再版本；1971 年出版第二册，我买到的就是这个初版本。当年这两册书的定价，各为 600 日元。虽然是文库本，却是布面精装，与大多数纸皮薄册的文库本迥然不同，若按现在的价格，当然要比这高上很多。但汇文堂将这两册书标价 4000 日元，无论如何也有些偏高。因为这两天买线装古籍，在这里已经花掉了很多钱，和店主商量，同意减去 1000 日元。过去在北京见到几次西洋译本的《马可波罗行记》，价格都是天文数字，能够以这样的价格买到这部日文译本，我是满心欢喜。这也是这次在京都买到的最有实用价值的书籍。

三是连横著《雅言》(500 日元)。连氏为台南望族，作者连横是现任国民党主席连战的祖父。连横影响最大的著述为《台湾通史》，从事文史研究的人，大多都有所了解。《台湾通史》是堂堂正正的鸿篇巨制，而这本《雅言》，则是用传统的笔记形式，记述台湾乡土风情和历史掌故。作者写得很随意，读者翻阅，也同样可以随心所欲，随便翻开其中哪一则来读都行，不必像读《台湾通史》一样，非正儿八经从头看起不可。

《雅言》最初是于 1933 年前后，在报纸上分条目连载。另外尚有 30 馀则，因回避触犯时忌，未曾刊发。此本即这些札记首次汇集成册，由台南海东山房在 1958 年初版印行。仅仅一百馀页的薄册，这类小书，最不容易保存流传，遇到当然不宜放过。

另外，还有一部台北《大陆杂志》社编印的《史记考证研究论集》，除了一篇徐善同的《读史记秦始皇本纪》之外，整本都是施之勉订补《史记汇注考证》的札记，也都在《大陆杂志》上发表过。这类著述，不管识大识小，终归有用，不像时下中国许多所谓"学术"出版物，缺乏实际内容，徒以空言大话欺人。将这些文章汇印成书，以之与《史记》以及《史记汇注考证》等书并储，可备随时查阅。

下午，返回东京。

2002 年 12 月 13 日

前些年，北京每年一度的琉璃厂古旧书市，招引得满城嗜书者蜂拥而至，就连一些远在江浙一带的外地书虫，也纷纷专程进京赶场。在 20 世纪 90 年代前期，我甚至还见过一位美国人，连续几年，每场必到，在人丛书堆间窜来跳去，大批抢购。此公自己弄不过来，还雇了个中国人当伙计，帮着搬搬扛扛。当时最壮观的场面，是每届书市第一天早晨开门的时候，大门一开，几十号最狂热的书痴（更确切地说应当叫"书狂"或者"书狼"），狂奔而入，干燥的灰土地上，一片烟尘随之腾空升起，就像万马奔腾的战场，情景蔚为壮观。

书市办得这样热闹，除了价格低廉之外，这样的专业旧书书市太少，也是原因之一。若是在日本东京等地，这类古旧书市，大大小小，常年不断，爱书者似乎就不会癫狂到这般程度。

这个月一开头，5 号到 11 号，在早稻田大学附近的高田马场，有一个"古书感谢节"；6 号到 7 号，在日本教育会馆，还有一个"古书即卖展"。"古书感谢节"，名称听起来很客气；"古书即卖展"，则不妨译作"古旧书展卖会"。同样是古旧书市，这里一般都是设在室内，场地规模并不是很大。因为忙着读书顾不上，所以这两场书市都没有去看。

今天，在日本教育会馆，又有一场旧书展卖会，多日不去旧书店，书瘾蠕动，在图书馆里已经坐不安席，不能不赶去看看。另外，上月月底在蒐堂买到的复制西洋版画，似乎忘在了神田的旧书店里，也想去顺便找找。

日本教育会馆，就坐落在神田旧书店区的西南边缘上，离山本书店不远。赶到神田时，看看还早，没有到展卖会的开门时间，便先从靖国大街的东头开始，逛逛沿街的旧书店。

大多数书店都还没有开门，个别几位勤快的店主，正向门口摆放廉价书籍，准备营业。在田村书店门前，看到一堆配有彩图的小文库本书，100 日元一册，虽然没有什么特别感兴趣的读物，但插图很多，印制也很精良，便顺手选了几本，另外，还拣了两本关于《圣经》起源和指点人们如何学习历史的小文库本读物，等等。

在彩图本小书当中，有一本英文本的《木版印刷》（*Wood Block Printing*），但书是日本人写，日本人翻译的，类似中国弘扬国粹的对外出版物。内容是介绍浮世绘等日本版画。从传统的浮世绘，到现代版画，日本都有自己独特的艺术风格，日本人也很普遍地喜欢版画。当年鲁迅热衷于鉴赏并印制出版版画，估计也应当与他在日本学习期间，受到东洋风气的熏染有关。日本出版的限印本特藏书籍，往往都有特制的版画作插图，这是决定这些书籍与普通印本价格差异的一项重要因素。所以，品味日本书籍，不能不对日本版画多少有所了解。

与此相关连，在这家店里，顺手又买了一本《现代版画收藏》（《现代版畫コレクション》），400 日元。作者长谷川公之，由法医一变而成为犯罪文学作家，再变而成为艺术评论家。中国的版画收藏，近年刚刚开始起步，千把元钱即可买下一幅普通作品，这与国际市场相比，价格还相当低廉。若是想以收藏作为投资的手段，现在正当其时，不应错过；要是想买两帧挂在书房里自己赏玩，几乎每一个读书人都买得起，同样也很值得。

　　在靠近神保町路口的大云堂书店，意想不到地看到一部《查特莱夫人的情人》（《チャタレイ夫人の戀人》）。现今版本的《查特莱夫人的情人》，即使是在中国也俯拾即是，在日本更不稀罕，可我遇到的却是1950 年的译本，而且就摆放在书店门口，廉价出售，两本书，售价只有 800 日元。我简直有些不敢相信自己的眼睛。

日译本《查特莱夫人的情人》封面

我感到诧异和激动，是因为这个版本颇为不同寻常，在日本现代出版史上，乃至世界出版史上，都是一部具有标志性意义的书籍，它本身应该具有很强的文物价值。有些人可能还会记得，前些年中国刚刚出版这部书全译本的时候，经历了怎样一番由地下而公开的过程。其实，在世界各国，《查特莱夫人的情人》的出版，都有过大致相似的经历。

《查特莱夫人的情人》，是英国作家劳伦斯在1928年撰写的长篇小说，因为其中大胆袒露的情爱描写，完稿后，在英国国内长期未能获准出版。此书最初是在意大利用预约销售的方式出版。初版本只发行1000部，在社会公众间并没有产生太大影响。虽然意大利政府准许出版此书，但却是用英文印制，当然对意大利影响更小。和意大利的情况有些相似，法国政府随后也准许在其境内出版英文版本，但却同样禁止出版法文印本。

1950年4月出版的日文版《查特莱夫人的情人》，应该是劳伦斯这部书籍，在世界上第一次用出版国的母语正式出版的未删节版本。当时，出版此书的小山书店，本来是将其书纳入《劳伦斯选集》第一、二卷内，分为上、下两册出版。没有想到，刚一出版即遭到查禁，并且以出版猥亵书籍的罪名，受到起诉。

在经历了长达八个年头的漫长审判之后，日本最高法院于1957年3月做出终审判决，判定出版猥亵书籍罪名成立，处罚译者伊藤整罚金十万元，发行者小山久二郎罚金二十五万元。从战前开始，就与岩波书店旨趣相近，颇具社会责任感的小山书店，在这一沉重打击之下，一蹶不振。这就是日本现代出版史上著名的"查特莱审判"。

历史有时真的很能嘲弄人。日本最高法院裁决此书属于猥亵出版物，最重要的一项理由是：在作者劳伦斯所居住的英国，还没有出版过保留全部情爱描写情节的全本。可是，就在这次判决下达后不到两年的 1959 年，美国就出版了英文版全本；接着在第二年，即 1960 年，英国也利用纪念劳伦斯诞生七十五周年的机会，用英文出版了全本。小山书店出版此书，本来是很敏锐地找准方向，走在了世界出版界的前列，然而却被跟在欧美后面亦步亦趋的日本政府，荒唐地枉杀于中途。

由于一问世即遭查禁，时至 50 多年后的今天，这个原本应当很值得珍视。我遇到的这部书，品相完好如初，更令人心喜。书册上口，留有毛边，封面设计极雅洁，即使没有这么一番特别的经历，也很值得藏弄。

不过，需要说明的是，我从来没有着意搜罗过现代文学作品，在日本收下了这么一部书籍，只是因为它太有名了，而我又非常偶然地遇到了它而已。

上次在蒐堂购买复制的西洋版画后，曾在北泽书店停留过一段时间。因此，顺路到店里询问，是否曾有人见到我把东西遗忘在这里。一位年轻的店员，笑着从店堂后面拿出了带有蒐堂标志的包装纸袋。这几张复制的版画，本来并不值钱，书店却为我保存了这许多天，已经半个多月。我不由得衷心向几位店员表示了谢意。

一路走过去，不知不觉间已经过了展卖会开始的时间。展卖会设在日本教育会馆楼上一间不大的房间里，入场前需要存包。有很多家东京的书店来参加展卖，每一家店，不仅有单独的展台，而且各家有各家的价签。读者不必管是哪家书店的书籍，尽可把选中的书随意放到一起，统一结账；展卖组织者再根据收款处取下的价签，与店家结算。

　　这种集中展卖方式，可以免却读者到处跑路的辛苦和时间。展卖的书籍，内容很丰富，有汉、和刻古籍，有西文旧书，更多的是日文旧书。来买书的人也很多，但丝毫没有中国那种人一多便必然要伴有的嘈杂，非常安静。所以，仍然可以从容地选择自己喜欢的书籍。

　　按照在中国逛书市的经验，书市上的第一条原则是"先下手为强"。所以，需要先大略转上一圈，看看有没有特别中意的书籍，以免被人捷足先登。

　　首先从架上取下一本讲谈社出版的《地图史》（《地図の歴史》）。作者织田武雄，原来是京都大学的教授，早已退休。以前在读研究生的

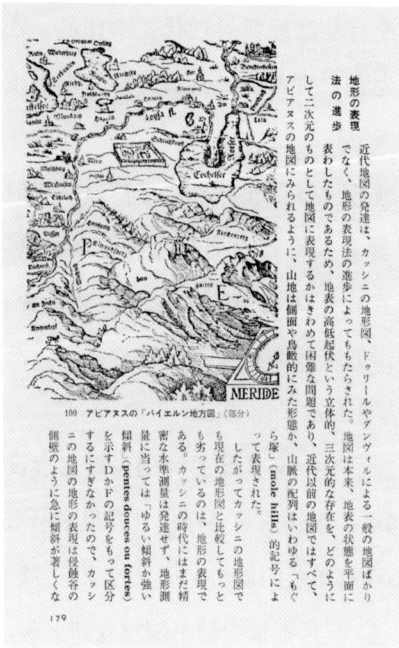

《地図の歴史》插图

时候，读过几篇他研究中国古代地图史的论文。这部书是对世界地图史的系统论述，中国还没有像样的同类著述。

一般来说，日本学者做这类通论性论述，有一个很大的长处，这就是对西方的历史发展，与中国学者相比，有更完整准确的了解；而对中国的历史发展，与西洋人相比，也有远为具体明晰的认识，中国在里面会给以适当的位置，不会像西洋人一样，常常径将欧美史视同世界史来讲述。这部书在别的店里见过几次，都嫌价格太高（在 2000 日元上下），而且大多还是后来的重印本，所以一直没有买。这里见到的是 1973 年的初版首次印本，标价却只有 500 日元，自然要当即攫取手中。

除此之外，没有见到什么像这样"紧迫感"很强的书籍。于是，从头逐一细看慢选。

按照从上游顺流而下的次序，排在第一位的书籍，总是线装书。

《兵要录》。这是日本古代兵书，皮纸写本，5 册，定价一万日元。折合国币六七百元，5 册书书写得整整齐齐，通篇有朱笔校字，知雠校殊为不苟，怎么算也不贵。此书至安政二年，亦即清咸丰五年（公元 1855 年），始有刻本行世，而稍早于此数年，另有活字印本。今此写本末署"天保九岁戊戌八月，小山信明谨写"，每册卷首钤有"小山藏书"朱文印章。日本天保九年，为清道光十八年（公元 1838 年），由此可见，此写本乃是上版梓行以及活版摆印前从稿本抄出，当然要比刻本和活字印本珍贵得多。

另有几部和刻汉籍，虽然价格比较便宜，但没有特别的版本价值，只是自己过去很少存有和刻本书籍，买几本聊备一格而已。

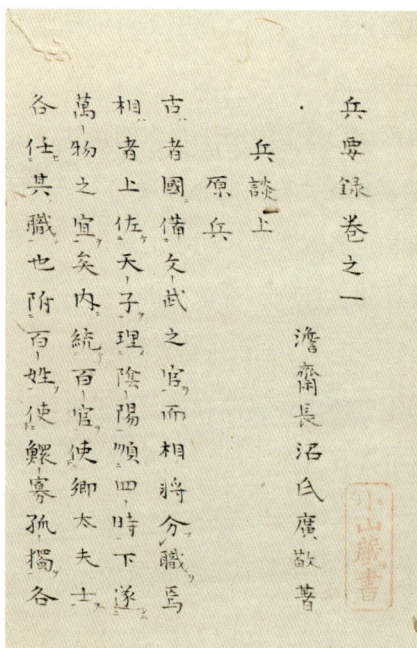

日本天保写本《兵要录》

买日文学术书籍，主要是看书价；若是不考虑价格，不管什么书籍，差不多都能够随时买到。这次展卖会，书价似乎比较低廉，所以，选了几种学术书籍。其中如周藤吉之的《宋代经济史研究》，一般要卖8000日元左右，这里只卖3000日元，就是很难遇到的。

在这里买到的学术资料价值最大的书籍，是6册《大航海时代丛书》的零本，20世纪60—80年代间岩波书店陆续出版。七八百页厚的精装大书，印制精良，品相完好，每册只要500日元，简直让人有些不敢相信，这在中国是根本无法想像的，恐怕起码要卖到同等数值的国币。我选取的几本，都是明清间西方人有关中国的记述或旅行记，译者都是名家。

近来研究中西接触，在中国忽然成为热门，相关著述大量"涌现"。做这类研究，在中国有很多基础工作，恐怕还需要从头做起。在这当中，就包括语言文字的训练和基本典籍的翻译。这次在日本参加东京大学的一次报告会，听到大阪大学一位年纪很轻的女研究生，报告她对一份拉丁文日记的研究。这份日记，收藏在东洋文库，实际上是清代乾隆年间禁止基督教的时候，一位中国信徒写给澳门教会人员的报告。中国在这方面的研究，要想取得切实的进步，也非先具备这样的基本技能不可。

显然，在可以预见的将来，中国恐怕还不可能译出与日本水平相当的本子。报章上指出，最近中国出版的耶稣会士有关中国通信集，在翻译中出现大量荒唐疏误，远不及日文译本高明，就是典型的例证。所以，尽管看起来多少有些像是"九重译"，不大好看，我们很多学者，不得已时，还是应该多借助日文译本。

另一部学术资料书籍，是《北京风俗图谱》（2 册，1400 日元）。从事中国戏剧史研究的著名专家青木正儿（中国很早就翻译出版过他撰著的《中国近世戏曲史》），在 20 世纪 20 年代曾留学北京，在此期间，由于经常出入于剧场市廛等各种市民活动场所，面对因受西方文化影响而正在逐渐蜕变的中国社会，产生了记录和描绘传统中国社会风俗状态的想法，于是，雇佣中国画工，画了这样一套《北京风俗图谱》。

青木正儿来华留学，是受日本东北大学派遣，雇佣画工的费用，也是由东北大学支出。所以，回国后，青木氏便将画稿上交东北大学收藏。青木正儿本来计划配上文字说明，再正式出版，可是由于事务繁忙，而且他不久又转迁到京都大学任教，更顾不上此事。这套画稿，便尘封在东北大学的图书馆中，多年无人顾问。

直到 1964 年，东北大学的内田道夫教授，始按照青木正儿最初的设想，为这一画稿配加了很详细的文字说明，由平凡社收入《东洋文库》丛书中出版。不过，我买到的这部书，已是 1971 年印制的多次再版本了。

由于内田道夫教授是研究中国古典文学的学者，所以，这部书的解说，不仅内容丰富，解析深入细致，而且也很有特色，这就是偏重使用小说等文学史料。另外，从这部画稿的筹划开始，青木正儿就有浓烈的研究意识，所以，在场景的选择和画面内容的安排上，都有特别的考虑，注重细节和内在的区别，不像近年出版的一些西洋人雇佣中国画工绘制的同类风俗绘画，只是猎奇，浮光掠影，缺乏深入的观察和分析研究的动机。所以，这部书应该是在众多同类图谱当中最富有学术价值的一本，值得在中国翻译出版。

由于价格不算很高，一时兴起，又挑了几部英文学术书籍，其中包括：J.L. Cranmer-Byng 研究英人马戛尔尼使华的著作 *An Embassy to China*；Immanuel C. Y. Hsü 研究中国近代与国际社会交往关系的著作 *China's Entrance into the Family of Nations*；Knight Biggerstaff 研究中国早期新式官办学校的著作 *The Earliest Modern Government Schools in China*，Frank H. H. King 研究中国近代金融的著作 *Money and Monetary Policy in China 1845—1895*。这些书的价格，由 1000 日元到 1800 日元不等，比专门的洋文书店，或是经营有关中国书籍的书店，起码都要低上一倍。

书买得越多，往往看得越少，这是稍有阅历的人都知道的道理。

所以，问嗜好旧书的人，在所拥有的书籍当中，究竟读了多少本，是一个很"不识趣"甚至是很"煞风景"的问题。这一次在展卖会上，买书实在太多，连这些正经的学术书，都顾不上稍花功夫翻阅一番，另外买下的其他一些"闲书"，也就更不必多提了。

2002 年 12 月 18 日

上午，去东京大学拜访东洋史研究室的岸本美绪教授。午间，与岸本教授一同去东京大学附近的琳琅阁书店。这家书店很有名，专门经营有关中国文史研究的书籍。以前来日本时，到过店里几次，买过一些书，因此，书店还曾往中国给我寄过几次可供图书的目录。

琳琅阁像日本大多数旧书店一样，店面不大。因为摆不下，线装古籍便放在楼上的书库里，读者需要按照店里印制的目录索书，有些像按方子抓中药。可是，这种方式，实在不方便选书，因为买书与抓中药大不相同，并不是一定要或是一定不要某一部书，需要把书捧在手里，综合种种因素，相机而定。请店家一本一本地特地从楼上给你现往出找，实在不好意思多开口。尽管如此别扭，还是在这里买下两部和刻本汉籍。

一部为宋代禅宗和尚道谦的语录《大慧普觉禅师宗门武库》。书仅一卷，末附《雪堂行和尚拾遗录》一卷，合订一册。字体较古雅，末有牌记，题"宽永十四年丁丑仲春吉旦，二条玉屋町村上平乐寺雕开"。宽永十四年为明崇祯十年，在日本书肆常见的和刻本当中，这算是偏早一些的版本了。此本为日本学者兼藏书家黑田亮旧藏，卷首

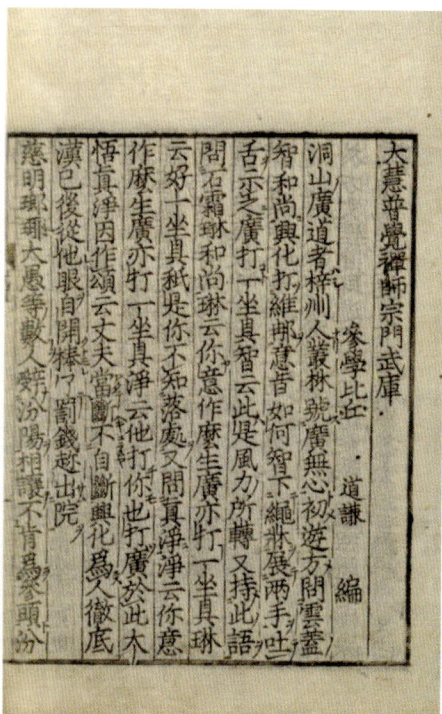

瘦松园文库旧藏和刻本
《大惠普觉禅师宗门武库》

钤有黑田氏"瘦松园文库章"朱文印。黑田亮曾藏有很多好版本书，特别是朝鲜古刻本。这又为此书增添了一些特殊的收藏价值。

另一部书的刊刻年代，应当比这更早。书名题作《医学源流》，内容是历代名医的简略传记。虽说是医书，实际与普通史籍没有什么区别。此书版刻字体，全然明初风格，而篇末刻有本书作者明朝人熊宗立在景泰年间的跋语。依据这篇跋语，知道这部书是附刊在熊氏刻印之医籍的卷首，自是日本翻刻明景泰刻本。审其字体、纸张，似应距景泰原本时间不会很远。这样早的刻本，在书肆上平常出售的和刻

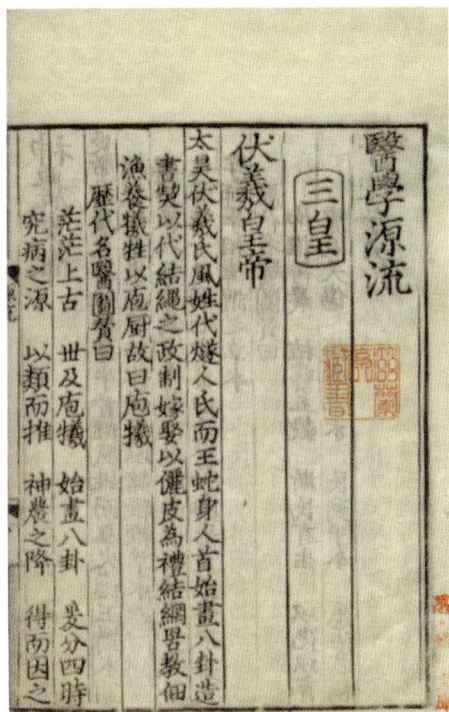

和刻本《医学源流》

本当中，已是难得一遇，我自然不想放过。

　　尽管店家开价很高，我还是很想把它收下。岸本教授和店主很熟，看到书价很高，便请老板适当予以照顾，结果，稍微打了一点儿折扣。价钱虽贵，但这已是我可能得到的年代最早的和刻本，心里非常满足，从今以后，似乎再不会对普通和刻本特别动心。

　　下午，又顺路去神田转了一圈。在崇文庄门口摆放的一堆书籍当中，找到一册 Lewis Mumford 著《历史上的城市》(*The City in History*)。一下子弄不清写得怎么样，但 600 多页的一大本书，只卖 600 日元，专业上总归可以参考看看。

2002 年 12 月 20 日

今天，在神田的日本教育会馆，又有一场名为"新兴古书会"的旧书展卖。本来在神田的骏河台下路口附近，有一处专门的古书会馆，是旧书经营者同业组织的活动地点，但会馆的楼房今年在翻修，所以相关的活动，都移到日本教育会馆来举行。

买了两册宫崎市定论文集《亚洲史研究》（《アジア史研究》）的零本。每册 1500 日元，这在中国，也是无法买到。宫崎市定是已故著名中国史研究学者，学识渊博，涉及中国史众多领域，且都卓有建树。现在不管是在中国还是日本，像宫崎市定这样的学者极为罕见，大多数学者只是仅懂某一狭小门类的专家。学术的发展，问题认识的深入，固然要求研究者日益专门化，读书泛滥无归，现在已经很难做出有价值的创见。但是，从另一方面来看，假如"专家"逐渐类同于"匠人"，恐怕也会妨害研究者得出具有深厚学术底蕴的见解。

除此之外，又买了几种讲藏书的书话类闲书，其中有《典籍丛谈》，新村出著，1925 年冈书院出版，500 日元；《珍版·稀版·瓦版》，林美一著，1966 年有光书房出版，2000 日元；《蒐书散书——与书的约会》（《蒐書散書——本との出會い》），坂本一敏著，1979 年书肆季节社出版，有作者签名，也只卖 700 日元。最兴奋的是以很低的价格，得到了刚到东京时就很喜欢的庄司浅水著《奇书·珍书·书蠹》（《奇本·珍本·本の虫》）一书。地地道道的初版初印本，品相也基本完好，价格却只有

400 日元。此书出版于 1954 年底，是作者出版的第二本也是战后出版的第一本书话类著述。

庄司浅水后来出版的这类读物，往往都要印制极少量的特制本，制作至精至美，或有名家版画，或配羊皮封面。这种版本，虽然具有特别的收藏价值，但为收藏而制作特藏本，如同邮政部门专门为收藏而发行的邮品一样，总有一种不大自然的感觉；况且其价格之昂贵，大多数人轻易不会产生非分之想。

这本《奇书·珍书·书蠹》，普通的纸皮小本，在乳白色的封面上，用类似清代中后期普通刻本上常用的方体字的字型，在左上方即线装古籍通常用来粘贴书签的地方，竖排印制作者和书名，于古拙中向读者传达着自然和亲切，捧在手里，会使你感觉是在面对熟悉的朋友；而微黄的书页，又会时时向你透射出岁月的印记。只有读这样的书，才会有如遇故人的感觉。不过，要是满屋子都是这种书，那就会使人恍如隔世，恐怕也未必好。喜好罗致旧物的人，最需要注意，不要耽溺过深，失去分寸。

2002 年 12 月 21 日

几天前在神田就注意到，今天在五反田有一个"南部古书展"。昨天没有太多买书，也是想给以后淘书的日子，适当预留出一些空间。旧书展卖的场地设在五反田的古书会馆，一时疏忽，没有记下古书会馆的具体地址，本以为一打听就可以找到，实际却不大容易。

天还没有亮，就淅淅沥沥地下着小雨。在五反田站下电车后，问了几个人，都说不清楚古书会馆的地点。这才意识到自己违背了一个非常简单的常识：买旧书这档子事，不管是在哪里，都只是一小撮人的事情，大多数人对此根本没有兴趣。没有办法，只好到路边一个警亭，去找警察问路。警察又打电话，又查地图，也是费了好一番周折，才查找到这所"古书会馆"的位置。

会馆的屋子很小，室内的人气就像天气一样冷清，没有几个人，选书倒很从容。不过一看书才明白，买书人少，似乎主要不是天气的原因，而是书的档次太低。本不该来这里看书，难怪出门就不顺利。不过既然来了，总该拣一两本书看才是。好在书价极低，一本译自德文的《历史叙述的理论及历史》（《歴史叙述の理論及歴史》），精装大本，只要300日元。

2002 年 12 月 27 日

这两天又各去了一次神田和东京大学附近的琳琅阁等旧书店，但没有买几部书。日本和西洋人一样，重视新年。新年将近，旧书商和其他所有商业行业一样，积极利用这一节日促销。今天在新宿的伊势丹百货商场，有一次规模较大的"大古本市"，一早就去赶场。

来日本多次，这还是第一次到新宿商业街。要不是为看旧书，还不知什么时候才会来这种乱哄哄的地方。复旦大学的同行周振鹤教授，癖好旧书至深，曾说只要有好书，哪怕就是狗屎堆旁，他也毫不在意。伊势丹是豪华的大商场，当然不好拿狗屎堆相比。

有意来得稍早一些，要赶第一拨入场，以免错过好书。在商场门口，聚集有一批和我同样想法的人，和北京琉璃厂古旧书市开门前的情景略相仿佛。只是日本人很斯文，没有团团挤在一处而已。入场时，步态虽然比平时稍显急促，但大体还都尽量保持着"走"的姿态，没有中国人那种不顾一切的狂奔。真是一个非常善于自我克制的民族。

买书的地方在商场的六层，展卖的书籍，数量相当庞大。不仅局限于东京，京都和大阪等地也有书店来参与展卖。不过，转了差不多整整一个上午，价格与内容都特别中意的书籍，却几乎没有见到。

惟一的例外，是一部译自法文的《栽培植物的起源》（《栽培植物の起源》）。此书法文原名为 *Origine des Plantes Cultivées*，作者 Lucien Guyot，最初出版于 1942 年，此日译本依据的底本为 1964 年发行的第三版；其在日本的出版时间则为 1979 年（八坂书房出版）。我买到的是译者德田阳彦送人的签名本。有意思的是，版权页上标明的发行时间为 1979 年 1 月 30 日，而此译者送人时落款的时间，却是"昭和五十四年（案：亦即 1979 年）一月十七日"，显然作者是提前拿到的样书。这书当年的定价就为 1600 元，现在书价已经上涨很多，而此本又有作者签名，以 1000 元买到手里，应该还算比较满意。更重要的是，栽培植物的起源和传播扩散，是历史地理研究的重要内容，这书对我来说，很有参考价值。买到这本书，便不枉费我早早赶路的辛苦。

下午，又去府中，赶去看在府中伊势丹商场举办的另一场旧书展卖。结果只买了一本谈旧书的小书，是纪田顺一郎的《漫步旧书街》（《古書街を步く》）。连日来买下很多这类书籍，顾不上翻阅，只能等以后闲暇时，再慢慢从容品味。

2002 年 12 月 28 日

上午，赴高圆寺古书会馆。会馆离电车站很近，加上此前已经在神保町抄下了地址和示意图，所以，出车站北口，走两分钟，很容易就找到了地方。赶到稍晚了一点儿，大致是在 10 点半前后。按常规，展卖会 10 点钟开始。

规模比前几天去的五反田南部古书展稍大一些，可能是第一天刚刚开始的缘故，人也稍稍拥挤。不像在五反田看到的那样冷清。这里不仅要像神保町日本教育会馆那样存包，还需要换上拖鞋。

照常规，先是大致巡视一周，没有见到什么线装古籍或是迫切需要的专业书，于是一一从头看起。先是拿到一本《海南岛记》，昭和十四年亦即 1939 年 5 月改造社初版首次印刷。品相很好，干净整齐。封面图案是日本传统的木版画风格，椰树、茅屋、芭蕉叶，一派恬静的田园气息。不过，书的内容，却与此大相径庭。

作者火野苇平，是日本战时臭名昭著的战争吹鼓手。他在战争期间，曾因写下赞美侵华战争的《麦与士兵》(《麦と兵队》)、《土与士兵》(《土と兵队》)、《花与士兵》(《花と兵队》) 这士兵三部曲而名噪一时。据云，此士兵三部曲的总印次上百，总销售量超过 200 万部，还被搬上舞台演出，是当时最畅销的“文学作品”。火野苇平战后被列为头号战犯作家，算是罪有应得。

除了这本《海南岛记》之外，在展卖场上，同时也见到了这家伙写的《麦与士兵》，但已经是第十几次印刷的后印本，而且价格也并不便宜，便没有收。选择这本《海南岛记》，一是因为它是初版首次印刷，二是内容为"纪实性"的记述，不像《麦与士兵》，虽然配有一些战地照片，但实际是小说。当然，这是因为我从事历史研究工作，从研究的角度出发，看重记事的书籍；而藏书家的正宗和主流，走遍全世界，都是以文学作品为首要集藏对象。

火野苇平在前言中说，他是作为"军部报道员"参加进攻海南岛的战役的。本书记录了从1939年2月10日登陆起，到农历大年初一即2月19日止共十天期间，他在海南岛的经历和见闻。后面附有1938年12月间在广东东莞的行记《东莞行》。火野苇平自己说，或者可以称之为"海南岛资料"，自己感觉可能只是罗列了一些原始材料，而谈不上艺术创作。然而，这正是我对此书最感兴趣的地方。对于海南抗日战争史研究来说，这是一本非常重要的正式出版物。由于它的性质与畅销的小说不同，所以，也不大可能像《麦与士兵》等书那样一再重印。不管是在中国，还是日本，想买一本放在手边，恐怕都很不容易了。

附带在这里顺便说一句，时下国内很多新闻媒体，甚至包括中央电视台在内，常常报道某地某人"发现"某部书籍，找到了日本侵华残害中国人民的又一"铁证"。其实，许多都与《海南岛记》一样，是日本战时公开发行的很普通的正式出版物。虽然其中有相当一部分书籍，现在在日本也不容易买到，但在图书馆和藏书家手中，终归是存有许多的，用不着什么人去"发现"，更不宜拿它当什么新证据。事实上即使是日本极右翼分子，也没有办法否定对华战争本身，只不过他们丧心病狂地叫嚣"大日本皇军"是在"替天行道"，如同《海南岛记》所录日本侵略军的布告中所说，"日本军是为打倒榨取人民膏血之暴蒋，拯救脱离苛敛诛求之政府，使日华提携永久，建设和平乡"，因而，根本不存在侵略谁的问题。恐怕这也是日本当道政客始终不愿向中国人民正式道歉的内在原因。

在《海南岛记》一书中，不仅收录了许多日本侵略军的布告、传单和招贴画等，更有研究和资料价值的是还收录有一些抗日宣传品，包括标语、招贴画，以及期刊、杂志、书籍等资料。如海南抗日刊物《前哨》旬刊和广州抗日刊物《抗战大学》的封面，题为《打到日本去》的招贴画，抗日连环画《绘本台儿庄》的书影，等等。

侵入海南岛后，火野苇平在海口海南书局看到抗日宣传品堆积如山，除留下少量供他们揣摩参考之外，这些宣传品全部被日军焚烧销毁。其中仅被他随意列举的一小部分书刊名称即有：《东洋鬼子怀鬼胎》、《日本人民的反战运动》、《日本在中国的赌博》、《血战卢沟桥》、《抗日英雄苗可秀》、《抗日十杯茶》、《抗战歌谣》、《飞将军空中大战》、《郝梦麟抗敌殉国》、《抗战时期民众训练与组织》、《抗日游击战争》(朱德著)、《中国抗战地理》、《战时读本》(民众训练及小学校用)、《战时的妇女工作》、《怎样组织义勇军》、《战地半月》、《抗战文艺》、《解放》、《全民抗战》、《抗日漫画集》，等等。其中有些就是海南书局自己出版的书刊。抗战硝烟散去已近半个世纪，这里列举的书刊，有些可能是仅存名目于此，不易找到原件了。

海南书局是当时海南第一大书店兼出版商社，老板唐品三，据云是海南抗日三大领袖之一。日军入侵后，书局被视作"敌产"，为侵略军没收。火野苇平上岛后，就住在书局里，并在这里炮制出版了侵略宣传刊物《海南迅报》。所以，他在书中对海南书局的情况，有比较具体的记述。研究 30 年代海南图书出版发行的历史，在这里可以找到一些很具体的资料。

除了研究日军占领时期海南的政治、经济和文化状况之外，书中还记录有一些海南的风俗民情，以及外侨、台湾渔民、僧侣等在海南的情况。这些也都是研究者可以参考的资料，不仅仅是"供批判用"而已。这是火野苇平从事罪恶写作时预想不到的事情。

接下来是几本专业书。

石田干之助的《长安之春》（《長安の春》），是研究唐代文化和社会生活的名著，中国学者都很熟悉，书我也早已买过。这次买下的是收入平凡社所刊《东洋文库》的文库丛书本，为 1967 年 5 月初版之第 20 次印本。这种本子印刷量大，在许多书店都可以看到，但价格一般在一千日元上下，这本则标价 500 日元，稍廉。石田干之助这书之所以流行，很大程度上是因为其文笔比较流畅一些，每篇文章又都短小精悍，雅俗兼宜。当然，所谓"俗"也不能太俗，是指具有一定中国古代文史知识的非中国古代史专业人士。

对于喜欢古籍或者书籍史的人来说，这本书里所收录的《唐代图书杂记》，就是一篇一定会得到大家喜欢的好文章。作者一一讲述了唐代书店、藏书家、书籍装订与装潢、插架形式，直至藏书目录等各方面有关书的情况，很值得翻译介绍给中国爱书的朋友们，只是不知道出版方面有没有什么法律问题需要解决。

附带在这里狗尾续貂，替石田氏补充一点儿有关唐朝人读书情形的资料。唐代书籍装订，通行的是像现在字画一样的卷轴装，即石田干之助所说的卷子本。每一个卷子往往很长，而写卷子的纸是一张张分页写的，写好后再粘到一起，成一长卷。这样，读书的时候，要把粘连在一起的一页页书从头展开，才能逐一阅读；一边读，还要一边把读过的部分卷拢起来，若需要查已阅读过那一部分的时候，则要重新展开。这样反反复复，读起来是很麻烦的。在柳宗元的文集《柳河东集》卷三〇《寄许京兆孟容书》中，就反映出他阅读这种卷子本的劳累：

> 往时读书，自以不至抵滞，今皆顽然无复省录。每读古人一传，数纸以后，则再三伸卷，复观姓氏，旋又废失。

正因为这样辛苦，中国古代书籍装订的通行形式，后来才会发生改变，陆续出现了经折装、胡蝶装、包背装，直到明朝万历年间以后通行的线装。

卫藤利夫《鞑靼》。原书初版于昭和十三年（1938 年）4 月，由满铁社员会刊行；同年 7 月，朝日新闻社有重刊本；后来又被收入昭和三十一年（1956 年）出版的《鞑靼——东北亚的历史与文献》一书。此次所得，是 1992 年 3 月由中央公论社发行的《中公文库》丛书本。虽然算不上什么旧书，书品也显得和市上新出的文库本没什么两样，但说起来发行也有十年了，而且书口留有毛边未裁，这也是时下新刊文库本所少见的。

作者卫藤利夫，终身从事图书馆工作，大正八年（1919 年）至昭和十五年（1940 年）期间，曾任满铁奉天图书馆馆长，在中国东北生活过很长时间。因为是搞西语翻译出身而在中国东北从事图书馆事业，所以，卫藤利夫研究关注的焦点，是西洋文献中对于中国东北历史的记载，具体地讲，就是西洋传教士在中国东北的活动。作者的研究，显然更侧重于文献学方面。

在主持满铁奉天图书馆时，卫藤利夫为该馆确定的一个重点采购方向，就是收集耶稣会士的书翰和年报等西洋资料。以前我曾随便猜想，中国国内图书馆的早期西文资料，可能主要是由西洋人带到中国的书籍。其实，至少满铁奉天图书馆的西文书籍，很多都是由卫藤利夫经手，通过书店的书目，向巴黎、伦敦等地经营珍稀版本的著名旧书店订购来的。研究这些资料，既是他个人兴趣所在，也是他的工作职责，还有他作为外国人踏上中国领土后与这些传教士相通的个人情感。

除了作者节译的南怀仁《鞑靼旅行记》(节译关于东北部分，题名为《南怀仁满洲旅行记》)之外，别的内容都太专门，一时顾不上看。更吸引我一口气读完的是书后所附《卫藤利夫与〈鞑靼〉》一文(作者中见立夫，是卫藤氏之子卫藤沈吉的朋友，当时任东京外国语大学副教授)。文章的副标题为："战前时期中国东北地区的图书馆和图书馆人"。

满铁图书馆的图书收藏和发展状况，一直是我所感兴趣的问题，可是在中国没有读到过系统的介绍，始终弄不清楚其来龙去脉。本文虽然也是根据旧有资料编写而成，但叙述简明扼要，线索清晰，不仅谈"物"的图书馆的发展，还谈活的能动的人在里面起到的作用。

基于满铁在中国东北攫取的巨大财力基础，和相关负责人的眼光、魄力，满铁三大图书馆即大连图书馆、奉天图书馆和哈尔滨图书馆，不仅在图书收藏方面可以与日本国内的一流图书馆相媲美，而且在为满铁购藏图书工作中成长起来的卫藤利夫等人，也成为日本一流的图书馆专家。战后日本许多大型图书馆的建设，都有满铁图书馆旧人在里面发挥了重要作用。卫藤利夫本人，则在战后荣任日本图书馆协会理事长一职。

卫藤利夫和其他满铁专家为满铁图书馆收罗的书籍，除大连图书馆藏书有一部分被苏联红军掠走而下落不明之外（在苏联红军掠走的书籍中，也有一部分由苏联政府交还给中国，如现藏中国国家图书馆的几十册《永乐大典》），其馀都在战后为中国政府所接收。

尽管在当时的环境下，卫藤利夫的工作，只是为效忠于他所生长的日本国的政府，他也曾为"九·一八"的无耻入侵和伪满洲国的建立而奔走呼叫，但历史是立体的。我们今天读他的文章，看他的演说稿，回顾他在满铁奉天图书馆的工作，还是能感受到一种为图书馆这种社会文化事业本身而献身的服务精神。仅仅就这一方面而言，客观上他对中国的图书馆事业，也是一位做出过一定贡献并值得纪念的人物。

《北京年中行事记》。这书是清末敦崇所著《燕京岁时记》的日译本，讲北京各时令的习俗。本来我收有此书光绪丙午（1906年）原刻初印本，而且还是作者敦崇本人自藏旧物，书内钤有"铁狮道人"（敦崇号）印章。既然如此，而又要买日文译本，似乎有些荒唐。其实，我主要是想看它的注释，而不是刻意收藏配置这类关于"老北京"的书籍。

注释此书的小野胜年，是研究中国古代史的专家，熟悉注释此书所需的相关典籍，并在北京留学过一段时间，对于书中记述的许多节令习俗，都有亲身见闻，所以，所做注释既有文献参稽，又有实地验证，具有很高学术参考价值。此注释本前有昭和十五年亦即1940年7月小野氏序，因此，注释中提到的当时的实际情况，可以帮助读者了解有关节令习俗在 20 世纪 30 年代末至 40 年代初的演变情况，作为对原书的补充。

这书此前另有 Derk Bodde 所做的英文译注本，题作 *Annual Customs and Festivals in Peking*，在欧美关注中国社会风俗的人士中间比较流行。在北京的旧书店里和拍卖会上，见过几次这种英译本，均因标价过昂未买，也不知其注释是否也像日译本一样具有参考价值（此外，本书过去还有法文译本）。

这个日译本，虽然是很不起眼的软皮小文库本，但却是昭和十六年（1941 年）8 月初版首次印刷的岩波文库原版，上口还留有毛边。尽管这样的文库本是没什么值得稀罕的大路出版物，常逛书店总可以找到，价格一般也都很便宜，但特意要找初版文库本中自己喜欢的某一种书，也不容易。所以，日本有些旧书店，会专门经营初版文库本。不过，即使是在那里，品种也不能应有尽有，个别想要收齐某一文库的藏书家，还需要用复制本来凑数。况且，一旦到了那里，价钱可就比较贵了。

小野胜年的这部译本，后来又被收入了平凡社刊行的《东洋文库》丛书，现在在旧书店里非常好找，却是无法体味到这种初版本的古雅韵味。

除了注释以外，日译本书里还增附有一些插图，包括照片。插图主要是采自《鸿雪因缘图记》、《唐土名胜图绘》、《万寿盛典》、《清俗纪闻》等中、日古籍的版画，还有没有交待来源的素描画，不知道是否出自小野胜年本人之手。图片配得不俗。只是初版本也有初版本的坏处，就是当时制版不佳，图片大多模糊不清。

日本译注本还有一点很不妥当的地方，这就是删除了原书各项节令习俗下面所附的古今诗文。虽说其中很大一部分是乾隆皇帝的所谓御制诗（实际上不需要乾隆爷自己动手，自有如沈德潜一辈奴才代劳），感兴趣的读者不一定很多，但既然是印行古书，只要没有什么不可克服的障碍，就应当尽量保持原貌。其实仅仅是乾隆皇帝这样到处乱题所谓御制诗本身，就是一种很有趣的文化现象。国内稍有文化和人世阅历的读者，看了以后，都会得到清楚的启示，理出相应文化现象的历史轨迹。除了专业需求和个人兴趣之外，我想读史书对所有人都会产生的潜移默化的社会功能，就是使人的思维更深刻，头脑更智慧，每一个人也就会因此而变得更为成熟。从这一意义上讲，了解历史文献完整的本来面目，也就变得尤为重要。

不管怎样，日本人做事，还是很负责任的（他们对侵华战争不负责任是另一种性质的问题），在前言和凡例中，都对所删节的内容做了认真的说明，这很值得尊重。比较一下，我们可以看到，国内的北京出版社，在排印出版《燕京岁时记》时，不知为什么，也同样删除了这些诗文，可是却没有做任何说明，如同剪径大盗一般蛮横。

《北京笼城·北京笼城日记》。这是捆绑成一册出版的两种书，都是日记式的记录，记述光绪二十六年（1900年）亦即庚子年八国联军侵入北京之前，义和团和清军围困列国使馆的情况。虽说是研究相关问题的基本史料，一般读者看一看却也很有意思。我得到的是昭和40年（1965年）刊行的平凡社《东洋文库》丛书本，而且是很晚的后印本，从藏书的角度看，没有任何特别的价值。

《北京笼城》的作者为柴五郎，时任日本驻华使馆武官，军衔为炮兵中校。《北京笼城日记》的作者为服部宇之吉，时为东京帝国大学文科大学副教授，受日本文部省派遣，在中国留学，被日本使馆招募为所谓"义勇军"，参加列强守护使馆区的战事。

柴五郎此书的底本，是明治三十四年（1901 年）年底，他应日本军事教育委员会之邀讲演之后，翌年（1902 年）7 月，由军事教育委员会依据讲稿发行的小册子。原本自然不易一见。

服部宇之吉的日记，在他当年底回到日本后，就有刊本。至大正十五年（1926 年）7 月，作为其还历（60 岁）纪念，又增附他本人撰写的《北京笼城回顾录》，以及服部夫人繁子所撰《大崎日记》，出版了私家限印版，仅发行 300 部。我在北京旧书店中曾经见过这种初版限印本，嫌价格稍昂，没有收下。这个《东洋文库》印本，便是以服部私家限定版为底本，而略去了服部繁子的《大崎日记》。这样一看，以后遇到原版限印本的《北京笼城日记》，还是应该买下。看被人删削不全的书籍，总有自己身体的某一部分被人肢解了似的感觉，很不舒服。再说七十多年前限定 300 部的限印本，现在也很稀少了，即使谈不上"稀若星凤"，也绝对是可遇而不可求之物，身价高一些，也是合乎情理的。

除此之外，《东洋文库》丛书的出版者，还专门请人做了许多编辑加工，对原文中清廷上谕等朝命之日文训释的刊载位置，有所移易；对原版所附照片有增删，所附地图有减省；甚至对原文所用名词，也有改写。如改"法国"为"佛国"，改"俄国"、"鲁国"为"露国"，等等，简直是肆意阉割，真真岂有此理。这样一看，以后若是遇到原版，即使价高，也更是非买下不可。

当然，编辑者大山梓其人，也做了许多富有意义的工作。他引据其他原始资料，为这两种书都添加了对研究者很有用处的注释；还编辑了"北京笼城年表"附在卷末，对阅读原书和从事研究，也都很有帮助。公允地讲，功过相较，对于大多数一般读者来说，还是功大于过。

服部宇之吉《北京笼城回顾录》，是事后用专题笔记的形式，根据回忆，记录此役期间的逸事，其间夹杂着作者的一些看法和推测。所以，对于不专门从事这一段历史研究的人来说，读起来要更有味一些。比如，他讲述人力车引入中国后，从上海到天津再到北京的滋漫流行过程，联系到北京的人力车夫等苦力多来自义和团的发源地山东，从而推测义和团在北京的兴盛，与北京人力车的增加，二者之间具有某种联系。这种想法有没有道理姑且不论，所说人力车引入北京及其逐渐流行的过程，却蛮有意思。

在这些专题记述当中，我最感兴趣的是《永乐大典》的毁失情况。据服部宇之吉讲，6月23日上午，微微有一点儿北风，中国军民利用风向，在英国使馆北面相邻的翰林院放火，试图火攻英国使馆。而当中方大举进攻之前，列国决定固守待援的时候，商定把妇女、儿童和老人、病人，集中到馆舍最为宽敞的英国使馆，日本书记官石井的夫人等日本妇女、儿童，就待在离翰林院最近的一所建筑里。这样，日本人便不能不拼死救护。

当时，服部宇之吉等日本"义勇队"员和一些英国水兵，凿破院墙，突入翰林院后，把院中的书籍纸片等投入水池之中，后来房屋倒塌，火很快就要延烧到这里。这时服部宇之吉看到了堆积在书架上的《永乐大典》，他无暇估摸具体册数，试着随便抽几册看了一下，知道堆放的次序并不规则。服部觉得其他东西扔到水池子里也就算了，却实在舍不得扔《永乐大典》。可又确实没法全部都保存下来，于是就思量怎么也要想办法留几册样本给世人。于是，随便抽了三册，存放到日本妇女的住处后，又返回翰林院，找到狩野直喜、古城贞吉（时任《东京日日新闻》社特派记者），以及莫里逊博士，他们也各自带出若干册来。

这场大火，大约在傍晚时分被全部扑灭。第二天，日本公使馆二等秘书官楢原陈政，向服部宇之吉等人转达了英国公使的意向，谓准备日后向中国政府全部返回翰林院的书籍。因此，个人带出的书籍，应全部缴出。于是，服部宇之吉便如数上缴了自己带出的《永乐大典》。

服部宇之吉在同年10月回国后，又赴德国留学。在留学期间，升任东京帝国大学教授。明治三十五年（1902年），被清朝政府聘为京师大学堂师范馆的主任教授；据云后来似乎还曾一度出任京师大学堂总教习，不知确否。明治四十二年（1909年）回国，继续任教于东京帝国大学，讲授中国文学和哲学。

上面提到的同他一起困在使馆区内的狩野直喜，当时也是日本文部省派往中国的留学生。他在脱离笼城后，先是一度回国，后又去上海学习，学成后回到日本，出任京都帝国大学教授，也是讲授中国哲学和文学。

服部宇之吉和狩野直喜后来都成为世界知名的汉学家，一东一西，两相照映，在当代日本汉学发展史上，居于同等重要的地位。

当时困在笼城当中的还有另外一名日后驰名世界的汉学家，这就是从事敦煌文书整理研究的法国人伯希和。当时，他的身份是新闻记者。

笼城当中另一位与后来的海外汉学乃至整个东洋学研究具有密切

关系的重要人物，是上面提到的和服部宇之吉一样拿出过几册《永乐大典》的莫里逊博士。莫里逊为英国人，当时在华的身份是《泰晤士报》通讯员，后来被北洋政府聘为顾问。

莫里逊是在 1897 年来到中国的，来华后即留心收集用世界各国文字撰写的有关中国的文献和著述。到使馆被围时，虽仅有几年时间，却已经初具收藏规模。为保护图书免受池鱼之灾，困守笼城时他把书籍存放在毗邻英、日使馆的肃亲王府内。到 1917 年，前后二十年间，莫里逊的这批特藏书籍，已经相当可观，总数达两万五千册上下。这年 8 月，他把这批书籍整体卖给了日本三菱财阀岩崎久弥，岩崎氏将其命名为"莫里逊文库"。岩崎久弥买书时曾延请著名东洋史学家石田干之助一同来华，帮助把握，看重的就是这批藏书的学术价值。至 1924 年，岩崎氏便以莫里逊文库为基础，拨款建立了后来驰名国际学术界的中国及亚洲历史文化研究专业图书馆——东洋文库，当然这也是日本汉学家所依恃的重要专业图书馆。随便说说，东洋文库存有许多册《永乐大典》，不知道其中是否包括莫里逊在翰林院拿走的那几本。

一般中国学者到东洋文库，多是查访和利用汉文史料，尤其是中国古代典籍。其实东洋文库虽然陆续获得了许多中国古代典籍，包括如藤田丰八等一些汉学家的藏书，但其馆藏中国版刻古代典籍，除极个别书籍，如宋版孤本《历代地理指掌图》等之外，都是很平常的学者用大路书，它并不是以版本珍贵或书籍稀罕见长。对于中国学者来说，可以说没有太多特别值得在意的东西。东洋文库中对于我们利用价值更大的书籍，应该说是以莫里逊旧藏为主体的西文书籍，以及满、蒙、藏、朝鲜、越南等亚洲民族语文史料，还有一批中、日文近代史资料，如汪伪政权档案等。莫里逊旧藏有关中国的西文书籍，因为全面、集中而查阅便利，而且其中也确有一部分很罕见的资料。只是由于历史的原因，我们这一代中国史学者的西文水平，从总体上来说，似乎还有很大待提高的空间，因而，还没有很好利用这批宝藏；相信未来更年轻的中国学者，能够尽快追赶上来，弥补这一缺憾。

庚子之役与后来日本汉学研究的联系，还不止于此。

围攻使馆这一愚蠢至极的举措，导致八国联军入侵并占据京城，不仅当时大肆抢掠，第二年"善后"处理时，列国强盗又大开血口，索取所谓"赔偿"，强迫清廷支付总计四亿五千万两白银，付款期限三十九年。这样，本息合计，届时总共将被勒索九亿两白银。这就是"庚子赔款"。如此高额勒索，除了大饱其贪欲之外，其中更险恶的用心，就是要彻底摧垮中国的经济，从而使中国彻底丧失军事防卫能力，在经济上彻底依附于列强，成为其永久的大市场；在政治上则是完全听任其摆布，成为其掌中棋子。

这笔钱清政府虽然不得不认，可中国同其他遭受西方列强欺侮的弱小民族相比，有很大的不同：中国有非常深厚悠久的文化传统，有一大批秉承自己文化传统的优秀知识分子，这些人是真正维系中国社会的中坚力量。洋人固然可以靠洋枪洋炮肆意恐吓朝廷，但对中国知识分子却不能毫无顾忌。他们清楚地意识到，这种无耻的敲诈，会给中国知识分子心灵带来怎样的侮辱和伤害，引起怎样的仇恨与敌视，而这种仇恨与敌视又会导致怎样的反抗，从而给他们实现对中国的支配与攫取这一目的带来怎样的麻烦和危害。于是，出于缓和中国民众特别是知识分子反感情绪的考虑，列国强盗又商议各自拿出所谓"赔款"，为中国办一点儿"文化事业"，比如后来很有名的清华大学和协和医院等，就是由美国用庚子赔款作资金来兴建的。

日本政府的做法，却与美国不大相同。日本最终共分得3479万两赔银。它是在外务省下面，设立了一个"对支文化事业部"。大正十二年（1923年）三月，日本政府公布"对支文化事业特别会计法"，宣布每年从庚子赔款中，为有关中国的学术研究和服务于中国的文化事业支付三百万元。大正十四年（1925年）10月，由对支文化事业部出面，在北京组建"东方文化事业委员会"，并设立东方文化图书馆和北平人文科学研究所，其主要工作是想续修《四库全书》，首先是收集书籍并组织撰写提要。现在由大陆和台湾方面分别出版的《续修四库全书总目提要》，就是这个组织的工作成果。此外，还在上海设立了一个"自然科学研究所"。

需要注意的是，这笔钱的用途，首先是资助日本学者的对华研究，虽然这在客观上有助于日中文化交流，但其出发点，显然是服务于日本政府。其次，所谓"东方文化事业委员会"，委员长是由日本人担任，委员中虽然有中方人士，但也是以日方为主。这个组织尽管是在中国开展工作，实际上却形同于日本驻外学术机构，只不过是有一些中方雇员而已。所以，从其组建伊始，中国留日学生和国内文化团体就纷纷进行抵制，指出要警惕日本的文化侵略野心，并要求完全由中国的文化教育团体来主持工作。至1928年（日本昭和三年）5月，日本借口保护侨民，出兵济南，与国民革命军发生直接冲突，激起中国民众强烈不满，东方文化事业委员会当中的中方委员宣布退出，以示抗议。这样北京的研究工作便已很难开展局面，而日本政府则干脆直接把资金主要都投向其国内，于第二年设立了东方文化学院，研究中国历史文化。东方文化学院下设两个研究所，即东京研究所和京都研究所，分别设在当时的东京帝国大学（即今东京大学）和京都帝国大学（即今京都大学），这就是当今日本研究中国历史文化的两大重镇——东京大学东洋文化研究所和京都大学人文科学研究所的前身。而这两个研究所的首任所长，即分别为《北京笼城日记》的作者服部宇之吉和同他一起困在笼城之中的狩野直喜。

不仅这两个研究所是靠庚子赔款发轫运作，许多后来很有名的日本汉学家，当时到中国留学，也都是依靠这笔经费。日本政府实际上完全是拿这笔钱搞了自己的文化事业。

抛开日本和其他列强收买人心的用意不谈，其实任何国家资助对外文化交流，都不同程度地带有扩大自己文化影响的意图。日本学者说，当初日本政府决定用庚子赔款搞东方文化事业委员会等事情，与中国赴日留学生在学成归国后对日本普遍存在反感情绪这一背景，具有密切关系，即试图以此来改变中国文化界对日本的看法。而其结果却是适得其反，引起中国文化界更深的反感。

多年前，我曾看到一份统计资料，是日本某民间对外文化交流团体所做的问卷调查。这份材料显示，直到今天，包括中国人在内的大多数各国留学生，仍然比较普遍地对日本持有某种反感情绪。我个人是非常地不认同这种情绪的。我想，既然是留学，就要入境随俗，尽可能多发现和学习人家的长处。如果我们中国人能够认真地学习到日本民族一些优秀品质，特别是他们的敬业精神和坚毅品格，将会对我们的生活面貌产生非常深刻和积极的影响。

这些反感情绪的形成，原因可能比较复杂，我没有实际体会，不好胡乱猜测。但是，在如何使用庚子赔款以达到扩大自己文化影响这一目的方面，美国和日本，运用不同做法而产生的不同效果，或许可以给人们一些启示。即以美国资助中国学生赴美留学一事为例，它让中国人切实得到了好处（尽管这本来就是我们自己的钱），借此成就了自己的事业，从而对美国心存好感；而不是像日本人，拿这钱搞自己的事业。虽然日本汉学研究以此为基础，取得了举世公认的成就，中国学术界对此也很钦敬，但这毕竟是日本人自己的荣誉。既然是想做"善事"，就要拿出世界经济大国的气度，放开手脚，不要总有自己过小日子的想法。这样，对世界文化交流，可能会起到更大的作用，自然也就会对日本文化的传播，产生更积极的影响。

虽然上面谈的都是书外边的闲话，但专业书谈起来毕竟要更沉闷一些。下面谈谈这次得到的一本北京导游书。书的名字就叫《北京》，这也是当时西文北京导游书习惯的命名方式。不过本书还有个副标题——"名胜与风俗"。全书一共十二章，第一章是总括性的介绍和印象，第二至第七章是谈名胜，后五章是讲风俗。

书初版于昭和九年（即1934年）九月，我买到的是昭和十四年（1939年）六月的第四版本。出版印刷在日本东京，发行所则是设在北京东单的东亚公司，另有销售商是西单市场的东明书局。

作者村上知行在序言里说，本书首先是北京导游册，同时也是关于北京的随笔。作者不愿意写成简单的导游手册，因为他觉得这作为一本读物，太过于乏味，于是写成了现在这样：以自己的亲身游历过程为线索，在向读者介绍名胜、风俗的同时，信手铺陈有关历史典故，漫然诉说见解感想。北京过去的导游书籍，我只买过一本朱利艾特·布莱登（Juliet Bredon）撰写的英文书籍，书名为 *Peking*（《北京》），也没有仔细看过，所以无法对比。但与 1949 年以来新出的书籍相比，村上知行这本《北京》是我读过的最好的北京导游书。读他的书，像是和好朋友同行，听他向你娓娓叙说，指点门径，倾吐心绪，交流感触。

2002 年 12 月 29 日

上午，赴神奈川县古书会馆的旧书展卖会。10 点多钟出发，由南大泽乘电车到桥本，再换车到东神奈川，下车时已接近 11 点半。

为避免上次在五反田遇到的麻烦，事先找人帮助查阅地图。在日本工作的友人陈捷，在电话里指点说，神奈川县古书会馆设在东神奈川车站附近反町公园边上。下车后，在电车站内的一幅地图上，很容易找到了反町公园，走过去只用了 5 分钟左右。

公园很小，可还是没有能一眼就看到古书会馆。问路，估计女人一般对此不感兴趣，找到了两个中年男人。第一个人，对于世界上还有"古书会馆"这等机构存在，显然感到诧异；第二个人，则同样苦笑着表示对此一无所知。幸好看到一位老者，手持旧书，悠然漫步，酷似道中人的神态。上前一打听，老人嘿嘿直乐。可能是觉得我这怪腔怪调的外国人，竟然跑到这么偏僻的地方来找旧书，很有意思。不过推己及人，我觉得老人更像是有一种与海外同道人相遇的喜悦。为什么不呢？同是天下爱书人，四海之内皆兄弟嘛。老人很快活地随手一指——原来古书会馆就在前面不到 200 米远的地方。走了几步，就看到了随风招展的展卖会旗帜。

展卖会规模不大，与前几天去过的五反田南部古书会馆的展卖会大致相当，有了五反田的经验，这也是预料之中的事情，或者说比我事先估计的还要好些。因为五反田还在东京城市中心区域，而这里已靠近横滨，能达到这样的规模，算是不错了。试想一下，要是在北京的丰台一带，搞一次旧书展卖，能是什么样子呢？相比之下，东京简直处处都是购书的天堂。

由于这里比较偏僻，而且是展卖会的第二天，场内选书的人并不很多。在我选书期间，一直保持在不超过十个人的样子。

一个多月过来，特别是最近连续几天跑下来，书瘾真是快过足了。我也不再先绕场一周，巡视是否有迫切需要的书籍，以便"抢购"，只是悠然从头逐一看起。

最先翻看的是主展场边上一小间屋里几架最廉价的书，每百元三册，折合国币两元多一本，可谓奇廉。惟廉则廉矣，却基本上没什么想要的东西。最后看到一叠线装本，大多是明治、大正年间铅印的书籍，没有中意的内容。心想百元三册，当然只能如此，翻了两翻，正要离去，不意发现其中夹杂着一册大字刊本《古文孝经》。虽稍有蛀蚀渍污，却刻印俱佳，混在一大堆垃圾书当中，颇似鹤立鸡群一般。捧在手中，心头一喜，随之却又觉得似乎不大真实。同样的书，在专门卖中国古书的旧书店里，要卖一万日元上下，天下怎么会有这样便宜的事情？于是询之于书肆主人，答云一视同仁，并没有觉得它有什么不同凡俗的地方，需要青眼相看。真是喜出望外。

本来，花上一百日元买下这一册书，已经如同白捡；可是，爱书

地之性人爲貴人之行。
莫大於孝孝莫大於嚴
父嚴父莫大於配天則
周公其人也昔者周公
郊祀后稷以配天宗祀

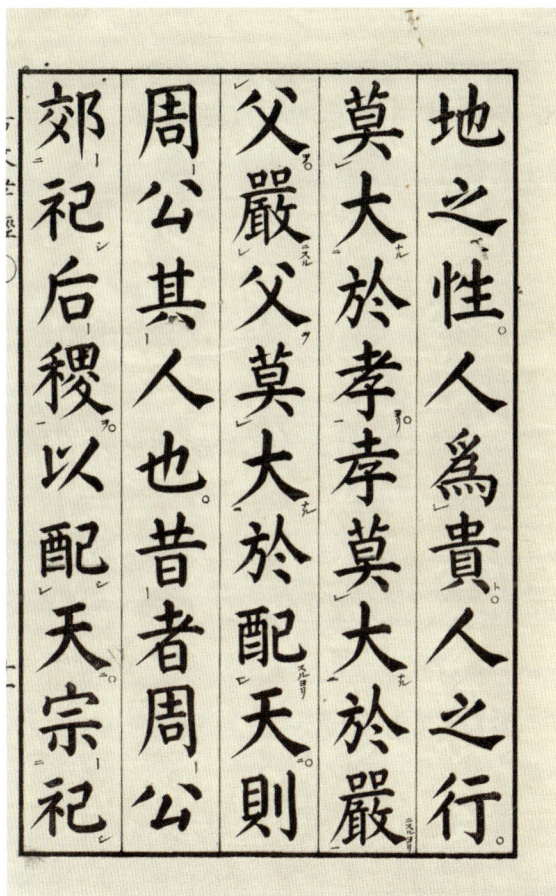

和刻本《古文孝经》

的人，似乎都有一种无限贪婪的欲望。既然每百元 3 册，为什么不另外再选两本书呢？结果，又找到 7 册线装刻本《诗经》。与《古文孝经》加在一起 8 册，还需要再凑一本，才成整数。正为没什么书可选而踌躇，忽然，看到地上靠着书架，有一 8 开大本英文原版泰晤士《世界地图集》。既然精刻本《孝经》都可以视同垃圾，廉价甩卖，这种大路货，书肆主人恐怕更不会珍惜。果然，主人非常爽快而且高兴地加上这本地图，收下我三百日元，同时行礼如仪，表示感谢；我则因以廉价得到喜欢的书籍，从内心里向主人道了声谢意。

这本《古文孝经》，从内容上看，当然没有什么特殊的地方，我喜欢的只是它的版刻。书开版于日本嘉永庚戌（三年），值清道光三十年（公元 1850 年），由萨摩藩世子市河三亥手书上版，萨摩府学雕版颁行于藩府子弟（内封面题"萨摩府学藏板"，卷末钤"萨摩府学刊行"阳文长方朱印），"使其一以诵读，一以学字"。当时，日本正处于锁国末期，对于中国文化还比较重视，故有此举。这时虽已不断有英美等国舰只试探进入日本港口，各藩府尚一律予以拒绝；但紧接着就陆续允许各国船舶入境通商贸易，导致十几年后出现明治维新，惟西学是崇，而这类中国传统书籍，就少有人诵读了。

此本为极初印本，墨色如漆，加之日本皮纸精良，可谓美轮美奂。版刻字作颜体，庄重谨饬，风骨岸然。民国十五年时，曹锟也曾刻印过大字本《孝经》（所谓唐玄宗御注今文本），刊印亦堪称精整，可是字体呆板，与此相较，相差不可以道里计。此本虽有日人训读汉籍所必需的训点，但汉字大而醒目，训点小而雅致，对于版面的美观并无多大影响，看上去依然清爽净洁。

此书卷末刊有题识四字，曰"邨嘉平刻"，这应当就是后来帮助杨守敬刊刻《古逸丛书》的日本雕版高手木邨嘉平。"木"字略而未刻，不知是日本有此惯行用法，还是寓意于此"木"字已暗存于版木之中。检友人陈捷贻所著《杨守敬与宫岛诚一郎笔谈录》（刊东京大学中国哲学研究会编《中国哲学研究》第 12 号，1998 年 11 月），知木邨嘉平大致逝世于明治十七年（清光绪十年，公元 1884 年）前后，虽不详其行年，但按一般情况推测，嘉永三年刊刻这部《古文孝经》时，应正值他年富力强的时候。这部《古文孝经》刊刻之精美，不亚于《古逸丛书》，可以看出当时木邨嘉平的雕版技艺，已经相当高超纯熟（另据陈捷撰文介绍，此木邨嘉平系日本雕版世家，且自祖上连续几代俱袭用"木邨嘉平"一名，所以此《古文孝经》也有可能出其上一辈"木邨嘉平"之手，但无论如何，都应是这一家族的作品）。本书仅凭其在日本版刻技艺史方面的价值，即值得珍之重之，怎么能像现在这样弃如故纸呢？此番东行，无意间得到两部木邨嘉平刊刻的书籍（另一部是前此在京都得到的由木邨嘉平刻序的《橘门韵语》），或是木邨之灵，冥冥中还维系着与中国文化的联系，因而赐福于我。

《诗经》是嘉永己酉（清道光二十九年，公元 1849 年）大阪书林所刻，比上面所说的《古文孝经》早一年。书前有天明丙午（六年，值清乾隆五十一年，公元 1786 年）序，内封面题"嘉永己酉再刻，当是书坊据旧本翻刻。

此书是日人以其国字解读汉文典籍之《经典馀师》中的一部分。版刻虽远不及前述《古文孝经》，刷印也不算晚，其汉字正文字体模仿清前期之方体字，初看稍显呆滞，仔细揣摩，则别有一种厚重的韵味；而其训释内容，则汉字娟秀疏朗，假名洒脱飘逸，又别具一种中国刻本所没有的韵味。虽是坊刻，亦颇不苟。欣赏书籍之美，需要静定下来，独自用心品味，去发现每一种书不同的美妙所在。尾随时尚，人云亦云，即使觉得好，也不会有那种沁入肌肤的真切感受。

美中不足的是，本书欠缺一册，实际上是个残本。买的时候就对全书装为七册有些狐疑，只是看到最后的第 7 册即卷七末尾附有"版权页"，就匆忙收下。在返回住所的电车上，始注意到原来少了最后一卷，即卷八。等回到住所后再仔细审辨，又发现卷末的"版权页"，竟然是书商移花接木，从别的书上嫁接而来。原来此书前面的内封面上，本镌有"大阪书林柳原藏板"字样，而卷末版权页上却首署"江户书林须原屋茂兵卫"，次题"大阪书林柏原屋清右兵卫"，均与所谓"柳原"毫无干系。看来这种以残充全的勾当，不仅仅是中国书贾有为，日本书商同样也做（当然这是过去的书商所做的手脚，不是这次卖每百元三册的书肆主人所为）。

英文版泰晤士《世界地图集》，看上去极其便宜，其实是块很大的鸡肋。因为书太重，达 5 公斤，寄回国内需要近 3000 日元，是书价的 90 倍。贪便宜往往如此。拣的时候很兴奋，拿到手里，却常常让人沮丧不已。沮丧的原因，虽然各不相同，但我想大多数赶书市大批往回兜书的人，或多或少，都有过类似的体验。花 300 日元买下这几部便宜书之后，进入主展场又慢慢寻觅。一边读书，一边选书，总共三个小时，选出 4 册书。回到住所，已将近 4 点，稍慰饥肠，便坐下来一一品味这大半天的收获。

（1）《日本的城》（《日本の城》），鸟羽正雄著，创元社刊《创元选书》丛书中的一种。昭和十五年（1940 年）7 月初版，昭和十六年第四次印本（600日元）。

买这书本来是为自己了解中国古代城市对周边国家的影响做参考，可这书却是由非专业人士写给专业以外的一般读者阅读的介绍性书籍，似乎有违初衷。实际上，专业与非专业是相对的，若论研究中国古代城市，在一定程度上自己可以说属于专业人士，可就日本古代城市的知识来说，却几乎一无所知，与一般读者没什么差别。这本书从历史角度概述日本城郭的发展过程、它的种类和构造等等，简要明了，其实很适合我的需要。至少目前正符合我的程度。

古人讲人身修养之形成，需要读万卷书，行万里路。而今盛行旅游，稍有文化的行游者，往往借用"行万里路"这句话，说出游是为了增广见闻以提高学识。其实学海无边而人生有涯，读万卷书与行万里路，要想两全其美，对于大多数人来说，恐怕只能梦寐求之，在现实生活中，是很难做到的（明清之际的顾炎武，大致是做到读书、走路两得其美了，但他是盖世奇才，一般人恐怕不好随便相比）。退而求其次者，则只能依据个人的偏好和具体条件，抉择取舍偏倾。

用不到一个钟点的时间，把这本书粗粗翻看一遍，我对日本古城已有了基本的了解。而到实地去看古城遗址，不仅费时、费力、费钱，得到的知识也七零八落，不全面也欠系统。人类文化的积累，很大程度上就是书籍的累积。时至今日，已非司马迁之时代可比，任何人都不可能完全一一通过足履目验去直接获取知识。术有专精，业有分工，通过书籍间接获取知识，应当是最普遍的途径。至少我相信，在来日本参观古代城址的中国人当中，很少有人能够得到这样系统的日本古城知识。在这一点上，我笃信百见不如一闻。

　　该书出版时，日本正处在举国癫狂的侵略战争状态中，所以，书中颇有一些那个时代不伦不类的胡话。这样的书，战后一般也就不会重印。《日本的城》在当时应当是一本商业性较强的非学术书籍，可是作者却有很强的学术意识。虽没有什么文采可言，叙事却简练干净。要是现在出这种书，不知要缀加多少毫无必要的花样，增加几多篇幅。

　　书系精装，封套白纸素底，上下两端各缀有一道与蜡染布颜色相似的蓝色花纹图案，通贯封面、书脊与封底，上窄下宽，秉承中国典籍天头小、地脚大的古意。书名、作者、丛书名、出版社名，都用宋体端端正正居中排印。丛书名和出版社名分别靠近上下两端图案，颜色是与图案相同的蓝色；书名和作者却用紫红色。红、蓝两色，相互映衬，看上去颇有明清套印本的韵味。看似简单，却品位上佳。看多了这种封面设计，时下列国书籍花里胡哨的图书装帧，真是让人难以忍受（这书封套里面硬纸板封面上的图案也很雅致，只是过去的藏书人把封套粘在了封面上，没法仔细欣赏封面设计）。

　　（2）《中国人的生活景象》（《中国人の生活風景》），内山完造著，东方书店《东方选书》丛书中的一种，1979年6月初版首次印本（500日元）。

　　可能与头脑简单、惯于直线式思维有关，对于书籍装帧，我总是偏爱简洁的风格。内山完造这本书的封套，是在浅米色的底色上，印上咖啡色的字，中间偏下缀加海蓝与深蓝相并的色带。封套内的封面，风格也大致相类。这在20世纪70年代以后日本的出版物中，应该算是相当简洁的了。书中每一章标题占一页，字很小，居左上角竖排；右下方对角位置上则缩印有一幅黑白版画，出自作者的弟弟内山嘉吉之手。画面平实近人，与20世纪50年代以前中国的黑白版画风格相近，很雅致，而且贴切书的内容。500 日元一本，算不上怎么便宜。买下这本书，主要出自对内山先生的敬重。至于这部书本身的吸引力，其装帧设计形式，至少不逊于书的内容。

作者内山完造先生，因为与鲁迅先生的特殊交往，为中国人所熟知。他生前总共出版过 12 册关于中国的随笔集，战前 6 册，战后 6 册（另外还编辑过两本同样内容的随笔）。这本书是在他身后主要从上述文集中选取编辑而成，重点放在内山先生对于中国人生活观念的认识上。

从 1917 年在上海开办内山书店时起，内山完造先生就痛感当时日本学者单纯通过文献来研究"中国文化"而与中国实际社会生活的隔膜，从而不间断地向日本介绍他自己在与中国普通民众的共同生活中切身感受到的中国人的生活形态。

内山完造和他的妻子都是虔诚的基督徒。他对于中国人和中国文化的认识，充满善意和理解，并洋溢着温馨的友情。除了基督教徒的爱心之外，我想更重要的还与他在中国取得事业成功有关系。

内山完造在中国开辟的生活，一帆风顺，确实非常幸运。1917 年，他刚到上海开书店时，仅携有此前四年间辛苦积攒下的 240 元现金，和一个装有 80 多册《圣经》、《赞美诗》等宗教书籍的废啤酒箱。在北四川路魏盛里租下铺面之后，用装书的废啤酒箱做了一个只有两层的小书架，架在一个旧桌子上，摆开这 80 多册神学书籍，书店便开张了。

可能连他自己也没有想到，书店会很快取得成功。因为当时他的本职工作，还是日本一家公司派驻上海的职员；书店的很多事务，都是由他的妻子经手办理。到 20 年代初，内山书店已经扩展成为拥有十几名雇员，驰名全中国的大型书店。

他的幸运，不仅仅在于生意上的成功，更重要的是对社会的影响。据内山先生自己讲，他的成功，引起了中国同业者的极大关注，大家纷纷仿效他的经营方式，而且"书店"一名普遍应用于中国书籍商铺，也是基于内山书店的影响。更为使他内心得到满足的，应该是中国文化界包括鲁迅在内的一大批知名人士，承认了他，接纳了他。到1947年12月，被国民党政府将其与日本侨民一道强行驱逐离开中国时，已经在中国度过了三十年书店生涯的内山完造，对于中国，除了对给予他生意上帮助和社会地位承认的朋友的感激之情外，更重要的是对中国人和中国文化，由了解、理解到实际体会，产生了许多眷恋，不然，他不会要把自己和相伴创业的妻子一同葬在上海。

1945年初，内山夫人美喜子逝世于上海，内山先生当时就做出准备，待将来自己过世后，要与夫人合葬在这块他们共同创业的土地，并延请夏丏尊预先撰写了如下碑文：

> 以书肆为津梁，
> 期文化之交互，
> 生为中华友，
> 没作中华土，
> 吁嗟乎，
> 如此夫妇。

碑文如同谶语。1959年9月，为了感谢内山先生对于中日友好运动所做的贡献，中国人民对外文化协会专门邀请内山来华疗养，谁知他竟在阳翰生的接风宴会上突然发病，翌日与世长辞。内山先生在这次来华期间的一次致词中，最后还念到这通碑文，并且说，希望自己的人生就这样谢幕。好像这次回到中国，就是上帝让他走回自己的归宿。

内山先生离开我们又已经四十多年了。物换星移，中日两国都发生了很多变化。《中国人的生活景象》这部书中所讲的个别一些事情，可能已经不完全适合于当前的中国与日本。但两国民众之间相互沟通与理解的迫切性，却丝毫不比当年有所降低。中日两国都应当有更多的熟悉对方文化的后继者，来承续内山先生这种工作。这一点对于相对更趋于内向和封闭的日本民族来说，或许更为迫切一些。

中国过去很早就由开明书店出版过内山完造先生的第一部中国随笔集——《一个日本人的中国观》（当时的日文原名为《生ける支那の姿》），现在，也有必要再翻译介绍一些内山先生的著作。

其实，中国人对于日本文化的认识，从总体上说，远不如日本人对中国文化的认识全面和深刻。日本民族有许多优秀的地方，值得我们学习，也有许多深层的文化特征，需要我们理解和尊重。我们面对的是逐渐融为一体的世界，迎接它需要博大的胸襟，而无知往往容易导致狭隘和保守。我们应该像内山先生认识中国人那样，多积极地、善意地去理解和尊重日本人和日本民族。

（3）《性风俗史》（*A History of Sexual Customs*）。理查德·莱文松（Richard Lewinsohn）著，亚历山大·梅彻（Alexander Mayce）译，1958 年初版首次印刷（1000 日元）。原文为德文，1956 年出版。

　　书的封套很典雅，简单的三种颜色，一种还是白纸素色，实际上只是双色套印。紫红色的底色。上下两端分别用黑色印"A HISTORY OF"和作者姓名"RICHARD LEWINSOHN"，中间是一幅用黑色线条在素色白纸上印出的圆形古代木刻图案［画面的内容是一对男女坐在木制澡盆内相互抚摸，取自 1480 年雕版的一份历书。这张木版画在西洋版画史上是很有名的，道格拉斯（Souglas Percy Bliss）的《木刻版画史》（A History of Wood Engraving）在德国早期书籍插图部分所罗列的第一幅书影，便是此图（见本书第 30 页）］。画面的上方，是由素底颜色构成的"SEXUAL CUSTOMS"两词，作上下双行排列。

　　本来书中还采用了许多幅这一时期性爱题材的木版画作插图，也都可以用在封面上。不过反复比较之后，确实这幅效果最佳。一是拙稚的雕刻技法，显得画面上一对男女的眼神具有一种强烈的神秘感；二是圆形画面和整齐排列的字母相对比，刚柔相济，匀称协调。特别是书脊上同样印有这幅图案，缩小以后像一枚徽记，看上去效果更佳。不仅封面如此，内文所附插图也都很典雅。做这种书，选插图本来很容易流于为迎合读者而过分渲染猎奇，作者显然具有很高的素养。

　　这样典雅的封面设计，看一眼便会给读者留下长久的印象。当然这可能是像我这类癖好旧书的人才会有的审美看法。因为时下的图书装帧设计，完全是以市场需求为导向，说明大众读者或许并不喜欢这类简朴单调的风格。不然图书装帧就不会一天比一天更趋于俗薄的繁复华丽。不过这也是就总体情况而言，实际上当前的图书装帧，是由于出版的发展和繁盛，必然地走向了多样化的时代。其中也有一小部分这类明显带有旧日情调的设计，湮没在花花绿绿的时代色彩海洋中间，使你几乎无法感知它的存在。细心察看，还是能看到不少耐人品味的佳品。特别是日本的图书装帧设计，是非常多样化的。

至于书的内容，虽名为《性风俗史》，实际上只是起源于古埃及的西方性风俗史，顶多涉及一点波斯。这一方面与西方历史学者根深蒂固的欧洲中心主义观念有关，另一方面也与像我们中国这样的东方国家自己的学者对此研究不够有关。直到今天，也看不到一部像样的中国性风俗史。内容姑且置而不论，即使是在选配插图这一简单的版面形式上，也远远没有达到西洋 20 世纪 50 年代的水平。

（4）《中国文化入门》(原名如此)。今关天彭著，元元社刊《民族教养新书》丛书中的一种。昭和三十年(1955年)12 月初版首次印本(100 日元)。

虽然只是一部地道的小文库本口袋书，而且售价只有 100 日元，但单纯从阅读角度讲，它却是本日所得最吸引我的书籍——首先是文笔洒脱诱人，其次是内容足资充备掌故。

过去读日本学者的文章，往往为其行文之回环往复所苦，以为乃民族思维习惯使然，非如此不足以畅达其说。读到今关天彭此书，才知道他们也可以写出另一种文章：轻轻快快，完全是过去中国文人笔记的写法，叙事信手拈来，举重若轻。一句话，写得很舒展，很随意。

前面谈到的内山完造著《中国人的生活景象》一书，曾在几处谈到日本人与中国人喝酒的差别——日本人一喝酒就容易失态生事，中国人喝酒虽在日本人两三倍以上，一般都能保持常态，不失法度。内山先生以为造成这种差别的原因，一是中国人的生活经验，使其形成了节制欲望的习性，所以能以保持微醺为度；另外一条重要经验是不喝闷酒，心情好时才喝酒，不好就不喝，即不借酒浇愁，而这在日本人的观念中，却根本不存在。

内山先生这样讲，当然很有道理。但是，我想可能还有一条更为重要的差别，这就是不管有多少苦难，中国人从根本上来说，对生活是乐观的，或者更确切地说是达观的，所以，做人做事，处处都能够放松，在轻松的心境下生活。

2003 年 1 月 2 日

上午，又去新宿京王百货商店七层举行的旧书展卖会。规模也很大，与去年年底在新宿伊势丹百货商场举行的那一次不相上下。只是旧书已经买了很多，必须更为节制。一开门就进入卖场，直奔有线装书的摊点，用比较便宜的价格，买到几部刻印很好的四书五经类书籍。

洋装书中，找到一部《访邻纪程》，是作者内藤久宽访问中国东部奉天、长春、吉林、哈尔滨、抚顺、大连、天津、北京、汉口、汉阳、武昌、大冶、九江、芜湖、南京、上海、杭州、济南、青岛等一些地方的行纪，扉页印有章宗祥题写的书名。书为非卖品，1918 年民友社出版。作者自言尽量省略迎送应酬而侧重见闻和感想，内容比较充实，是很有用的史料。这种非卖品一般印行数量都很有限，现在已很不好找，定价 2000 日元，算很便宜。

专业研究用书，有一本鲇泽信太郎著《地理学史研究》(《地理学史の研究》)。1948 年爱日书院初版发行。书中有一半左右内容论述中国地理学史，2000 日元，也很难得。作者的研究重心，本来应该是日本近代地理学史，由于日本接受西方地理学思想，最初曾有一个阶段是通过中国作为中间媒介，为此，便不能不研究中国接受西方地理学的过程。本书涉及中国地理学史的内容，即其第二编《近代中国的地理思想》，所论均属明末清初西洋地理学知识在中国的传播，就是出于这一原因。

日本人似乎不大能够写出史诗般的煌煌巨著，甚至都不大会写小说，可是却很善于撰写抒发心绪的散文小品，在这方面有大量优秀的创作。这类书数量太多，虽然非常喜欢，一般却不敢买，因为没那么多钱，更没有地方放。不过，在这次展卖会上看到一本名为《幻亭杂记》的随笔集，却吸引我将其买下。作者奥野信太郎，关于他的情况，我并不了解，看文章提到的事情，好像是研究中国戏剧史的学者，与中国研究戏曲小说的文学史专家孙楷第交往很多。

奥野信太郎在北京生活过很长一段时间。战前他在北平留学；日本占领北平期间，似乎是在日伪教育管理部门任职；国民党军队接收北平后，曾被国民政府教育部留用一段时间。这本随笔集，记述了他所感触到的中国人的精神、思想、文化状态的很多方面，还有在那一特殊时期，北平人日常生活的一些细节。不管作为日本人对中国的认识，还是作为老北平的社会风情记录，都值得一读。在作者的笔下，处处流露着对中国文化和北平城的亲切感情，不像另一位以研究中国文学而知名的学者吉川幸次郎，竟然写文章大放厥词，恶毒攻击中国文化，甚至连文字和语法都不放过（吉川幸次郎在战时曾专门出版过一本《支那学の問題》，满篇都是这种恶毒的语言）。除了丧心病狂，实在找不到词句来形容他。

这本《幻亭杂记》，是收在《世界文库》丛书当中的。封面和封底都是中国风格的木版画图案，印刷方式不易判断，但扉页上有一幅相当于中国古籍内封面的木版画图案，同样是典型的中国风格，很像是木版所印。若然，500 日元一册，就更值得度藏箧中了。

2003 年 1 月 5 日

过两天就要离开日本，买书太多，无法携带。今天打点行李，准备随身带走线装书，洋装书除个别开本特别大的以外，一律装箱，交邮局海运。先去邮局买来专用的纸箱，总共装了六箱，在会馆借了一辆小车，拉到学校附近的邮局，寄了出去。

买书成瘾的人，总是到了这种时候，才想起书多的麻烦。我不会发誓再不买书，因为不愿瞪着眼睛做自食其言的事（两天后，还没有离开日本，在登上归国的飞机之前，就又在大阪买了十几本旧书；两个月后，去大阪公干，又买下了上百本旧书——补记）。

不过，像这样大量集中买书，恐怕不会再继续下去了。郑振铎喜欢借用龚自珍"狂胪文献耗中年"的诗句，来形容自己中年时期的访书生涯。其实，人到中年，正是读书的好时节。访书无尽，读书有时。我已经清楚感觉到，不断压缩的时间，正驱使我渐渐离却访书的诱惑。不停地舍弃掉那些你很想要的东西，这本是人生的一种必然和无奈。

初记于 2002 年 11 月 23 日—2003 年 1 月 5 日间

整理写定于 2005 年 4 月 20 日

紫霓白雪，五色纷若

——2005 年嘉德公司古籍善本春拍漫览

中国嘉德公司 2005 年春季拍卖会的古籍善本专场，即将于 5 月 15 日傍晚在北京举行。翻看厚度超乎寻常的拍品图录，发现与以往历届古籍拍卖有一点很大的不同，这就是顾氏过云楼一家的旧藏，占据了整个拍品的绝大部分。

苏州顾麟士（号鹤逸）的过云楼是清末民初间的一处著名藏书楼。顾氏藏书数量虽然不是很多，所收书籍却多是精品。除了书籍之外，过云楼收藏的字画书札，似乎更有名气。嘉德公司近年曾连续拍卖过数宗过云楼书札，激起海内外收藏界不小的震动。这次上拍的古籍善本，也是佳椠名篇，迭出屡见，其档次之高，宛若青天紫霓，阳春白雪，五色纷若，而目不暇接。顾氏藏书品质之佳，不由得使人感叹，平常四处征集来的民间零散古籍，终究无法与这样的故家旧藏同日而语。

类似的大宗旧藏，嘉德公司此前虽然还征集到过流落在美国的常熟翁氏藏书等，但最终都被国有单位整体收走；不知收藏日富的新一代藏书家，此番是否有机会染指其间，瓜分这宗宝物。

像过云楼这样的传统藏书之家，当然要以宋元古本为首要藏品。

其中第 1560 号拍品宋刻《锦绣万花谷》，曾属季振宜所藏，全书计八十卷 40 册，煌煌巨帙，基本完好 (仅其中两卷是用明版补配)，而且是海内外仅存之孤本，诚为历年古籍拍卖会上所罕见的珍品。

《锦绣万花谷》是一部类书，类书的史料价值，主要是保存佚传古籍的一些片断；而一般说来，越早的刊本，文字的错讹会越少，保存下来的佚传史籍也越准确。所以，这部宋刻《锦绣万花谷》具有很高的文献研究价值。况且，即使不考虑这些具体的研究利用问题，仅仅就其文物价值而言，这样一部宋本书，也是无以估量。拍卖图录估价 1100 万至 1200 万，好像已经是中国古籍拍卖以来单部书的最高标价，而其实际成交价格或许还远不止此数。这一拍卖新记录，到底会攀升至若何高度，以及究竟花落谁家，将是这场拍卖会上最为撩人眼目的悬念和看点。

第 1507 号拍品元刊孤本《皇朝名臣续碑传琬琰录》，是仅次于宋刻《锦绣万花谷》的另一上品，曾经毛氏汲古阁、卢氏抱经堂和鲍氏知不足斋等著名藏书家所递藏，估价为 95 万至 100 万元。目前市场上元刻本的售价，往往要比宋刻本低下很多，其实这并不合理。宋、元刻本，仅就时代而言，在今天似不宜做太大区分对待，关键是要看书的品质。《皇朝名臣续碑传琬琰录》记录宋代名臣事迹，是宋史研究的重要史料。像这样一部重要史籍的元刻孤本，10 册书估价百万，平均每册书 10 万，价格不仅不高，而且还明显有些偏低。有实力有眼光的收藏家，似乎不应将其放过。

罕见的书籍，并不仅限于宋元古本。第 1620 号拍品清雍正刊明人沈擎著《黄庵遗集》，《四库全书》未收，传世无多。冷僻孤秘，加之

錦繡萬花谷後集卷第一

天

洞天六宮

洞天六宮周一萬里高二千六百里是為六天晁

神之宮一曰紂絕陰天宮二曰泰煞諒事宮三曰

明辰耐犯宮四曰怙照罪氣宮五曰宗靈七非宮

六曰敢司連菀宮人死皆至其中人欲常念六天

宮名空洞之小天三陰所治也　酉陽雜俎

九方天名

南方曰炎天西南方曰朱天西方曰成天西北方

曰幽天北方曰玄天東北方曰變天亦名九野　廣雅

九天

宋刻本《锦绣万花谷》

精刊初印，若是能按 12000 元以内的估价买下，也应该算得上是一件很惬意的收藏。

藏书家对于书籍的收藏价值，往往有各种各样的判断，所谓各行其是，自可并行不悖。不过，在我看来，书籍产生，本来就是为了记录和传播知识，所以，它占据第一位的收藏价值，还应该是其独特的史料作用。从这一角度出发，这次上拍的第 1520 号拍品汲古阁刻《汉隶字源》，应当予以特别重视。

然而毛晋刊刻的《汉隶字源》，虽是明末所刻，实际上比许多清代专业性学术书籍的原刻本要远为易见易得；即使是这次上拍的初印本，尽管墨黑纸白，堪以把玩，从内容上看，则同样丝毫不值得珍奇。可是，毛晋在印制这部书时所使用的明代正德、嘉靖年间的公文纸，却是极为难得。近年陆续拍卖过一批傅增湘用清代公文纸印制的书籍，这些公文纸的价值，也是远远胜过书籍本身，每一册书中清代公文纸的价格，至少也应当在万元以上。故宫中保存清代档册很多，但是，明代的册籍资料，传世却相对稀少；况且这些明代公文纸对于明史研究，极为重要，具有无以替代的史料价值。所以，这部书籍的文物价值，自然要远远超过以前所见到的清代公文纸印制书籍。单就这些明代公文纸的价值而论，目前所估测的参考价 5 万元，即使翻上一番，也算不上很高。

在文献资料价值方面，第 1483 号拍品写本沈钦韩书稿《汉书证经》和第 1515 号拍品卢文弨稿本《卢先生手稿》，较为引人注目。

沈钦韩是乾隆时期的著名学者，对《汉书》做过很深入的研究，著有《汉书疏证》。此《汉书证经》书稿，以《汉书》证诸经，治学独辟蹊径，似应有其创获。然而此书稿世无刊本，亦未见著录别有他本存世，所以，此本虽是他人迻录转写，也应一如稿本珍视，估价6万，并不算高。

卢文弨是藏书界内人所熟知的清代学者，富有学识且精于校勘书籍，所书手稿，兼具学术和文物价值，估价18万至22万元，虽稍嫌偏高，但卢氏在刻书、校书方面的名声，想必会吸引藏书家以较高价格来获取此书。

有关书画碑帖的书籍，近年来一直是收藏的热点。这次上拍的过云楼旧藏，适足以将这一持久的收藏热浪再推向一个新的高潮。由于过云楼主顾氏平生蓄积书画不亚于藏书，自然会着意搜罗这方面的书籍，以资鉴赏。在这次上拍的书籍当中，集中了众多有关书画碑版的精品。对于这方面的收藏家来说，是一次不可多得的机遇。

拍品中第1517号清抄本《扬州文楼巷墨庄考》、第1523号明蓝格稿本姜垓释《孙过庭书谱释文》、第1567号吴芝辑《题跋录》，都很有可能是仅存的孤本，尤为值得重视。其他珍稀写本、抄本有第1529号拍品明末抄本《钟鼎彝器款识》，第1530号清道光写本《金邠卿手摹篆文三公山碑》，第1534号清末抄本《南邨帖考》，第1535号清嘉庆抄本《粤东金石略》，第1536号清抄本《寒山堂金石林时地考》，第1568号清末抄本《佩文斋明代书家姓氏目、书跋目、画跋目》，往往也都会具有独特的文献或是版本校勘价值。

拍品中讲述这类内容的刻本，虽然大多并不十分罕见，但是，或为佳椠初印，如第1521号清嘉庆刻《石经考文提要》，第1532号清嘉庆刻本《汉延熹西岳华山碑考》，第1561号汲古阁刻本《东坡题跋》，第1562号汲古阁刻本《六一题跋》，第1563号汲古阁刻本《宣和书谱》，第 1564 号清雍正刻本《铁网珊瑚》，第 1565 号明刻本《五代名画补遗》，第 1566 号明刻本《广川书跋》，第 1569 号清乾隆刻本《画禅室随笔》，第 1570 号明刻本《新刻墨薮》，等等；或有名家批校，如第 1531 号清乾隆刻本《金石三例》，第 1538 号拍品清康熙刻本《瘗鹤铭考》，等等。这些书单独看起来，或许都比较平常，至少算不上特别名贵，可是，要想将其聚拢于一处，现在却迥非易事。每一个专门的藏书家，都有其各自的收藏重点。遇到这种大宗收藏散出时，除了要瞄准人所共求的顶尖精品之外，在看似平常的书籍当中，就需要准确地看出并把握住藏书家独有的特色。

检视过云楼藏书中的文集和其他著述部分，可以更清楚地看到顾氏的收藏重点。如第 1595 号明万历刻本《祝子罪知录》，为明代著名书法家祝允明的著述；第 1597 号明弘治刻本《石田诗稿》，为明代著名书画家沈周的诗集；第 1598 号明万历刻本《唐伯虎集》，是明代著名书画家唐寅的诗文集及论画著述；第 1607 号清康熙刻本《朴村诗集》的作者张云章，第 1612 号清乾隆刻本《睫巢集》的作者李锴，第 1619 号清乾隆刻本《多师集》的作者朱厚章，都是清代有造诣的书法家；第 1622 号清光绪刻本《钱南园先生遗集》的作者钱沣，在清代书与画俱称名家。顾氏收集这些书籍，应是以之与其书画收藏相配比。在这方面有兴趣的藏书家，在入场竞购时当然不会放过这些书画家的诗文著述。

书画以外，医学书籍也应是过云楼藏书在内容上的一个特色。除了明刻及清代精抄诸医书之外，收藏此类书籍的藏家，似乎还不应忽略第 1588 号拍品明人王宾的文集《光庵集》。因为《四库总目提要》

称王氏博闻强记而尤以精于医道而知名，虽未详是否别有医学著述传世，即以其为博学文人而精通医道，就值得收藏医学书籍者将其文集与医学专著并储。再说王氏文集《四库全书》别入存目，仅有抄本流传，此本抄录于清代雍正年间，时代尚早，本来就比较罕见。

清代的学术书籍，在新兴藏书家中，以往本来较少有人问津，不过其售价近年已开始逐渐抬高。这反映出收藏家的品位正渐次提升，收藏古籍善本的热度，已经透入最后一个由传统学者所独擅的冷门，到了学者向专门的藏书家全方位地引身让位的时代。

这次嘉德公司上拍的古籍当中，有许多清代学术精品。其中最为引人注目的是第 1528 号嘉庆间刊王引之撰《周秦名字解故》。作者王引之是清代第一流的学者，这一刻本时代虽近，却极为罕见难遇。业师黄永年并学长贾二强合编《清代版本图录》谓此书是用初稿付刻，后来定本改称《先秦名字解诂》，编入道光刻《经义述闻》当中，故此原刻单行本便罕有流传。正因为如此，书仅一册，估价却高达两万。这在清代刻本当中，恐怕是从未有过的事情。是否会有有眼光、有魄力的藏书家将其收入箧中，将成为检验清代学术书籍市场价位的一个标尺。有实力的藏书家，其收藏境界的升华，就在于萃取绝佳的精品，而不是贪多务夥，以藏书数量庞大超群而骄人。

第 1471 号拍品清乾隆刻本《周官禄田考》，是较此《周秦名字解诂》稍逊一筹的清刻学术精品。这是清代学者沈彤精心研究周代官爵、公田、禄田制度，用以阐明《周礼》训诂的一代名著，原本版刻精良而流布无多，过去学者遇之必竞相罗致，估计这次也会受到买家青睐。

过云楼旧藏抄本、写本，大多都有独到讲究，未可等闲视之。其中如第 1614 号拍品鲍廷博手校元朝人吾丘衍的《竹素山房诗集》，除国家图书馆藏有一部同样出自鲍廷博手校的抄本之外，此前别无刻本存世；而这次上拍的抄本比国家图书馆藏本多出《补》一卷、《闲居录》一卷（《四库全书》写本也同样不如此本完善），加之此本又迭经一系列名家重校，价值似乎应大大高于彼本。

又如第 1633 号拍品清初写本《墨井诗抄》，拍卖图录已经说明，此本似早于康熙五十八年的最早刊本。虽然二者内容的具体异同还有待一一比勘，但仅仅从其"别卷一卷"、"外卷一卷"的编排俱不见于康熙刻本这一点上，就可以看出，二者之间存在明显差别。

这部诗集写本之所以值得重视，除了版本的独特价值之外，更重要的是作者吴历为中国早期基督教徒，曾正式受洗加入耶稣会，并且担当教职，出任司铎。有关基督教的汉文古籍，近两三年间忽然成为收藏热门，拍卖会上，凡与之稍有关联的晚清读物，都能售得善价，似此清初要籍，必然会成为众目所瞩的焦点。一般说来，5 万元的估价，对于一册清初写本来说，似乎略有些偏高，但是若参照近年基督教书籍价格一路飙升的行情，突破此价，也完全可能。

其他若第 1575 号拍品写本色情小说《野叟曝言》，应是写录于此书在清末印行之前；第 1609 号拜经楼抄本《敬业堂文集》，是查慎行文集较早的传本；第 1639 号《鸥梦词》为词集稿本，而词集则是近年藏书家持续追逐的热门类别；等等，都应得到买家特别的眷顾。

收藏书籍，总是与版刻史的发展密不可分。一些在版刻史上具有特殊意义和代表性版刻形式的古籍，往往成为藏书家争相收取的对象。

这次嘉德公司上拍的第 1533 号拍品清初孙承泽著《闲者轩帖考》，

曾为沈韵初宝董室旧藏，内有沈韵初题识，云此书乃"知不足斋鲍渌饮手校本"。鲍渌饮即知不足斋主人鲍廷博，而鲍氏手校此书，实为刊刻《知不足斋丛书》之用。检核《知不足斋丛书》第四集所收此书，可见鲍廷博在此原刻本首页圈去的"宛丘季之骏订"六字，正被《知不足斋丛书》本删却未刻。作为《知不足斋丛书》这一清代著名丛书所使用的梓行底本，这部《闲者轩帖考》，显然有着重要的版刻史文物价值。

第1596号拍品沈周的《石田先生集》，是版刻史上明代万历写刻本的代表性书籍，字体俊雅秀逸，刷印墨色清朗，绝非寻常万历刻本可比，尽管此书传世数量并不太少，相信5万元的估价，仍有可能被大幅度突破。

名人批校本有些只有文物价值，有些同时还具有很高的文献校勘价值。前者按图索骥，慕名寻求即可，不需要多事斟酌；后者则需要有一定学术修养背景。这两类批校本，虽然看似没有什么大的差别，实际上其文献价值，相差却不啻天渊。只是这需要仔细察看原书，仅仅根据拍卖图录，很难做出准确的判断。不过，一般说来，在这次上拍的书籍当中，像第1469号顾千里临惠栋、段玉裁校《广韵》、第1486号刘履芬过录陈鳣校本《郑志》，似应特别予以重视。

有些大部头书籍，虽然不算特别稀见，但品相完好的本子，也着实很不容易觅得。这次上拍的第1479号拍品王鸿绪《明史稿》，就是如此。煌煌120册之巨帙，是对藏书家收藏规模和气派的验证。

版画是图书收藏市场上长盛不衰的品种，过云楼旧藏中也有精美的版画。其中版刻技艺最为精湛的是第1489号拍品清中期刻《热河避暑山庄图》，以及第 1493 号清雍正刻附有图画的《行水金鉴》，而年代最早的则为第 1491 号明正德刻本《京口三山志》的附图。前两种标价适中，相信藏书家不容其流拍。《京口三山志》版刻风格粗拙，自是别有一番欣赏价值，加之流传稀少，公藏著录只有一部，既少且早，也有理由受到珍视。只是 12 万至 15 万的估价，会不会使收藏家止步不前，只有锤声落定以后，才见分晓。

笔记杂书，过云楼主也收有佳品。第 1497 号拍品清初刻《闽小记》、第 1504 号道光刻《交翠轩笔记》、第 1583 号清康熙精刻《在园杂志》，都一向为藏书家所重，很不容易遇到。因此，开价虽然不低，估计还是会有人响应。至于第 1606 号拍品明崇祯刻本《颂天胪笔》，事关明末阉党残害清流君子始末，为研治晚明史事之重要史料，20 册书仅估价 3 万，藏书家们恐怕要竞相争抢不放了。

至于拍品中的诸多明刻明人文集，普遍都很难得，自毋庸一一举述。像其中第 1601 号蔡羽《林屋集》、第 1605 号唐时升《三易集》，因清人纂集《四库全书》时都没有收录，尤为值得重视。

丛书零种，往往不被藏书家留意，过去中国书店甚至曾将其视作残书，处理甩卖。与整部丛书相比，零种固然只是其中的一部，但有一些丛书，本来就是聚拢陆续零星刊刻的书籍版片，汇印而成。在这种情况下，一者汇印前的印本，本来独自流通，不存在与丛书内其他书籍配套的问题；二来由于汇印时间已晚，版片多有破损，所以，汇印之丛书本，往往远不及早印单行本清晰。因此，这些汇印前的单行本，理应视作单刻的书籍，不必考虑与丛书的匹配问题。像这次上拍的第 1627 号拍品翁方纲编选《七言律诗抄》，虽然后来与翁氏其他著述汇印为《苏斋丛书》，但从图录上可以看出，这部书显然应为乾隆年间的初印本。《苏斋丛书》一直很常见，但丛书中诸书似此初印者，现在已不容易遇到，所以这部《七言律诗抄》，看似丛书"零种"，实际上却比汇印的整部丛书更为难得。加之此书字体刊刻精整，诗作又堪以吟味赏玩，买家似不应忽视不顾。

除却过云楼旧藏之外，嘉德公司这次征集到的古籍善本，虽然数量无多，却也多属稀见好书，其中还列有惊人绝品。

宋版零本中第 1432 号《春秋经传集解》，为明末著名藏书家虞山汲古阁主人毛晋旧物，并经徐乾学、季振宜诸名家递藏。这次上拍似仅有卷六这一卷（图录中未注明卷数，只标注册数为一册），但是其收藏价值却迥非寻常残宋本可以相比。当代藏书家对于此书并不陌生，近年曾不止一次见有同一部书中的其他零本残卷上拍。虽然以前拍卖时也都售得善价，但是其独有的版本学价值，这次经嘉德公司的拓晓堂先生研究，始得揭示出来。

拓晓堂先生在《嘉德通讯》2005 年春拍特刊上撰文指出，元初相台岳氏所撰《九经三传沿革例》当中，罗列有"中字有句读附音"的蜀刻本《春秋经传集解》，而自《九经三传沿革例》刊行之后，迄至当代，学术界和收藏界对这一版本却从来没有任何记录与研究，成为一段难以破解的迷局。拓氏经过多方比勘研究后，得出结论云："此本正是自《九经三传沿革例》以来，七百年来学术界、收藏界苦苦觅求的蜀刻中字本《春秋》。"

由于篇幅所限，拓晓堂先生在文中没能展开具体论述。为与收藏界的朋友共同欣赏这一秘籍，了解其版本价值，特在此略为申说。

《九经三传沿革例》是元代大德年间撰述并刊行的一部书籍。当时，居住在今江西宜兴荆溪河畔的岳浚，广泛蒐求各种宋刻旧本，校勘《孝经》、《论语》等十一种经书（其中《春秋》三传算一种经，所以称为"九经三传"），其中包括晋人杜预的《左传》注本，即《春秋经传集解》；而《九经三传沿革例》则是岳氏校勘这套经书时所写定的"总例"，其中具体说明了所用版本的情况。

连同岳家旧藏，岳浚总共搜罗到二十三种不同的群经版本从事校勘，宋刻经书应当说基本上已经网罗无遗，而这其中的一种，便是"中字有句读附音"的蜀刻本。这次嘉德公司征集上拍的《春秋经传集解》零本，既有经传文与注文的句读圈识，又附注有难读字字音，符合《九经三传沿革例》所说的特征。

不过，《九经三传沿革例》提到具有"句读附音"这一特征的经书版本，并不止蜀刻中字本一种。首先是附加注音，岳浚说道："建本、蜀中（字）本，则附音于注文之下，甚便翻阅。"据此，附音者至少还有一种建本。岳浚又说："宋刻监、蜀诸本，皆无句读，惟建监本始仿馆阁校书式，从旁加圈点。开卷了然，于学者为便。"然而，这类建本，"亦但句读经文而已"，圈点并没有施及注文。由此，可以先将嘉德公司这次上拍的《春秋经传集解》，排除于建本系统之外。

在岳浚收集到的各种版本当中，除了蜀刻中字本之外，还有一种"兴国于氏刻本"，也是注文与经文一样，同时施有句读圈点。但是，如嘉德公司拍卖图录所见，这次拍卖的《春秋经传集解》，注音是附在每句注文之下，而岳浚所见到的兴国于氏刻本，其"音义不列列于本文下，率隔数页始一聚见，不便寻索"。在这一点上，二者有着十分

春秋經傳集解僖中第六

盡二十六年

經十有六年。春。王正月戊申朔。隕石于宋五。其隕落也。聞其隕。視之石。數之五。各隨其聞見先後而記之。莊七年星隕如雨見星之隕而墜於四遠若山水不見在地之驗此則見在地之驗而隕而書之星史各掌其事而書。不見始隕之星。隕石。墬於地之文。微不見始隕反。色主於敭反。直類反。是月六鷁退飛過宋都。隕石之月。重言是月嫌同日。永鳥高飛遇風而退。宋人以為災告於諸侯。故書。鷁五歷反。本或作鶂音。同六其數也。禾五反。○古禾反。○三月壬申。公子季友卒。興小斂故書日。○音預放力驗反。本亦作公興斂反。○夏四月丙申。鄫季姬卒。

無傳。○秋七月甲子。公孫茲卒。傳無公字者賵之公。○冬十有二月。公會齊侯宋公陳侯衛侯鄭伯許男邢侯曹伯于淮。臨淮郡左右。齊侯音儕。宋刑音淮。音懷。

宋刻本《春秋经传集解》

明显的区别。这一于氏刻本，虽然流传绝罕，但袁氏《寒云手写所藏宋本提要廿九种》当中，恰恰提到过其中的《左传》残本，正与岳浚所说"音义不列于本文下"的特征相吻合，从而可以明确无误地将其摒除于蜀刻中字本之外。

这样一来，这次上拍的既有经传文与注文的圈点、又在每句注文下附有注音的《春秋经传集解》残本，便无疑应属于岳浚提到的蜀刻中字本经书。同时，这一刻本明显的蜀刻本字体特征和大小适中的字形，也都可以作为印证。

在宋刻本中，传世蜀地刻本的数量远不及浙本和建本，一向稀见难得，似此孤秘罕传之经典，其珍重难求亦自可想而知。需要特别指出的是，与岳浚蒐求的所有宋刻旧本群经刊本一样，所谓蜀刻中字本并不只是此《春秋经传集解》一种，而今其馀诸经亦皆湮没无闻，所以，这一残本《左传》的版本学价值，也不仅局限于《左传》本身。嘉德公司标示其参考价目为45万至50万之间，就其文物价值而言，并不为高；届时若突破此值，也是在合理的预期之中。

过云楼旧藏当中的第1473号拍品乾隆刻本《相台书塾刊正九经三传沿革例》，其书本来较为平常，拍卖图录刊出的估计参考价32000至40000元，单纯就此书本身而言，显然偏高，但这次却很可能搭借《春秋经传集解》之便，卖上出人意料的高价。

从广义上讲，古籍也是一种古董。古籍虽然罕见赝品，但同所有古董买卖一样，每一件物品的年代真赝，也还是需要细心甄别，这只能依赖藏书家本人的眼力。譬如像王士禛的《渔洋山人精华录》，刊刻后随即就有翻刻本行世，与原刻本惟妙惟肖。近年几乎每一次古籍拍卖，都有《渔洋山人精华录》上拍，其间原刻与翻刻，往往错杂而出，分辨起来很不容易。不过这次上拍的第1610号拍品，过录有沈德潜（归愚）、王昶（兰泉）两大名人的批点。沈德潜和王昶都是乾隆时期编选清人诗作的名家，沈氏纂集有《国朝诗别裁集》，流布甚广；王氏则辑录并世友人往还诗作为《湖海诗传》，都专门花过功夫品味清诗佳作，二人所做批点，自当有其心得。所以，虽是过录本，亦不容忽视。《渔洋精华录》虽然版刻精美，却毕竟是过于流行的大路书，不管原刻还是翻刻，对于比较讲究的收藏家来说，已经远不如批点的内容更为重要。

嘉德公司这场拍卖，精妙上品之多，为数年来所少见，这里只是随意谈谈粗阅拍卖图录后的一些观感，并无意悉数列举其中的所有名品。而藏书和所有收藏一样，本来就是见仁见智，各有所好的事情，本人见识浅陋偏颇，难免贻笑大方；博雅君子，幸望有以教之。其实，在此惟一可以准确预期的只有一点，这就是海内外藏书家，必定会在这场拍卖会上，展开空前的竞争，似我等置身局外的旁观者，不妨拭目以待。嘉德公司一向以高成交额与相对其他商家略低的成交率为经营特色。在这次上拍的书籍当中，有些精品若是无人问津，也应属可以预料的正常现象。

2005年5月10日记

【补记】本文曾在“往复”网上发布，因学识浅薄，并疏于检索，故原文粗心沿袭嘉德公司拍卖图录的疏误，错把图录中《荑庵遗集》

的作者明人沈擎（字天陆），认作清人"沈擎天"。蒙网友"长乐老"指出，
得以改正相关内容，谨致谢意。

2005 年 6 月 3 日补记

原刊《收藏·拍卖》2005 年第 6、7 期

书衣题识

全祖望《经史问答》万氏刻本缀语

——兼谈上海古籍出版社本《全祖望集汇校集注》

在清代乾嘉学者当中，全祖望以淹贯经史而著称，《经史问答》十卷便是体现其经史研究心得的代表性著述。阮元序此书，称誉其足以与顾亭林《日知录》相埒。受人请托，撰作序文，阮元这种说法，多少有些应酬的成分，因而也免不了言过其实的嫌疑。谢山审视问题之规模气象，较诸亭林，自有不逮，此亦时势使然。若不论思想、眼光、境界，仅就考索学问之精深醇厚而言，则与顾炎武相比，也确实不相上下，至少足以与同时代的钱大昕相并峙。

只是竹汀似乎是纯粹为学术而学术，而谢山则还带着强烈的经世意识，谈学术总忘不了要有所寓托。钱氏有《答问》十二篇，内容形式大体上都与此《经史问答》相埒，是用解答门下士人问题的形式，逐条阐释自己的经史见解。两相参比，可以看出，这也是乾嘉学者通用的一种撰述形式。

"答问"与"问答"，在古汉语里本可以互易，说不上有什么区别，可现代汉语却只习用"答问"。结果，弄得许多人在引用此书时，常常会因疏忽，把书名错写成"经史答问"；或虽作者不误，而出版社的编辑，也会因不谙古人行文习惯，径行改是为非（清人引述时也常有称作

"经史答问"的情况，如阮元为本书所撰序言即是如此，但古人往往随意称引，并不在意与书籍的本名是否完全一致，这与现在的规范要求不同）。——其中最有代表性的例子，是上海古籍出版社本《全祖望集汇校集注》，卷首刊有谢国桢先生撰写的序文，文中列举了全祖望著述的版本，竟然也把"经史问答"误印成"经史答问"（这或许不会是刚主先生的笔误，因为他对全氏行状著述了如指掌，并且在同文内已经准确地写出过这一书名）。

全祖望在世时，没有刊刻过自己的著述，身后最早刊行的应为《公车征士录》。嘉庆时汪继培刊《鲒埼亭集外编》，目录后有题记云谢山著述中《公车征士录》最先刻"。惟此本流传绝罕，据《中国古籍善本书目》著录，现在似乎仅有孤本存世，藏复旦大学图书馆，题《公车征士小录》。一般所习知者，仅有民国初年缪荃孙刊《烟画东堂小品》本。

继《公车征士录》之后刊行的全氏著述，就是这十卷《经史问答》。据全氏同乡弟子董秉纯所撰跋文，此书原稿或名"经史问目"，且为谢山先生生前手定。董秉纯述云：

> 谢山先生文集一百二十卷，前五十卷，先生所手定。自四十卷至四十九卷，为《经史问目》。

这篇跋文写于《经史问答》版刻竣事之际，末署"乾隆乙酉"，亦即乾隆三十年，而谢山先生已在此前十年亦即乾隆二十年去世。

由于书版刊成后刷印无多，印本在民国时即已颇为稀见。业师黄永年先生讲，当年他在上海求学时，曾在书肆找到过一部，当然十分珍爱，后来却因蒋天枢先生久觅此本而始终未能一睹容颜，便慨然举以奉赠。蒋天枢先生是永年师的老师，赠献自然出自诚心敬意，只是他自己再想重找一部同样的刻本，竟然如同老师一样，几十年未能一遇。因此，不仅时刻拳拳在心，而且还时常念念于口，于是我便也得知了此书之罕遇难求。

不过，有耳福未必有眼福，有眼福更未必会有手福。几年前我竟然在北京的旧书店里偶然遇到了这一刻本，而且价格还不算特别昂贵。得意之馀，不由得自矜为有福之人。随后则是效法故事，奉献本师永年先生，以慰其旧情；再往后是蒋天枢先生辞世，遗存的《经史问答》经过一番曲折，重又回归永年先生手中，而永年师则把这部沾润着两代人学术交谊的书籍，赐下寒斋，使我有幸成为它的第三代收藏者。

我前后过手经眼的这两部《经史问答》，都没有内封面，估计原本就没有刻过。所以一般讲述全祖望著述的版本，都是根据董秉纯这篇序文所署的时间，将其定为乾隆三十年。

当时具体从事校刊事宜的是一个名叫万福的人。董秉纯记其刊刻缘起云：

> 今年秋，过武林。吴丈城，先生之同社也，纯请主剞劂氏。吴丈曰："海内望谢山文久矣。全集今兹未能，盍以《问目》十卷为嚆矢，可乎？"因商之杭丈世骏、汪丈沆，并遗书广陵马丈曰璐，皆愿勷事。纯亦告之同里诸后进，随力伙助，而万三福独任校刊，功尤为多，遂以集事。

全謝山先生經史問答卷一

易問目答董秉純

問說易家有互體其來遠矣南軒教人且看王輔嗣胡
安定王介甫三家以其不言互體也然則互體之說非
與而朱子晚年頗有取焉何也
答向來謂大傳之雜物撰德同功異位即指互體愚未
敢信其必然蓋觀於多函多功多譽多懼之語似於互
體無涉然互體在春秋左氏傳已有之乃周太史之古
法則自不可斥不必攀援大傳而後信也漢晉諸儒無
不言互體者至王輔嗣鍾士季始力排之然亦終不能
紬也特是漢儒言互祇就一卦一爻取象而未能探其

清乾隆万氏刻本《经史问答》

据此，万福（行三）应为全祖望、董秉纯师弟的同乡，亦即鄞县人，属所谓"同里诸后进"之一，而《经史问答》则似刊刻于武林亦即杭州。

对于《经史问答》的刊刻地点，以及万福在校刊过程中所起的作用，董秉纯在所撰全谢山年谱中，有更清楚的表述：

> 乾隆乙酉，纯在杭，万三福谋刻先生文集，请吴丈鸥亭、马丈半查协力，纯率同乡后进助之，先得《经史问目》十卷。

看来，此书系由万福刊刻于杭州，这应当没有什么疑问，故嘉庆汪继培刊《鲒埼亭集外编》之题记，径云《经史问答》乃"万氏雕版"。

不过，汪继培又称万福为"杭州万氏"。万福不可能既隶籍州城，又同时与鄞县人全祖望、董秉纯同里。今人冯贞群在其《鲒埼亭集》校本的题识中，称万福为鄞县人。冯氏为鄞县当地人，又长期从事乡邦文献收集研究，所说应当有可靠的依据。估计万福应当是籍属鄞县而长期侨寓于杭州。

此万氏初刻本《经史问答》，卷首附有董秉纯所撰《全氏世谱》，述谢山家世；另有董秉纯撰跋尾一通，记述刊刻缘起。此本刊行七年后，董秉纯又在乾隆三十七年，准备刊行《鲒埼亭集》。但或许为财力所限，仅刊成四卷，附有董氏所撰谢山年谱，并同时重刻了《全氏世谱》。至嘉庆九年馀姚史梦蛟刊行《鲒埼亭集》时，"购得《经史问答》板，合印以广其传"（嘉庆刊本《鲒埼亭集》史梦蛟识语），这就是通行的《四部丛刊》本《鲒埼亭集》所附《经史问答》的底本，一般学人通常见到的《经史问答》，大多都是这个本子。

虽然嘉庆刊本《鲒埼亭集》附印的《经史问答》是用万氏原版重印，但与万福初刻单行印本，还是有所差异。这主要是没有了万氏初刻本末尾的董秉纯跋语，另添加了阮元所写的序。其次，是又一次重刻了《全氏世谱》（列在《鲒埼亭集》卷首，而不是如万福所刻，列在《经史问答》的前面），依旧没有使用万氏初刻旧版，也没有使用乾隆三十七年的第二次刻本。第三，《经史问答》虽然是用万氏旧版重新刷印，但是在刷印前，对万氏原版做了一些剜改。一是万氏原版书口为双鱼尾，上下黑口，《鲒埼亭集》附印本铲去下黑口和下鱼尾，上黑口处则改刻为"鲒埼亭集"四字。二是万氏原版每卷首行仅镌"全谢山先生经史问答卷某"字样，而《鲒埼亭集》附印本则在其下增刻有"馀姚史梦蛟重校"七字。所以，单纯从正文的形式上来讲，嘉庆刊《鲒埼亭集》附印本《经史问答》，与万福初刻单行本已经不能完全视为同一版本。

请阮元写序，既可以借他的官威为刻书者辟邪，免得有人指摘全祖望充满民族情绪的文字，触犯了满族统治者的忌讳（参看七年后汪继培刊刻《鲒埼亭集外编》时仍旧不敢署下自己真实姓名的情况，就可以清楚，当时文网之密，早使人望而生畏），又可以借他的名望卖钱，及早收回刻书成本。而董秉纯跋语的缺失，则很可能主要是由于版片剥蚀漫漶过甚，已经无法继续使用。——《全氏世谱》的重刻，大致也应当出自同一原因。这是因为书版刷印过后存放时，一首一尾的版片最容易受到损伤。《全氏世谱》只有薄薄四页，估计应当放在全部书版的前面；董秉纯的跋语则应该是放在全书版片的末尾。所以，在史梦蛟购买万氏书版时，这两部分版片，一定是已经遭到损毁，不堪继续使用以刷印书籍。

民国时商务印书馆刊印的《四部丛刊》，以讲究版本的择别而蜚声于学术界。直至今天，刊印大型古籍汇刊，还罕能如此注意版本。但是《四部丛刊》在版本选择上也并非毫无瑕疵，其所收清代刻本，甄选相对比较草率，因而缺陷也就尤为明显。

像《鲒埼亭集》，本来其《经史问答》部分，应当选用万氏初刻单行印本，可是却采用了嘉庆史梦蛟刊《鲒埼亭集》附印本。这样便一来失去董秉纯的跋语，二来也看不到《全氏世谱》的初始面貌。至于史梦蛟用万氏旧版重新刷印的《经史问答》本文，虽然其是否存有补刻失真的地方，还有待于进一步仔细勘比，但是重印本的字迹远不如初印本清晰，个别地方，甚至在影印时还不得不做了描润，则是显而易见的事情。

若在今天重新整理出版全祖望的著述，《四部丛刊》本《鲒埼亭集》的这一明显缺憾，本来很容易得到弥补。然而，令人遗憾的是2000年底上海古籍出版社印行的《全祖望集汇校集注》，却仍然没有利用万氏初刻单行印本。

上海古籍出版社的这个"汇校集注"印本，是由明清史同时也是明清文献学研究专家谢国桢先生发其端绪，南开大学"精究簿录之学"（上海古籍出版社"出版说明"语）的明清史专家朱铸禹先生，最终倾力校定，本来应该比较完善。然而，此本初稿写定于1962年，至1979年末始交出版社排印，印出书籍则迟至2000年12月，谢、朱二人均已先此去世，中间又经历十年动乱等一系列社会变故，或许是由于社会环境的干扰，或许是出于整理者年高神衰的原因，或许可能还有出版社后来改动的缘故，这个"汇校集注"本存有许多未能尽如人意的地方。

首先是本书收录全氏著作的范围和原则不够清楚。除收录全氏诗文的《鲒埼亭集》、《鲒埼亭集外编》和《鲒埼亭诗集》之外，本书还收有《句馀土音》、《孔子弟子姓名表》、《汉书地理志稽疑》和《甬上族望表》，以及《经史问答》。如果仅收诗文，则不必收录《句馀土音》以下诸书；而若是兼收除《宋元学案》、《续甬上耆旧诗》这样长篇巨制以外的全氏短篇著述，则不应遗漏诸如《公车征士录》这样的书籍。整理者原稿未收《汉书地理志稽疑》，出版社在"出版说明"中特地交待说："所缺《汉书地理志稽疑》六卷，亦由李剑雄同志校点补齐，全书整理工作终告完成。"特地补入《汉书地理志稽疑》而仍不列《公车征士录》（以篇幅论，《汉书地理志稽疑》计六卷，《公车征士录》仅一卷），不管是整理者本人的原稿，还是出版社方面勘定的定稿，其编纂原则，始终让人摸不着头脑。

其次是编排体例，殊为令人费解。这方面的问题，主要出在全书的"附录"部分。附录部分共列有如下六类内容：（1）集外文。（2）传记。（3）序跋题辞。（4）轶事。（5）其他。（6）本书校注所据各本题识。在这六类内容当中，"传记"部分录各种全氏传记，"轶事"部分录诸书杂记全氏行事，"其他"部分录时人相关论辩，以及"本书校注所据各本题识"部分，可谓大致得当，而其他两部分内容的编排，似乎都很值得斟酌。

第一，所谓"集外文"，本不应列入"附录"。如果是几种全氏传世诗文集以外的普通诗文，理应另编为"补遗"、"拾遗"，或者干脆就用"集外文"为篇名，单独列为一篇，而不宜与他人记述、议论谢山及其著述的文字一同列为"附录"，即把自己的文章附在自己文集的后面，这不成体统。

　　第二，在所谓"集外文"当中，包括有录自业师黄永年先生旧藏《鲒埼亭集外编》旧抄本的《读易别录》三卷。此《读易别录》并非普通诗文，乃是与此"汇校集注"本所收《句馀土音》、《孔子弟子姓名表》等一样的单独成篇的著作。既然《句馀土音》等书在此"汇校集注"本内被单独列为一种著述，且收在正文，为何《读易别录》会被降格打入另册，收在所谓"集外文"当中？

　　第三，所谓"序跋题辞"，其中有一部分，未曾与全氏诗文著述一同刊印，如杭世骏撰《全谢山鲒埼亭集序》，乃是录自杭氏《道古堂文集》，此列入附录，自属合理；而另有一部分，本是与全氏诗文著述同时刊行，如董秉纯撰《鲒埼亭集外编题词》，即刊印于此"汇校集注"本用作底本的萧山汪氏刻本的卷首，何必非要将其从原本内强行删除而另外排印到附录之中？同样董秉纯《经史问答跋》和阮元《经史问答序》，一见于万福初刻单行印本，一见于嘉庆史梦蛟刻《鲒埼亭集》附印本，无论此"汇校集注"本整理者用的是哪一种底本，这一序一跋，二者当中至少有一种，是不能像这样从原本当中割裂出来的。这样随意改动原书，让读者何以明其版刻源流？何以保持原书完整面貌？明朝人好刻古书而往往恣意改动原本，后世学人讥之为"刻书而书亡"，整理校勘古籍，于此可不慎哉？

　　三是有些篇目所依据的版本，交待不够清楚。比如，此《经史问答》就没有清楚的版本交待，只是含混地注云："本书底本每卷卷首书名下有'馀姚史梦蛟重校'七字。"出版社印行前补入的《汉书地理志稽疑》，也同样没有任何版本依据的说明。类似的情况还有附录"集外文"的首篇《自叙》，甚至根本没有说明出处；附录"序跋题辞"中董秉纯《鲒埼亭集外编题词》和《经史问答跋》、阮元《经史问答序》、孙锵《跋鲒埼亭诗集》、朱文翰《汉书地理志稽疑刊本缘起》，同样没有注明录自哪里。来路尚且不明，更不仅仅是版本是否清楚的问题了。

四是由于不谙版本源流，明显影响到一部分篇目的校勘质量。全书的校勘质量究竟如何，因没有做过核对，不敢妄加评论，但是若以《读易别录》为例，则可以看到，此"汇校集注"本，在校勘质量上，则确实还大有进一步完善的馀地。

如前所述，此"汇校集注"本的《读易别录》部分，是依据业师黄永年先生过去收藏的一部旧抄本录入的。整理者将其作为集外佚文而不是一篇独立的著作，我推测，恐怕也是由于它只是作为单篇文章收在这一旧抄本当中的缘故。事实上，大约嘉庆年间刊行的《知不足斋丛书》第二十三集当中，就作为一篇单独的著述，收有《读易别录》三卷。后来在民国时刊印的《四明丛书》当中，也收有此书。此"汇校集注"本之《读易别录》，根本没有参校其他任何版本，说明整理者并不了解这些版本情况。

与永年师旧藏抄本相比，《知不足斋丛书》本缺少《读易序录》，即《读易别录》的书序，这是它不及抄本的地方，但是在正文部分，却可以对抄本做不少订正。——事实上，整理者只要了解这些最基本的谢山著述版本知识（同时也是最一般的普通古籍版本知识），两相比较，以《知不足斋丛书》本作为底本（再据抄本补入《读易序录》）要更为适宜，因为抄本脱漏错讹相当严重，而《知不足斋丛书》本罕有讹误。

鉴于《读易别录》篇幅有限，下面即一一开列出这些《知不足斋丛书》本明显优于黄永年师旧藏抄本的内容（不涉及实质内容的文辞异同以及个别明显属抄本正确而《知不足斋丛书》本讹误的异文不录），以充分反映所存在问题的严重程度。

卷上

（1）旧史之志艺文，盖自传、义、章句而外，或归之蓍龟家，或五行家，或天文家，或兵家，或释家，或神仙家以见。〇知不足斋本（以下简称"知本"）在"或兵家"与"或释家"之间尚有"或道家"三字，应据补。

（2）彼其为传、义、章句者，诸家之徒，居十九焉。今取其所自出之宗，暨其流演之派，厘然别而行之。〇"别而行之"，知本作"别而列之"，应据改。

（3）律历之分为日者，合星野、风角、时日以言兵事，则为兵家。〇"日者"，知本作"日者家"。

（4）《易乾元序制一记》一卷。〇"《易乾元序制一记》"，知本作"《易乾元序制记》"，抄本"一"应衍，可据删。

（5）《三坟易典》三卷。（中略）是卷，《经义考》失载。〇"是卷"，知本作"是书"，应据改。

（6）《周易明堂》二十八卷。《汉志》蓍龟家。案汉儒有明堂阴阳之学，《礼记》为最多，《周易明堂》亦其类也。〇知本文末尚有："案《经义考》三十六卷。"应据补。又"二十八卷"，知本作"二十六卷"，《汉书·艺文志》同，应据改。

（7）《大次杂易》三十卷。《汉志》蓍龟家。案《春秋传》中有卜筮，不引经文；据所见杂占而言之者，见杜预、刘炫之说，殆所谓"杂易"者欤？〇"不引经文"，知本作"不引易文"。

（8）《杂灾异》三十五篇。○知本在此条目后尚列有"《神输》"条目："《神输》五篇。《汉志》误入经部。"应据补。

（9）於陵钦《易吉凶》二十三卷。任良《易旗》七十一卷。○知本在此两条目下分别注有"《汉志》蓍龟家"字样，《汉书·艺文志》蓍龟家下列有两书，应据补。

（10）王基《大衍元基》。见《后汉书》。○知本"元基"作"玄基"，"玄"字缺末笔，知"元"字或为避清圣祖讳所改；又"王基"知本作"王景"。今案《后汉书》卷三五《郑玄传》记有郑玄弟子东莱王基，然而并未提及其著述；《后汉书》卷七六《循吏列传》，记乐浪王景，"以为六经所载，皆有卜筮，作事举止，质于蓍龟，而众书错糅，吉凶相反，乃参纪众家数术文书，冢宅禁忌，堪舆日相之属，适于事用者，集为《大衍玄基》"。故此条之书名、作者均应据知本改正。

（11）《周易新图》一卷。《隋志》误入经部。案《新序》入五行家，则序不当为章句之书。○知本《周易新图》条全氏案语作："案《新图序》入五行家，则《新图》不当为章句之书。"今案此所谓《新图序》应指《隋书·经籍志》五行家下所著录的《易新图序》一书，知本紧随在《周易新图》条后即列有此书："《易新图序》一卷。《隋志》五行家。"抄本脱佚此条，且舛乱《周易新图》条案语文字，竟至完全不知所云，应据以增补改订。

（12）《周易六帖》四卷。《宋志》五行家。○知本文末尚有："《经义考》作八帖。"应据补。

（13）《周易三备杂机要》。《宋志》五行家。○《周易三备杂机要》，知本著录其卷次系"一卷"，《宋史·艺文志》同，应据补。

（14）《周易飞伏例》一卷。《宋志》蓍龟家。○知本文末尚有："是书《经义考》失载。"应据补。

（15）以上皆通说阴阳灾异，乃占验体例，今列于首，共四十三种。○知本作："以上皆通说阴阳灾异及占验体例，今列之于首，共四十四种。"今案"乃"、"及"二者中，"乃"字显然有误。知本"四十四种"，与实际开列书籍条目相合；如上文所述，抄本较知本脱佚《神输》、《易新图序》两条，故其实际只列有四十二种书籍。此条文字应据知本改正。

（16）齐将鲁孙膑《卜法》一卷。《宋志》五行家，盖伪书。○"鲁孙"，知本作"曾孙"。案《宋史·艺文志》著录作"孙膑《卜法》"。此书系托名战国齐将孙膑，"鲁孙"不成文义，"齐将曾孙"云云则应是就孙膑先祖孙武而言。盖孙武亦齐国名将。故应据知本改正。

（17）京房《周易妖占》十二卷。《隋志》五行家。○"十二卷"，知本作"十三卷"，《隋书·经籍志》同，应据改。又知本文末尚记有："《经义考》十一卷。"可据补。

（18）《易传算法》一卷。《通鉴》卜筮家。今附入《易传》中，通称《易传》四卷。○"通鉴"，知本作"通考"，系指《文献通考·经籍考》，故有"卜筮家"之类别，而《通鉴》与目录无涉，应据改。又知本文末尚有："《经义考》作《易传积算法杂占条例》一卷。"可据补。

（19）汉单父长费直《易林》五卷。《隋志》五行志。○"《隋志》五行志"不成文句，知本作"《隋志》五行家"，合本书通例，可据改。

（20）《周内神筮》二卷。《隋志》五行家。○知本无此条，此处所著录书籍为："费直《易内神筮》二卷。《隋志》五行家。又《易外神筮》

二卷。《隋志》五行家。"检《隋书·经籍志》，其五行家下有费直《易内神筮》二卷，与知本相合，知抄本之"《周内神筮》"应即此书，"易"讹为"周"，可据改。又《隋书·经籍志》未见"《易外神筮》"而另著录有费直"《易林》二卷"，不知二者是否为一书。惟本书此类末云开列书籍"共百九种"，合此《易外神筮》，适正相符，今应据知本补入《易外神筮》条目以备考。

（21）小黄令梁焦赣《易林》十二卷。《隋志》五行家。○"十二卷"，知本作"三十二卷"；又知本文末尚有："《经义考》十六卷。"今案《隋书·经籍志》著录此书为十六卷，附注云"梁又本三十二卷"，故可据知本增改。

（22）焦赣《易林变占》十二卷。《隋志》五行家。○"十二卷"，知本作"十六卷"，《隋书·经籍志》同，应据改。

（23）建新大尹涿郡崔篆《易林》十六卷。《唐志》五行家。○知本文末尚有："《经义考》六十四篇。"可据补。

（24）管辂《周易通灵要诀》二卷。《隋志》五行家。○"二卷"，知本作"一卷"，《隋书·经籍志》同，应据改。

（25）管辂《文王版词》一卷。《隋志》五行家。○"《隋志》五行家"，知本作"《宋志》五行家"。今案《隋书·经籍志》未著录此书，而《宋史·艺文志》五行类下有未著录作者之同名书籍，可据改。

（26）虞翻《周易日月变例》五卷。《隋志》误入经部。○"五卷"，知本作"六卷"，《隋书·经籍志》同，应据改。

（27）晋征士高密徐苗《周易筮占》二十四卷。《隋志》五行家。○知本文末尚有："《经义考》:《唐志》。"今案《隋书·经籍志》虽列有此书，但却是作为已亡佚书籍，列在注文之内，故附注《经义考》此文，仍有意义，应据补。

（28）郭璞《周易林》五卷。《隋志》五行家。○知本文末尚有："《经义考》六卷，《七录》。"应据补。

（29）晋句漏令丹阳葛洪《周易杂占》十卷。《隋志》五行家。○知本文末尚有："《经义考》：《七录》。"应据补。

（30）梁临海太守平昌伏曼客《周易集林》十二卷。《唐志》五行家。○"伏曼客"，知本作"伏曼容"，《新唐书·艺文志》同（《旧唐书·经籍志》并同），应据改。

（31）鲁弘度《易林》三卷。《隋志》五行家。○"鲁弘度"，知本作"鲁洪度"，《隋书·经籍志》同，应据改。

（32）隋上仪同京兆□孝恭《孔子马头易卜书》。见《隋书·艺术传》。○"□孝恭"，知本作"临孝恭"，《隋书·艺术传》同，应据改。

（33）梁运《周易杂筮占决文》二卷。《唐志》五行家。○知本文末尚有："《经义考》'筮占'作'占筮'。"应据补。

（34）《周易内卦神筮法》三卷。《唐志》五行家。○知本文末尚有："《经义考》二卷。"应据补。

（35）杜灵贲《卜法》一卷。《宋志》五行家。○知本文末尚有："是书《经义考》失载。"应据补。

（36）《周易赞颂》一卷。○知本文末尚有："《经义考》六卷。"应据补。

（37）《周易爻咏》十卷。《宋志》五行家。○"十卷"，知本作"八卷"，《宋史·艺文志》同，应据改。

（38）《言理歌》一卷。《宋志》五行家。○"言理歌"，知本作"玄理歌"，《宋史·艺文志》同，应据改。又知本在此条目后尚列有"邹璞《周易义经》"一条："邹璞《周易义经》一卷。《经义考》采《宋志》无名氏《玄义经》，或即此书，'义'字上脱'玄'字耳。"应据补。

（39）《六壬六十四卦名》一卷。○知本在此条目后尚列有吕才《周易轨限通神宝照》一条："吕才《周易轨限通神宝照》十五卷。《宋志》著龟家。是书《经义考》失载。"应据补。

（40）李淳风《周易薪冥轨》一卷。《通志》。○"薪冥轨"，知本作"薪蒉轨"，在文末尚另有说明云："'蒉'，《经义考》作'冥'。"今案《宋史·艺文志》另著录有"易通子《周易薪蒉璇玑轨革口诀》三卷"，此"薪蒉"与《周易薪冥轨》之"薪冥"应为一事。《尔雅·释草》载有"薪蒉"一词，义为"大荠"，故应以"薪蒉"为正。抄本"薪冥"二字俱讹，知本之"蒉"字可从，而"薪"字亦讹，应据《尔雅》改正。

（41）《轨革易赞》五卷。○知本文末添注有："《通志》。"应据补。

（42）《周易神镜思谷林》一卷。《宋志》五行家。○"思谷林"，知本作"鬼谷林"。案《宋史·艺文志》五行类无此书，著龟类下著录同知本，应据改。

（43）《周易飞燕转关林》一卷。《宋志》五行家。○"转关林"，知本作"转关林窍"，文末尚添注有："'窍'字据《经义考》补。"应据以改补。

（44）《周易鬼林经》。《宋志》五行家。○"鬼林经"，知本文末尚添注有："'林'，《经义考》'灵'。"应据补。

（45）《周易鬼衔算》一卷。《宋志》五行家。○"鬼衔算"，知本文末尚添注有："'衔',《经义考》'御'。"应据补。

（46）《周易火窍》一卷。○知本文末尚有："《宋志》五行家。"《宋史·艺文志》五行类著录同，应据补。

（47）《周易玄鉴林》一卷。《宋志》五行家。○知本文末尚有："《经义考》三卷。"应据补。

（48）成玄英《周易穷□图》一卷。《宋志》。或云释仁英作。○"穷□图"，知本作"穷寂图"；又文末尚有："《经义考》五卷。"今案《宋史·艺文志》子部五行、蓍龟诸类目均无此书，经部有"成玄英《流演穷寂图》五卷"，或即全、朱二氏所本，可据知本补足所缺"寂"字。

（49）《周易联珠论》一卷。《宋志》五行家。○知本文末尚有："《经义考》'联'作'遵'。"应据补。

（50）《易筮精义》一卷。《通志》。○知本文末尚有："《经义考》二卷。"应据补。

（51）《无惑先生易镜正经》二卷。○知本在"无惑先生"下注云："即王都。"应据补。

（52）《六十四卦歌》一卷。《宋志》五行家。○知本文末尚有："案本志载于桑道茂《九宫》之下，故之为三式之书。"应据补。

（53）费直、焦赣《略限历》一卷。《宋志》五行家。○"略限历"，知本作"晷限历"，《宋史·艺文志》同，应据改。又案"焦赣"《宋史·艺文志》作"焦贡"。

（54）《周易历》一卷。《隋志》五行家。○知本此条易名为"易律历"："《易律历》一卷。《隋志》五行家。元本《周易历》，今从《经义考》。"今案《隋书·经籍志》有《易律历》一卷，题虞翻撰；又有梁《周易历》一卷。似可两存。

（55）《乾坤气法》一卷。《隋志》五行家，又入兵家。○知本在"《乾坤气法》"前增有"许辩"二字，《隋书·经籍志》同著录此书为许辩所著，应据补。

（56）《周易八龙论山水》一卷。《宋志》五行家。○"论山水"，知本作"山水论"。案《宋史·艺文志》作"山水论地理"，可据知本改。

（57）《易八卦斗中绝命图》一卷。《隋志》五行家。○知本书名作"周易斗中八卦绝命图"，《隋书·经籍志》同，应据改。

（58）《周易灰神寿命历》一卷。《隋志》五行家。○"隋志"，知本作"通志"。今案《通志·艺文略》著录有此书而《隋书·经籍志》无，应据改。

（59）以上録命家。○知本文末尚有："共七种。"应据补。又"録命"知本作"禄命"，可据改（上海古籍社排印本的整理者已径改）。

（60）颜氏《周易孔子通覆诀》一卷。《隋志》五行家。○"一卷"，知本作"三卷"，《隋书·经籍志》同，应据改。

（61）《大易二十四篇》一卷。《宋志》神仙家。○知本文末尚有："是书《经义考》失载。"应据补。

（62）《老子神符易》一卷。《唐志》五行家。○知本文末尚有："是书《经义考》失载。"应据补。

（63）魏伯阳《周易五相类》一卷。《唐志》五行家。○知本文末尚有："是书《经义考》失载。"应据补。

（64）《参同契同金丹行状十六弯通真诀》一卷。○"同金丹"，知本作"合金丹"，似应据改。

（65）《周易八仙歌》一卷。《宋志》著龟家。○知本文末尚有："《经义考》'歌'作'诗'。"应据补。

（66）范谔昌《大易源流图》一卷。《宋志》误入经部。○知本文末尚有："案谔昌为希夷四世弟子，其言老子自西周传授，孔子造易之源，可谓无忌惮之小人矣。"应据补。

卷中

（1）山琮《老子幽义》一卷。《隋志》道家。○"一卷"，知本作"五卷"，《隋书·经籍志》同，应据改。

卷下

（1）(《尚书》洪范篇）是虽并举于卜筮言之，而五卜皆龟之用。故其下文有"龟从筮从"，而无筮从龟逆者。○"并举于卜筮"，知本无"于"字，文义较胜，应据改。又"龟从筮从"，知本作""龟从筮逆"。今案全氏乃于此论《尚书·洪范》言卜筮之重龟轻筮。检所谓《洪范》下文，分别讲述有"龟从筮从"和"龟从筮逆"两种情况。"龟从筮从"则无所谓孰轻孰重，有"龟从筮逆"而无"筮从龟逆"，则正可体现"五卜皆龟之用"这种重龟轻筮的情况。故应据知本改。

（2）《夏龟》二十六卷。《汉志》。○知本文末尚有："案此即《周礼》所谓玉兆之书，掌于太卜者也。"应据补。

（3）《南龟书》二十八卷。《汉志》。○知本文末尚有："案此即《周礼》六龟之一，掌于太卜者也。"应据补。

（4）晋大夫史苏《龟经》十卷，又一卷。《隋志》。○知本文末尚有：

"案此书恐是伪作，故《汉志》无之。《崇文书目》有三卷。"应据补。

（5）《太史卜书说文引》。○知本作"《太史卜书》。《说文》引。"今案本文无意涉及上海古籍社本的标点疑误问题，但此条知本的著录形式明确是将"说文引"三字刊为作为著录依据的小注，关系到内容的校勘，依全氏此书通例，应据知本改。

（6）《管郭近要诀龟音色》三卷。《隋志》。○"三卷"，知本"二卷"。今案《隋书·经籍志》在《龟经》条下附注云："梁有（中略）《管郭近要决》、《龟音色》、《九宫著龟序》各一卷。"疑全氏误将《管郭近要决》和《龟音色》连读为一书，卷次则属抄写传刻之讹，应以一卷为是。

（7）《五兆金本口诀》一卷。《宋志》。○"金本"，知本作"金车"，《宋史·艺文志》同，应据改。

（8）《五兆秘诀》一卷。《宋志》。○"一卷"，知本作"三卷"，《宋史·艺文志》同，应据改。

（9）郑克《揲蓍古法》一卷。○知本文末尚有："《宋志》。"今案此见《宋史·艺文志》经部易类下，可据补。

（10）《程子揲蓍法》。○知本文末尚有："见《蓍卦辨疑》中。"应据补。

（11）耿格《大衍大心照》。○知本文末尚有："一卷。"应据补。又"大心照"，知本作"天心照"，似应据改。

（12）知本尚有如下诸条，为抄本所脱佚，应据补：

《梁元帝筮经》十一卷。见《梁书》。

《青城山人揲蓍法》一卷。

《禄英居士揲蓍图》。

任奉古《明用蓍求卦》一卷。

庄绰《揲蓍新谱》一卷。见《薛士龙集》。

亡名氏《小衍揲蓍法》。

鲍云龙《筮草研几》一卷。

雷思齐《易筮通变》一卷。

抄本错漏如此严重，用"触目皆是"来形容恐怕并不为过。《知不足斋丛书》本《读易别录》文字之完善，除了其付梓底本要明显优于黄永年师旧藏抄本之外，恐怕也与刊刻者鲍廷博在校勘上花了很大力气有关。从仅存于书中的一两条案语中，我们就可以清楚看到鲍廷博刻书时的审慎态度。如卷上《易颂卦》条，鲍廷博有案语云："《经义考》作黄景元《周易卦颂》，疑即此书。此作'颂卦'，误倒其文耳。"

其实，校勘精审本是《知不足斋丛书》的显著特点之一。为保证质量，精益求精，鲍廷博甚至在刊刻印行后，发现问题，还会一一剜改书版，如《知不足斋丛书》所收《金楼子》，就在刊刻两年后，被鲍廷博又重新校雠一过，剜改了许多内容。

了解了这些知识，在整理古籍时，就应当重视并充分利用这一常见易得的丛书版本。上海古籍出版社本《全祖望集汇校集注》未能注意到这一点，不能不说是一个很大的缺陷和遗憾。

最后，还是回到万氏初刻单行印本《经史问答》。如前所述，后来史梦蛟重印《经史问答》时，并没有利用它前面所附刊的《全氏世谱》书版。因此，今天整理《全氏世谱》，至少必须参校这个最早的版本。可是，《全祖望集汇校集注》的整理者，却根本没有提到这个版本。虽然不像《读易别录》那样存在很多严重问题，《全氏世谱》并没有什么了不得的实质性异文，但毕竟还是存有一定差别。如其所用底本史梦蛟刊本"和王子为太尉参政元坚"，"元"为"允"字之讹。虽然整理者参校其他刻本和校本，做了正确的校订，却仍然没有参校此万氏初刻本，而万氏初刻本，本来不误。如果能采用这个最早的刻本作为底本，岂不更为合理？

　　研究古代文史的前辈学者，治学强调版本目录这些基本功夫。因为自己懂得版本的来龙去脉，书坊搞不好，需要时自己可以去弥补。所以，新印古籍，即使不够完善，一般也不会有多大妨害。可现在的学者，一些人一上手就忙着建立自己的学术体系，看不上这等"小道"，觉得没有必要为此耗时劳神。既然脑袋里是没有任何"负担"的一张白纸，看古书时，便不能不由蔑视走向迷信，即笃信一切现成的标点整理的古籍，尤其是大出版社出版的书籍。殊不知类似上面《全祖望集汇校集注》的问题，在名人、名社当中，并不罕见，最好还是自己多掌握一些相关的知识。

2004 年 2 月 12 日记

原刊《书品》2004 年第 5、6 期

关于《都门纪略》早期版本的一些问题

清道光年间问世的《都门纪略》，是一部城市生活指南手册性书籍，主要是针对外省暂居京城的行旅客商的需要而编纂的。此书刊行后，深受社会欢迎，一再增订改编，延续使用到清朝结束。

关于本书在历史研究中的价值和作用，上世纪 60 年代初，已故明清史专家谢国桢，在所著《明清笔记谈丛》中，以"都门杂记"为题，做过阐发；更早在 30 年代，则有周明泰撰写文章，专门揭示其戏曲史料价值。这些论述，都为学术界利用相关史料，起到了积极的引导作用。

但是，与本书所蕴涵的多方面史料价值相比，学术界的关注和利用，显然还很不够，而这很大程度上是由于人们对此书缺乏基本了解。至于关心北京城市史和清代社会生活史的普通社会非专业人士，对它的了解也就更为有限了。《文史知识》2004 年第 1 期上刊出么书仪撰《道光至光绪间的京师旅行指南》一文，比以往更为全面地介绍了本书的撰作缘起、版本流变和基本内容，为人们认识此书提供了很大帮助。

不过，如作者在文章中所讲到的，本书的早期刊本，现在已不易见到。或许就是由于这一原因，文中有些介绍可能是出自转手的资料，

　　所以，有不够准确和不够妥当的地方。在这里，我想就本人所见所知，澄清与《都门纪略》早期版本有关的几个问题。

　　《都门纪略》最早刊行于道光二十五年。么文在谈到这一原刊本时，说国家图书馆所藏仅为一册残本，并依据书目题记，推测这一残本已经失去内封面；另外，么氏在文中引述作者原序时，都是依据光绪六年刻本。由此看来，作者并没有见到原书。我因一直留心古代城

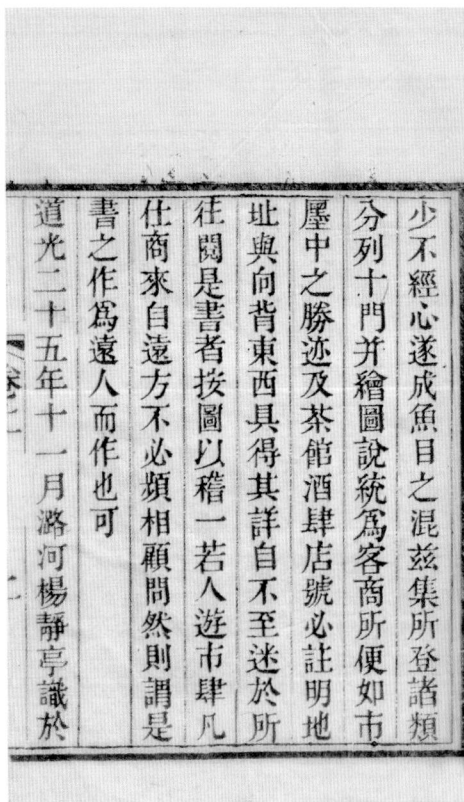

清道光原刻本《都门纪略》

市生活史事，多年来陆续收集到包括此原刻本在内的两种相对比较少见的早期刻本，因此，可以依据原本，对有关情况做些订补。

么文引述周明泰文章的叙述，称原刻本内封面下款为"都门新咏附后"、"翻刻必究"十字。检核原刻本，此处应作"都门杂咏附后"，周氏笔误，不宜以讹传讹。道光原刻本《都门纪略》分上、下两卷，上卷为"都门纪略"本文，下卷为作为附编的"都门杂咏"。后者有独立的内封面，也有单独的序言和目录，内封面、目录和卷首统统镌作"都门杂咏"。另外，原刻本原装两册，上册封面签条镌"都门纪略卷上"，下册封面签条镌"都门杂咏卷下"。所有这些，都表明在原刻本上，是绝无"都门新咏"这一说法的。

由于没有见到原书，么氏在文中对于原刻本的版本形式，做了很不符合实际的判断。么文可能是援依周明泰的说法，称道光二十五年原刻本为"初刻大字本"，并判断说：

> 从这书的开本和字号来看，"大字本"是一种特别的设计，如果说，那是为了方便此书设定的读者"外省客商"随时随处翻阅查找，应当是一种比较合理的解释。

其实，这书的字型并不特别硕大，只是清代非常普通的中等大小字型。前人所谓"大字本"之说，应当是叙述《都门纪略》版本流变时，相对于在光绪以后衍生出来的各种字型更小的版本所做的描述性说法。这是版本学叙述当中的一般用法，而不是这一刻本的字型大到了可能含有什么特别意义的程度。

其实若是从"方便此书设定的读者'外省客商'随时随处翻阅查找"的角度看，所谓"大字本"，可能反不如"小字本"更为合用。——阅读的书字大本大赏心悦目，备查的书字小本小方便携带翻查，这是古今一贯的通则。如同么文所讲到的，《都门纪略》后来有许多增补本陆续刊行，据我所见到过的几部后来的刻本，至迟从同治三年的徐永年订补本起，在不断增添新内容的同时，字型亦随之逐渐缩小。显然，大容量的小字本，要更受读者欢迎，更适合"'外省客商'随时随处翻阅查找"（同时节省版木和纸墨，也更节约成本）。因此，根本没有理由认为原刻本的字型是一种什么特别的设计。

至于开本，原刻本《都门纪略》是普通的巾箱本而稍偏大，就仅有薄薄两卷的篇幅来说，这在清代也是非常平常的。如果一定要说原刻本的开本大小与书中的内容有什么内在联系的话，那么，只能说与原刻本的字型大小一样，在便利读者使用和节约版刻成本这两个方面，它的商业性考虑都还很不充分。

关于原刻本的内容构成，么文说：

> 《都门纪略》分上下二册，上册有序言和例言，正文分为十一门类，包括图说、风俗、对联、翰墨、古迹、技艺、时尚、服用、食品、市廛、词场。下册是歌咏京师风俗事物的竹枝词97首，分为十大门类，类目与上册相同，只是没有"图说"一项。

首先这按册区分内容的说法不够妥当。古书装订的册数并不固定，随时可以改订，既可以合数册为一册，也可以分一册为数册，张三藏书的第三册，很可能是李四藏书的第二册。册数分合虽无一定之规，卷次却非藏书者所能更动，所以，叙述古籍内容时，一般只能依据卷次，而不是册数。《都门纪略》初刻原装本，确实是订为两册，但如前文所述，这两册是按上、下两卷分装的。所以，区分为上、下卷，要比上、下册更为妥当。

与此相关的是，么文在列举道光至光绪间各种《都门纪略》的刻本时，也都是仅说明册数而没有卷次，甚至以册数作为区分不同版本的标志，叙述更不清楚，也更不科学（其中个别一些版本仅有册数而无卷次区分的例外）。

其次是原刻本"正文分为十一门类"的说法不妥。原刻本卷上"都门纪略"部分的目录中，虽然首列"图说"二字，但这只是指卷首的前三门外"天下仕商聚汇之所"的地图。

地理书卷首开列地图，是一种沿袭已久的传统，至迟可以追溯到隋唐时期的图经。《都门纪略》卷首地图的功用是标示方位，为理解内文提供辅助，算不上一部分独立的内容。对此，作者杨静亭在原刻本"都门纪略"部分的序言中，本有清楚的交待，他说："兹集所登诸类，分列十门，并绘图说。"同时，在"都门杂咏"部分序言中也交待说："仍照前编'都门纪略'，区分为十类。"可见二者类目一一对应，所谓"图说"本不预其间。

第三，卷下"都门杂咏"共收诗100首，而不是么文所说的97首。十个门类，百首诗篇，都是整数，这就如同十全武功、百子全书等等说法一样，不过是为凑个吉祥。这也是《都门纪略》一书世俗性的一种体现。

　　么文在介绍《都门纪略》后来各种增订重刻本之前，举例介绍了原刻本旧有十大门类的内容。虽然未做明确说明，但结合上下文义，只能将其理解为是就原刻本的内容立论。但是，由于么氏未能阅读原刻本，所举例证中有一些却是后来增订本增附的内容。如"服用"类中的凉帽店万升帽铺、快靴店一顺斋、布鞋店全盛斋，就均非原刻本所有。

　　这些后来刻本增附的内容，一方面，与原刻本所反映的时代，前后存有差异，如杨静亭在"服用"类的后序中所说，"京师铺户，或数年以及数十年，多改东易主，旧者少而新者多"。不同时代的记载，对于历史学研究者来说，具有完全不同的时代断限意义。另一方面，"京师铺户林立"，被杨静亭选择记入"服用"类下的不过五六十家，"所不载者，不啻万亿"。所以，若是毫无定则地加以增补，是补不胜补的。区分开哪些是原本所有，哪些是后来所增补，其重要意义还在于杨静亭在选择登载这些商户时，有一个重要标准，这就是他在"例言"中所说的"市廛货物，往往以伪乱真，价亦低昂无定。兹集所开载者，字号皆系一二百年老铺，驰名天下，货真价实，言不二价"。

　　谢国桢在《都门杂记》一文中曾推测说，杨静亭"是一个不得意的人士，潦倒京华"。这种看法并不十分确切。"都门杂咏"所载杨氏自序，署云"识于榆林官署"，说明他在写作此书时，是有一定官位身份的。这一点决定了《都门纪略》一书的撰述，最初并不具有明显的商业目的。所以，杨静亭对内容的取舍相当严肃认真，而后来的增订修补本则逐渐背离这一初衷，走上了纯商业的道路。

　　《都门纪略》在道光二十五年刊行之后不久，杨静亭又在道光二十六年编成"都门会馆"，收录京城内的各地会馆。么文讲有道光二十七年增补本《都门纪略》，增补此"都门会馆"部分。这种增补本我没有见过，也不知现在哪里有收藏。但是"都门会馆"的作者自序，写于道光二十六年"嘉平月"，也就是腊月，翌年刊刻成书，也是合乎情理的。估计仅是新刊"都门会馆"部分，其馀两部分，则是利用原来道光二十五年的旧版，合在一起印行。

　　么文在叙述同治年间以后《都门纪略》的各种衍生刊本时，有很多疏漏和讹误。

　　一是没有讲到由于商业运作的缘故，《都门纪略》一书衍变出许多不同的名称，如谢国桢讲到的《都门杂记》，还有《都门汇纂》、《朝市丛载》、《都市丛载》、《朝市都门便览》等等。

　　二是透过这些复杂的书名可以看出，后来各种增续本的版本种类相当繁多，么文所列举的 15 种版本，是很不全面的。如据王灿炽编著《北京史地风物书录》著录，就有《宣统新增都门纪略》等多种未被么氏提到。

　　三是叙述不清。晚期版本因没有做过比勘，在此可暂时置而不论。早期刊本，如道光二十七年以后，目前所知最早刊行的是徐永年增补本。这是《都门纪略》衍变史上承前启后的一个关键版本，它上承道光原刊的文人风格，而在具体内容上略有增益，后来的商业性京城导游读物，又都是以这个版本为基础加以增饰。

　　么文先是在注释中排列《都门纪略》各种刊本时写道："同治二年徐永年增补本。增补'路程辑要'一册。"接着，又在文章中讲述说："同治二年徐永年增补本，增补'路程辑要'一册，方便出京的客商，了解从京城前往各地的路线和里程，也是客商之必要。"似乎认为这个版本为同治二年所刊，且带有新增的"路程辑要"。可是，么氏很快在下文中又说："但到了同治三年，市面上同时出现了两个四册本（今按前文已经指出，用"册"而不是用"卷"来叙述版本情况是不够合适的，即使是在原书没有卷次区分的情况下，根据内容用"几部分"也比用"几册"要更好一些），那就是徐永年增补本和李静山增补本。"依此，徐永年增补本又似刊行于同治三年。

么文所说的"李静山增补本"，么氏本人也没有可靠依据，用以说清楚它到底始刻于什么时候，这个问题留待后面讨论。下面，首先谈一下徐永年增补本的情况。

谢国桢在《都门杂记》一文中，曾提到他收藏有同治三年刻本《都门杂记》，可是却没有记述具体的情况。除此之外，我没有见到其他相关的收藏记载。流传稀少，刻本难得一见，这也是不易说清其版本情况的客观限制因素。

么文讲述说，增有"路程辑要"的徐永年增补本，带有"同治甲子年仲秋下浣皖桐孙梅溪序"。这个年款很重要，可以帮助我们澄清它并不是徐永年增补本的最早刊本。因为寒斋有幸藏有比道光二十五年原刻本《都门纪略》更为罕见难得的这个徐永年增补本的原刊本，所署刊行时间，为"同治上元甲子年季夏中浣"，早于前述孙梅溪作序的时间。

我收藏的这个徐永年增补本，由"都门杂记"、"都门杂咏"和"都门会馆"三部分组成，完全沿袭杨静亭的旧有格局，但每部分都有徐氏自己"新增"的内容。

"都门杂记"等三部分内容，前面各自均镌有独立的内封面，正面

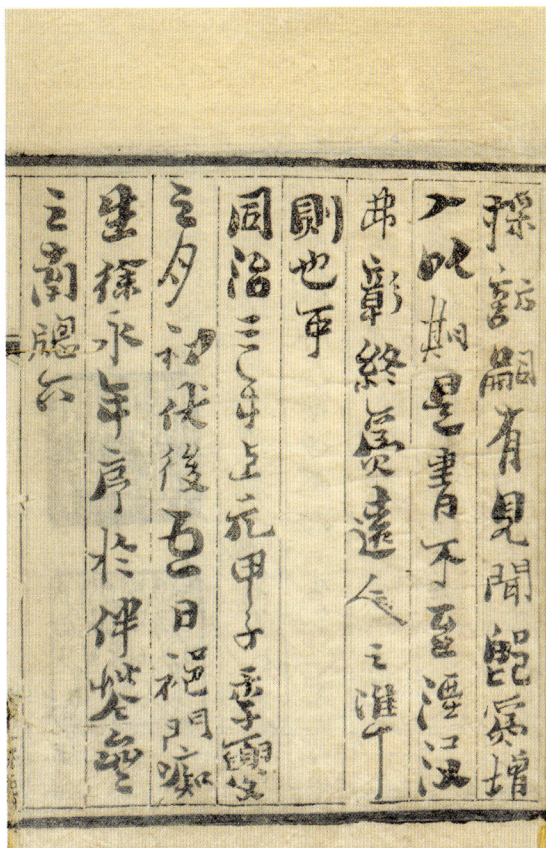

清同治三年原刻徐永年
增补本《都门纪略》

相同，俱署"都门纪略"，背面却分别称作"新增都门杂记"、"新增都门杂咏"、"新增都门会馆"，清楚标明是在杨静亭原本上有所增订。全书不分卷，但内封面正面镌有"一集杂记，二集会馆，三集杂咏"字样，一则说明其内容划分，二则表明其前后排列次序，更为重要的是，据此可知徐永年增补本，最初本来是没有"路程辑要"这部分内容的。

　　另外，徐永年在书中各部分的序言，一署"同治上元甲子年季夏之月初伏后五日祁门痴生徐永年序于伴花斋之南窗下"；一署"同治上元甲子年季夏中澣祁门痴生徐永年序于伴花斋之南窗下"；一署"同治上元甲子年季夏之月初伏后祁门痴生徐永年序于都门伴花斋"。而内封面正面署"伴花斋重镌"，每页书口下亦镌有"伴花斋"字样，两相参证，可以断定，这一定是徐永年增补本完稿后，自己刊印的最早印本。

　　甲子年为同治三年。因此，根本不可能存在么文所说的同治二年刊带有"路程辑要"的徐永年增补本。值得注意的是，其内封面背面上镌有"日增月易校对无讹"和"板存琉璃厂东门内路北宝文斋书画处随时修补"，已经透露出明显的商业气息。

　　徐永年增补本《都门纪略》最初刊行的这个"同治上元甲子年季夏中浣"，为同治三年六月中旬。两个多月以后，在同年"季秋上浣"，亦即九月上旬，又增入一个名叫孙乐（号梅溪）的人所编纂的"路程辑要"部分，么文所说的同治三年徐永年增补"四册本"，应当与此相当。前面提到的谢国桢旧藏同治三年刻本《都门杂记》，就是这一版本，原书已在谢氏生前捐赠中国社会科学院历史研究所图书馆。由于前后相隔不到三个月时间，前三部分都是利用旧版重印，只是在内封面正面"一集杂记，二集会馆，三集杂咏"的后面，又添加了"四集路程"字样。两相比较，可以清楚看出本书内容增衍的轨迹。

　　么文谈到的包括有京师到各地路程内容的同治三年刻李静山增补"四册本"，并没有列入其文中所开列的道光至光绪末年间《都门纪略》诸版本书目，在我所接触到的各种相关书目中，也从未见到著录过这个本子。因此，这一版本是否真的存在，还是一个值得探讨的问题。但是不管怎样，都绝对不会如么氏所云，是在同治三年同时出现了徐永年和李静山两个内容完全相同的《都门纪略》增补本。这是因为么氏所依据的材料有很大问题。

么氏在文中谈到，他本人并没有见到李静山增补本的所谓同治三年原刻本，据以立论的依据，是一个光绪六年的所谓重刊本。据么文所引，这个刊本的"天下路程"部分（与徐永年增补本的"路程辑要"部分内容完全相同）所载李静山的序言云（句读与么文有所不同）：

> 甲子中秋，有敝友孙梅溪先生来访，袖出由京师至各省路程一帙，嘱余载于《都门纪略》之四集。余观之许久，见其按程计里，诚为客路之规箴；投宿整装，可拟游人之行止。故将路程一帙，登入《都门纪略》，攒为四集。虽非京都之故事也，似于出京之行旅，勘作神珍矣。同治十一年序于宣武门寓斋。

按照上文李静山的说法，原作者孙梅溪，在甲子年亦即同治三年中秋，把书稿交给他，并要求刊入《都门纪略》，作为与"一集杂记，二集会馆，三集杂咏"相接续的第四集来印行。可是如前文所述，"一集杂记，二集会馆，三集杂咏"这样的体系，是由徐永年同治三年季夏增补本所确立的，与李静山没有任何关系，孙梅溪何以要向李静山其人提出这一要求呢？再说，假若如么氏所云，李静山在同治三年接到孙梅溪的文稿和要求后，随即将其刊入《都门纪略》，那么，他的序言何以会写于书籍刊行八年之后的同治十一年呢？无论如何，这都是非常令人费解的。

　　么氏文中虽然谈到徐永年同治三年季秋增补本中孙梅溪序的落款和时间，可是却又说"徐永年增补本的序是怎么说的不清楚"，可见其不仅没有看到所谓同治三年刊刻的李静山增补本，似乎也没有看到过同治三年季秋徐永年增补本的原书。其实，只要看到这个同治三年季秋增补本的原书，就可以明白，上文引述的所谓李静山的序言，竟然是从徐永年那里盗用来的！而徐永年原书落款的时间，为"同治三年上元甲子重九前三日"（同治三年九月六日），正与内封面上所镌刻书时间"同治上元甲子年季秋上浣"（同治三年九月上旬）相一致。

　　由此可以判明，所谓李静山增补本，一定是在徐永年增补本刊行后，书坊因其有利可图而仿冒出来的，而不会如么文所揣测的那样，是"孙梅溪把版权同时卖给了两家书坊"。此后，则《都门纪略》一书的商业性愈来愈强，内容随之愈演愈繁，而版本因较为通行易得，研究也不存在太多困难了。

　　版本学是一门需要花费时间和精力的学问。本文只是想就么文所论述的范围，梳理清楚《都门纪略》早期版本的承续脉络，至于全面探讨《都门纪略》的版本衍变过程，需要一一核对各种传世版本，这不是本文所要解决的问题。

2004 年 3 月 5 日记

原刊《中国典籍与文化》2004 年第 4 期

吴瑭《温病条辨》稿本题记

一、《温病条辨》的医学史地位

在中国医学史上，治疗瘟疫，也就是流行性传染病的基本理论和方法，有"寒病"和"温病"两大派别。

首先是南阳人张仲景，针对东汉末建安年间瘟疫流行的具体病情，探讨总结出一套以"伤寒学说"为基楚的治疗瘟疫的寒病理论和方法，见于其传世著作《伤寒论》和《金匮要略》。张仲景被后世医家尊崇为先师、亚圣，他创立的伤寒治疗理论，也被奉为治疗瘟疫的不二准绳，历代相承一千四百多年。

直至明代崇祯末年，苏州震泽人吴有性（字又可），因当时南北直隶、山东、浙江瘟疫大范围流行，亲见许多医生运用传统的伤寒法医治无效，致使"枉死者不可胜记"，始推究病源，参稽医案，探究总结出一套与传统伤寒学说不同的"温病学说"，作为治疗流行性传染病的基本理论。吴有性所著《瘟疫论》，也成为温病学说的奠基性著述。

按照吴有性的看法，在数百瘟疫患者之中，只会偶然有一个病人，是由伤寒亦即外感风寒所致，其他绝大部分病症，都是由温热引起。

由此可知，吴有性首倡温病学说的医疗实践价值，决不在张仲景的伤寒学说之下。《四库提要》称自《瘟疫论》一书出，"瘟疫一症，始有绳墨之可守"，这可以代表后世对于温病学说之医学史意义的客观总结。

吴有性的《瘟疫论》，虽能发前人所未发，为温病学说奠定了基础，但是还很不完备。后世医家称"细察其法，亦不免支离驳杂，大抵功过两不相掩，盖用心良苦，而学术未精也"（吴瑭《温病条辨·自序》）。

于是，至清代康熙、雍正年间，又有苏州吴县人叶桂（字天士），进一步发展完善温病学说，在发病、传播、病变进程、症候分类、治疗方法等各个方面，都做出了更为深入、全面的论述，标志着治疗流行性传染病的温病学说已经全面建立起来。叶氏则被公认为这一学派的建立者。

叶桂虽然为建立温病学说做出了最重要的学术贡献，可是却由于他不喜欢撰述，在生前没有写下任何医学著作。他的温病学见解，仅存留于门人顾景文手录《温热论》一卷二十则之中（曹禾《医学读书志》卷下）。对于这一学派的建立者来说，这显然过于简略，说不上系统，更谈不上完备，对于医学史研究，更是一个很大的缺憾。

叶氏虽然不喜著述，却很乐于向门人传授医术，身后还有不少服膺其医道的私淑弟子，阐发弘扬他的医学主张，吴瑭便是其中成就卓著的代表性人物。

吴瑭，江苏淮阴人，《清史稿》卷五〇二《叶桂传》下附有他的小传，然而过于简略，仅寥寥数语。据吴瑭《温病条辨》自序，他大致出生于乾隆二十二年（公元 1757 年前后）。十九岁时，因父亲患病不治，放弃科举，发愤从事医术。

二十三岁时，侄子患温病，而他自己学医未久，医术不精，无从措手，对于温病治疗方法，更是闻所未闻，虽遍请当地医者，却都以伤寒法治之，非但没能医好，反而断送了侄子的性命。这件事，对于他后来专注于医治温病，可能起到了很大的刺激作用。二十六岁，游学京师，自云因参与"检校《四库全书》"，始得读到吴有性的《瘟疫论》，"观其议论宏阔，实发前人所未发，遂专心学步焉"，从此潜心致力于温病的研究与治疗。

至乾隆五十八年，吴瑭三十六岁时，他已"进与病谋，退与心谋"，遍考晋唐以来前贤著述，结合自己的行医实践，研求揣摩温病疗法整整十年。这一年京师瘟疫流行，吴瑭用温病疗法救活数十人，而由于这一疗法尚未普及，其他"死于世俗之手者，不可胜数"。面对这一惨状，吴瑭愤而感叹说："生民何辜！不死于病而死于医，是有医不若无医也；学医不精，不若不学医也。"于是，为给其他医生医治温病提供准绳，以救治患者，他这才"有志采辑历代名贤著述，去其驳杂，取其精微，间附己意以及考验，合成一书"，这就是本文所要记述的《温病条辨》。

吴瑭《温病条辨》一书，计正文六卷并卷首一卷。卷首一卷除自序及凡例外，有"原病篇"十九条，用引述《内经》加以证释的形式，叙述温病病源。卷一，上焦篇；卷二，中焦篇；卷三，下焦篇。——这三卷是全书的核心内容，分类论述各种温病的症候与治疗方剂。卷四，杂说，分专题阐述他对于温病的一些理论见解。卷五，产科。卷六，儿科。

本书的体例是分条目逐条叙述有关内容，故名为"条辨"。每一条在叙述形式上由以下几部分组成：（1）"纲目"。（2）对于纲目内容的"疏解"。（3）治疗"方剂"及其"服法"。（4）阐释方剂的"方论"。

吴瑭致力于温病诊治，虽发端于吴有性的《瘟疫论》，赞赏其温病学说的诊治视角，可是却颇不认同他对于病症的一些具体诊断看法和治疗方剂，"惜其立论不精，立法不纯"，并"不可从"。

真正使吴瑭心悦诚服的温病大师是叶桂。吴瑭称颂叶桂的温病学见解"持论平和，立法精细"（《温病条辨·凡例》）。当然，叶桂也并不是完美无缺。他认为叶桂的缺憾主要有两方面。一是叶桂为吴人，其温病诊治主张，多是针对南方人的病症而总结出的经验，有所局限。而吴瑭的家乡淮阴地处南北方之间，且为南北往来交通要冲，可以广泛接触各地的患者，他又北游京师多年，对于北方的温病有许多深切的接触，在这方面足以弥补叶桂的缺陷。二是叶桂没有留下自己的著述，后人转述的内容则"立论甚简，但有医案散见于杂症之中"，以致"人多忽之而不深究"（同上）。吴瑭说，叶桂"心灵手巧，精思过人，案中治法，丝丝入扣，可谓汇众善以为长者。惜时人不能知其一二。然其法散见于案中，章程未定，浅学者读之，有望洋之叹，无怪乎后人之无阶而升也"（《温病条辨》卷一《上焦篇》第三十五条）。他认为，只有通过进一步阐释发挥，才能将叶桂所探明的"章程"梳理明晰。总之，温病学说发展至叶桂，"如木工钻眼，已至九分"，吴瑭撰著《温病条辨》，不过是想"透此一分，作圆满会耳"（《温病条辨·凡例》）。——由这一撰作缘起中可以看到，《温病条辨》是温病学发展历程中的一部总结性著述。该书刊印后盛行于世，在社会上产生了非常广泛的影响（《清史稿》卷五〇二《叶桂传》附《吴瑭传》），在中国医学史上占有重要地位。

二、述《温病条辨》稿本

如前所述，乾隆五十八年，吴瑭开始立意撰写《温病条辨》，但是，他又自言当时"未敢轻易落笔"。直至六年后的嘉庆三年，始在同乡汪廷珍的怂恿下，"黾勉成章"（《温病条辨·自序》），写成此书。不过，按照他在自序中所讲的乾隆五十八年时就已经为本书确定了《温病条辨》这一书名的情况来看，恐怕当时就已经开始从事撰述，嘉庆三年时只是修改定稿而已。

事实上，撰写这样一部"采辑历代名贤著述，去其驳杂，取其精微，间附己意，以及考验，合成一书"的著述（同上），绝不是能够一蹴而就的事情，而吴瑭的主要时间和精力，还要放在行医治病上，这就必须要有一段比较长的时间，才能写成此书。据此推测，《温病条辨》始撰于乾隆五十八年，定稿于嘉庆三年，应该是比较合乎实际情况的。

根据《贩书偶记》的著录，目前所知《温病条辨》的最早刊本，为嘉庆癸酉亦即嘉庆十八年的问心堂刊本。《贩书偶记续编》则还著录有道光十五年鹤皋叶氏重刊本，以及同治庚午（同治九年）六安求我斋重刊朱彬评本。吴瑭在《温病条辨》的"凡例"中声言，"是书原为济病者之苦，医医士之病，非为获利而然"，所以，若"有能翻版者听之"。由于此书深受患者和医生欢迎，确实流行很广。除上述诸本外，至今在书肆上仍可以看到其他一些清末书坊翻刻本。与此形成鲜明对

清吴塘《温病条辨》稿本

照的是，比吴瑭时代稍晚的另一位著名温病学者王士雄，其代表性著作《温热经纬》，在医学史上的重要性仅次于《温病条辨》，当今研究医学史者往往将二者并称，然而在清代却流传殊少。这也从一个侧面说明了《温病条辨》一书在清代的广泛影响，以及它在社会上所产生的重要作用。

1998 年秋，我在北京书肆上，买到一部清人写本《温病条辨》。书经今人装修，金镶玉线装上、下两册。封皮书签题"吴鞠通温病条辨原稿"，明显出自今人之手，而上册中原本封面上书有"吴瑭手著医稿"字样，审其墨色字迹，应是清人所书。

与通行的刊本相比，这部写本并非全帙，仅存有刊本的卷首及卷一至卷三的基本内容。但如上所述，这正是本书的核心部分。这个写本满纸都是增添移改的字迹，应属作者吴瑭原稿无疑。与刊本两相比较，可知这部稿本具有如下特点[1]：

（一）纲目部分基本上已经写定。与后来的刊本在内容和次序上，基本都没有什么差别。

（二）疏解部分仅含有后来刊本的一部分内容。说明吴瑭后来又有增益。有的条目是根本未加疏解，有的条目是较刊本疏解还不够丰富。如刊本卷一《上焦篇》第三十七条疏解部分内容为：

> 头痛恶寒，与伤寒无异。面赤烦渴，则非伤寒矣，然犹似伤寒阳明症。若脉濡而数，则断断非伤寒矣。盖寒脉紧，风脉缓，暑

---

[1] 因手头不便，这里使用中国书店 1994 年 7 月据嘉庆问心堂刊本排印出版的校注本作为比勘的依据。

脉弱。濡则弱之象，弱即濡之体也。濡即离中虚，火之象也；紧即坎中满，水之象也。火之性热，水之性寒，象各不同，性则迥异，何世人悉以伏暑作伤寒治，而用足六经，羌、葛、柴、芩，每每杀人哉！象各不同，性则迥异，故虽在冬月，定其非伤寒而为伏暑也。冬月犹为伏暑，秋日可知。伏暑之与伤寒，犹男女之别，一则外实中虚，一则外虚中实，岂可混哉！

其中"火之性热，水之性寒"一句以下内容，均为此稿本所无。类似情况，可见于书中大多数条目。可见吴瑭后来又在疏解部分做了较大分量的重要补充。

（三）方剂部分此稿本与刊本在形式上差别较大，即刊本是清楚开列所用药物品种及其剂量和炮制方法，而稿本则是写成医生实践中具体行用的歌诀形式，再旁注药物剂量及炮制方法。如卷二《中焦篇》第六十五条下之"宣脾汤方"，刊本为：

防己（五钱）杏仁（五钱）滑石（五钱）连翘（三钱）山栀（三钱）薏苡（五钱）半夏（醋炒，三钱）晚蚕砂（三钱）赤小豆皮（三钱）

此稿本则写作：

宣脾防（五钱）翘（三钱）（赤）小豆皮（三钱），夏（三钱，醋炒）（蚕）沙（三钱）杏（五钱）滑（五钱）薏（五钱）山栀（三钱）。热蒸湿聚骨烦痛，灰滞（舌）苔兼面（目）萎（黄）宜。

前两句是讲宣脾汤所用药剂，后两句则是讲述此方所针对的病症。有的歌诀中还含有药剂服用方法和解说方剂的"方论"部分内容。此外，刊本中在每种方剂后面，均写有药物服用方法，而此稿本则基本没有相应内容。

吴瑭撰著此书，本以"尚简要，便记诵"为行文准则（《温病条辨·凡例》），所谓"汤头歌诀"则是行医者中最为流行的方剂记诵形式，容易记忆，所以他最初采用这种叙述形式，也是很自然的事情。按照前文的推测，《温病条辨》从开始动笔撰写，到书稿写定，前后共经历了六年时间。此稿本与刊本在治疗方剂表述形式上的这种差别，反映的就是最后定本对于初稿本的修改，而修改的原因，则显然是由于歌诀虽便于记忆和利用，却不如普通的叙述文字更为清楚、准确。

据吴瑭在《温病条辨》自序中所述，自乾隆五十八年立志撰述此书以来，直至嘉庆三年汪廷珍极力劝导其尽早刊布于世时，他才下决心将其付梓刊印。未刊印前实际上只是自己看，所以，采用便于记诵的歌诀自然方便；刊印后要给别人看，看病又是人命关天的事，来不得半点马虎，因此叙述必须绝对清楚、准确。其他像前述增补"疏解"的内容、添加药物服用方法以及下文所述增补"方论"的内容等等增改，也都应当是与刊行公布于世的客观要求有关。

（四）方论部分，稿本中只有一小部分方剂附有方论内容，比刊本要少许多；附有方论的部分，在刊本中往往也又有增补。

确认这个写本为吴瑭手著原稿，除了上面讲到的与传世刻本之间的相关关系外，还有如下一些重要特征，可以作为鉴定的依据。

（一）写本中有些内容，被刊本删除未用。如卷一《上焦篇》第十二条，本条纲目内容为：

> 太阴温病，口渴甚者，雪梨浆沃之；吐白沫粘滞不快者，五汁饮沃之。

其下刊本列有"雪梨浆方"和"五汁饮方"。如前所述，在《温病条辨》的稿本上，所有的治疗方剂，都是用歌诀的形式来表述的，在这里，除了与刊本相应的记述"雪梨浆方"和"五汁饮方"歌诀之外，还有一条可称之为"加减五汁饮方"的歌诀，正式刊行时便被作者删除未用：

> 五汁加减法当别，欲清表热竹（叶）翘咽。保肺化源知母加，能泻阳明独胜热。急救阴血加（生）地（元）参，欲宣肺气杏最切。开邪出路重三焦，滑石随添邪可泄。

删除这个歌诀，应是从医疗角度考虑，其有不尽适宜之处。而如卷一《上焦篇》第三十五条之纲目内容为："暑兼湿热，偏于暑之热者为暑温，多手太阴证而宜清；偏于暑之湿者为湿温，多足太阴证而宜温；温热平等者两解之。各宜分晓，不可混也。"其下之疏解部分原稿写有：

> 偏湿偏热，伤手伤足，挈领提纲，可谓不易之论。学者从此认清，自不患动手便错矣。

刻本中将这些话削而未刊，则是另有原因。吴瑭对于他在这一条纲目中所阐述的观点是非常得意的，称"历代名家"对于这一问题"悉有蒙混之弊"，于是在行世刊本的疏解部分中，写有他自己将以此"粗定规模，俾学者有路可寻"这样的话。明白这一点，就会理解他何以会在原稿本中标榜自己的观点为"不易之论"了。可是不管他如何自得，自我标榜"不易之论"终究还是过于招摇，所以，最终还是削去为佳。

（二）对比此写本与行世刊本，可以看到一些明显的刊本对于写本的文字修饰和内容调整。如卷二《中焦篇》第十一条下之疏解，写本为：

> 此方所以代吴又可承气养荣汤法也。润剂即能通便。此法最稳最妙。既可攻实，又可防虚。余以此治体虚之温病，与前医误伤津液、不大便、半虚半实之症，专以此法救之，无不应手而效。

刊本删除其中"润剂即能通便。此法最稳最妙"两句，在这一位置上添写有："妙在寓泻于补，以补药之体，作泻药之用。"下文写本中"余以此"云云，与"专以此法救之"句中的前后两个"以此"，显然是因写稿时未经仔细斟酌而重复，所以在上梓时削去。这种情况，足以说明二者之间只能是稿本与定本的关系。

通过这部《温病条辨》稿本，我们可以了解到吴瑭撰著此书时的一些具体情况。

首先，如前所述，卷首和前面一至三卷，这是全书的核心内容，是吴瑭的主要医学贡献，也是他撰写并刊行此书，最迫切地想向世人表述的主要医学见解。通过以上的对比分析，我们可以看到，这部稿本应是此书最早的初稿。既然后面的杂说、产科、儿科三部分（特别是产科和儿科两部分）只是核心内容之外的附庸，那么，这部稿本仅存这部分核心内容，就很可能是吴瑭当时还仅仅撰写了这一部分书稿，似乎不应当是原本已一同写有后面部分而在流传过程中散佚毁失。

其次，我们可以看到，吴瑭撰写此书时，最初只写了诊治温病的"纲目"和方剂歌诀部分，以及很少一小部分对于上述"纲目"内容的"疏解"，其他大部分"疏解"内容，是以后逐渐增添上去的。至于添加药物的煎服方法和改方剂歌诀为普通叙述性文字，则应迟至正式刊行前定稿的时候。

2003 年 5 月 26 日记

原刊《中国社会科学院历史研究所学刊》第三集，2004 年 10 月

《江省图》与徐霞客的神话

我对风水既没有研究，更缺乏兴致。买书虽然很杂，却基本上不买风水书，这部《江省图》是惟一的例外。当年买这书有两个原因，一是学术上的：与大多数专讲相阴宅技术的堪舆书不同，本书侧重按区域讲述山脉走势，与西洋现代地理学中的地貌学、地形学更多一些相通的内容。二是书中有一则关于徐霞客的神话，引发了我的联想。

这神话说徐霞客"身轻善走，日可数百里；能忍饥数日，足迹遍天下"。人一天怎么也走不了二百里以上的路程，《水浒传》中的神行太保戴宗，是能日行五百里甚至八百里，可书中明确交待，那需要绑上甲马方才行得，是地地道道的巫术，当不得真。可见日行数百里的只会是神仙巫怪。阴阳先生讲这种胡话，自然不足为怪，堪舆术本来就大多是胡话。可是，这种神话却并非完全凭空杜撰，追溯起来，还有个衍生的过程。

书中交待，"神话"有典可依，乃是出自《徐霞客传》的记载。这是指"著名文人"钱谦益所写的传记，收在《牧斋初学集》卷七一，相关记载原文如下：

　　(徐霞客) 能忍饥数日，能遇食即饱，能徒步走数百里。

　　"能徒步走数百里"的大有人在，可这与日行数百里却不是同一回事。在这一点上，钱谦益笔下的徐弘祖，还是人而不是神。钱氏无行，但终究还不是风水先生，没有必要造作神话，为自己张目。

　　话虽这样说，钱谦益在《徐霞客传》中，已经写下了许多子虚乌有的传说。如谓徐氏"由终南背走峨眉"；"寻金沙江，极于牦牛徼外"；"出石门关数千里，至昆仑山，穷星宿海，去中夏三万四千三百里。……又数千里，至西番，参大宝法王"；等等。徐弘祖虽然喜欢到处乱跑，上述地方，却从来没有去过。牧斋先生这些话，其实完全不着边际。

　　为人家树碑立传写墓志铭，是"著名文人"分内的营生。文人一出名，慕名而求的人太多，不论论情论义，自然都难推却；而写谀墓之词"润笔"可观，似乎不必要也不大可能认真推却。名人不是神人，没有分身之术，上门求文的人一多，难免随便敷衍应付。

　　钱谦益为徐弘祖写的这个传记，实际上只是袭用同时人陈函辉撰《徐霞客墓志铭》而略加点窜，并没有认真考索徐霞客的"行状"。对比《徐霞客墓志铭》和《徐霞客传》可知，前述徐霞客走峨眉、出牦牛徼外、至昆仑山、穷星宿海、参西番大宝法王诸子虚乌有之事，俱出自陈函辉旧志（复旦大学已故吴应寿教授曾撰有《徐霞客游峨眉山考辨》一文，论证上述诸事之不实，文载《历史地理》第六辑）。

　　不过，既然是"著名文人"，自然还要添上一些普通文人所不能为的神来之笔，不能一味照抄别人的文章。于是，钱谦益在点窜陈函辉旧文时，还需要肆意发挥上几笔，这使得传记的内容，与事实相去愈远。

其中最要命的，是他在写过徐弘祖穷星宿海、参西番大宝法王之后，随手添加上了"信宿往返，如适莽苍"一句话。"信宿"是住两个夜晚，"莽苍"是指空旷无人之境。这句话翻译过来，就是说徐弘祖只用两昼夜时间，便到西番大宝法王那里走了个来回。即使是从星宿海算起，也有"数千里"的路程，那么，徐霞客每日的行程，恐怕远不止如风水先生在《江省图》中所说的日行数百里了。

在陈函辉所撰《徐霞客墓志铭》中，与"信宿往返，如适莽苍"这句话相关的记述，是说徐弘祖走这段路程"如飞鸟行空"，大体与钱谦益所说的"如适莽苍"相一致。可是"如飞鸟行空"只是一种修辞上的比喻，钱谦益在此基础上添加"信宿往返"，或许是按飞鸟的速度，来计算并坐实了徐霞客的行程。这就未免太随便，也太浪漫了。好在这位牧斋先生似乎还知道飞鸟终究非凡人可比，所以不肯清楚交待徐某人"信宿往返"的起迄地点。尽管从上下文来分析，起码也应从星宿海算起，可终归还可以做出其他的辩解。

钱谦益话虽说的随便，却也给自己留下了随便解释的馀地，我们也就不好认定他与风水先生一样胡说八道。这也是"著名文人"比风水先生们更为高明的地方。但不管怎样，风水先生在《江省图》中神化徐霞客的做法，完全是从钱谦益那里承袭而来，这一点是可以确定无疑的。只不过一个是有意且有为而为，一个是昏昏然信笔敷衍使之然而已。

从陈函辉《徐霞客墓志铭》，至钱谦益《徐霞客传》，再到风水先生的《江省图》，我们可以清楚地看到这则关于徐霞客的神话"层累"

地产生的过程。顾颉刚先生当年创立的古史形成的层累学说，时下受到许多人的责难。我对古史缺乏研究，对此不敢妄置赞否。不过若是以徐弘祖这个例子来"以今律古"，恐怕不能不相信，至少会有一部分古史记载，也有这样的"层累"衍生过程。

上面讲的关于徐霞客的神话，虽然出格，但出自风水先生或无行文人之手，人们只要神智正常，毕竟还很难受到迷惑。相比之下，科学家制造的神话，危害就要严重得多。或许有人要问，科学最讲实事求是，科学家亦何神话之有？其实科学与巫术之间，时常存在着很密切的联系。科学家若是没有正确的哲学观和方法论，过分重视科学的某一方面局部特征时，很可能就会产生与巫术崇拜相类似的迷信。丁文江在对待徐弘祖的问题上，就是犯下了这样的错误。

多年来学术界一直普遍推崇徐弘祖为我国地理学史上的杰出代表，认为他的旅行生涯是科学的地理考察，《徐霞客游记》一书标志着明代地理学的最高成就。这种说法的始作甬者即为丁文江氏。

丁文江是搞地质学的，他推崇徐弘祖，基本的出发点，是以西洋学术特别是西洋纯自然科学作为判断高下的标准。这里姑不论徐弘祖是否是在做西洋地理学意义上的科学考察，只要稍微冷静下来，看一下明代和整个我国古代的地理学发展史，就可以看到，就算他真的做了这样的考察，实际上在学术史上也无足轻重，因为它既没有占据明代地理学的主流，也没有对以后的地理学发展产生任何影响，更没有对当时的社会生活产生什么积极作用。

不同的文明、民族和国家，有着不同的学术传统，而且在不同的社会发展阶段和不同的社会生活形态下，对于学术有着不同的需求。

我们不能简单地用现代西洋的学术标准，来衡量中国古代的学术。只要回复到我国固有的学术体系和中国具体的历史环境来观察，就会很容易地发现，代表明代地理学最高水平的成就，显然应该是区域地理学的普遍发展和全面繁荣。明代嘉靖、万历之间出现了诸如陈全之《蓬窗日录》、章潢《图书编》、王士性《广志绎》、谢肇淛《五杂俎》等一大批具有鲜明区域地理特征的著述。这些著述反映了明末区域交流的密切和工商业的发展对于地理学的要求，与当时的社会生活息息相关，应当给予充分的重视和肯定。

至于徐弘祖之浪迹天下，恐怕其主要目的还是游山玩水，并没有多少科学考察的意图。例如徐弘祖自己在叙说外出游览最感兴趣的地方时说："余志在蜀之峨眉、粤之桂林及太华、恒岳诸山。"这些都是早已为世人所熟知的山岳，可见他的志趣，根本不是什么科学的考察，只是让自己饱饱眼福。

当年丁文江所列举的徐氏在地理学上的五大发现，大多已受到谭其骧教授批驳（语见《论丁文江所谓徐霞客地理上之重要发现》，原刊 1942 年浙江大学《纪念徐霞客逝世三百年纪念刊》，后收入谭氏论文集《长水集》上册）；我也曾写过一篇短文，否定丁文江所说徐氏发现江源的功绩，指出至迟在徐弘祖撰写《溯江纪源》六十多年前，就有人提出了比徐氏远为科学的河源判别原则，并依此准确确定了长江正源（文刊《徐霞客逝世三百五十周年国际纪念活动文集》）。

这样一来，徐弘祖的功绩，似乎只剩下在游记中记录了诸如西南石灰岩地貌等地理现象，为我们今天的研究提供资料了。但是，一方面，类似的记录在唐代柳宗元等人的游记中早就出现过，并非徐弘祖首创；另一方面，任何一种历史文献的史料价值，并不能等同于它的著述价值，更不能把史料作用混同于它的学术史意义。譬如《永乐大典》，若论史料价值，罕有其匹；而论其著述价值，则是天下最蠢最笨的书籍，可谓荒唐无比。

据说丁文江笃信学术非西洋舶来者皆不可信据，甚至在野外考察遇病，乡间找不到西医，也拒绝服用中药，最终即因此而送命，可见科学的迷信有时会比巫术更为可怕。

科学的"神话"也会逐渐层累叠升。丁文江之后，又有人把徐弘祖的到处漫游视作经世致用的举动，甚至说乃是高度的爱国主义精神使之然。而在我看来，却恰恰相反。对比一下《金瓶梅》与《徐霞客游记》，在二者之间似乎可以找到某种内在联系，即一些人流连于花丛粉阵之中，一些人奔走于名山胜水之间，其不务世事、放浪形骸的本质，却是一脉相通，不过是明末"世纪末"病症的不同体现而已。

从嘉靖末年何镗编纂《古今游名山记》首开其端以后，明末相继刊行了诸如慎蒙《天下名山诸胜一览记》、不著撰人《天下名山胜概》和《名山胜概记》等一批名山游记汇编，反映了社会上普遍存在的漫游山水倾向。这些与同时泛滥的色情文学等相互映衬，构成了明末文化中醉生梦死的消沉侧影。

具体到学术领域来说，束书不观，无根空谈，是大家公认的明末顽疾。针对丁文江所说的徐弘祖在地理学上的重大发现，谭其骧教授早已一针见血地指出，"霞客所知前人无不知之"，其中有些问题"自汉至元，千数百年来学人已习知之"，历史文献中本有清清楚楚的记载，其少见多怪，正是不老老实实潜心读书的必然结果。

在我们的生活中，确实有一些学科十分需要进行户外的考察实践，地理学就是其中的典型代表。但以往一些人对于野外考察的认识，却似乎不够全面。

这首先是当社会和学术发展到一定阶段后，不一定似乎也根本不可能要求高层次、综合性地理著述的所有资料，都来源于作者本人直接的考察。即以倍受激赏徐弘祖者所诟病的"图经"亦即地方志而言，其纂修大多出自基层学人或地方官员之手，是由县志到府州志、省志、全国总志，逐级汇总编纂而成。而在最基层的县级衙署中，派人直接考察、采访当地的山川地理情况，是一项重要的基本职事，甚至清代凡县里新官上任时，县衙中的兵房吏员例行都要"绘本城地图及四址疆界"呈上备览（见寒斋藏清王善升撰《弹铗新编》），而凡欲施政有所作为的县官，则应于"县境山川村落、道路远近，必绘一图。至于村庄之大小、烟户之多少，图所不能载，非册不明。宜将境内几乡几里，所辖某某村，烟户若干，内有衿士、书役、保甲之姓氏，棍徒、案匪之名号，逐一造入，以乡统里，以里统村；注明离城水陆几里，有市集、码头，及注文武讯官，官仓、社谷，一一注明。其应征钱粮，不能逐户逐村，止于某里下著名总数。凡图难绘者，列之于册；册未明者，考之于图。……平时费此心思，考订明白，汇造一册，临时易于措置，事半功倍"（清朱性斋《作吏管见》，据清徐栋辑《牧令书》卷二《政略》）。尽管各县在实际操作时，难免不同程度地存有敷衍应付的问题，但当地人终归能够比较确切地了解本乡本土的现有地理状况，其中绝大部分关于当时地理事务的记载，应当出自实地勘察，我们没有理由无端地把各地的地方志视作闭门造车的产物而予以轻视。

民国印《钱氏所藏堪舆书提要》封面

至于大区域乃至全国范围的志书，虽是主要依据基层提供的资料编纂而成，但其实这是真正科学的办法。因为根据不同的研究对象和性质或者是在研究的不同阶段划分职责，各自采用不同的方法和手段进行研究，是学术发展到一定程度之后必然要出现的现象，不能要求写全国地理总志的人非去一一亲自考察每一项地理事务；况且即使真的有一个傻瓜试图这样去做，他能够得出的认识，在总体上也不会比各县上报的地理资料更为准确和全面。相互比较一下《大明一统志》和《徐霞客游记》便可以清楚看到，不管是在明代还是在今天，前者给予读者的地理知识都是后者所根本无法比拟的；若是拿相关地区的明代地方志去和《徐霞客游记》比较，得出的也会是同样的结论。

其次是当学术或者说是某一门知识脱离其胚胎状态发展到一定层次之后，要想真正在户外考察中有所发现，有所作为，恐怕首先需要具备相应的知识积累和准备。时下或徒步或骑车满世界到处乱走的人有很多，可是并没见什么非专业人士真的能够有所发现。记得多年前在西安读书时，先师史念海先生曾谈到某人效法徐弘祖到西藏转上一圈之后，虽一无所获，但为附庸风雅搞了个百首纪行诗，因史念海先生一向倡导野外考察，这个人便专程到西安请先生品题。结果文字只够小学水平，徒然留作笑柄。

前面已经谈到，徐弘祖即因束书不观，一味疯跑，追求所谓探奇测幽，才误把许多早已为人所熟知的地理知识，矜作自己的发现，闹出了很大笑话。若是妄自揣测人们行事的深层动机，在时下过分推崇徐弘祖并且想要步其后尘成为现代徐霞客的人当中，恐怕也有一些因感到从头积累知识从事研究太难而想借此一夜之间成名成家者。事实上也确实有人在这方面尝到了很大甜头。江湖骗子早已无所不在，学术界也常常上演乌烟瘴气的闹剧。许多事让人欲说还休。

话说得太远了，回到本文的"引子"《江省图》。所谓"江省"，应是清初"江南省"的简称，其辖境大致包括今安徽、江苏两省。我手里的这本书仅存江南省的长江以南部分即今苏南、皖南地区，且有目录作"江南目录"，所以估计原书应分江南、江北两部分，我这一册是个残卷。过去有个叫钱文选的人，好像是个专精于堪舆之术的大师，搜集到许多风水书籍，在民国三十一年（1942 年），由商务印书馆铅印过一部《钱氏所藏堪舆书提要》，还是大藏书家傅增湘题写的书签。我粗粗翻检一过，在里面找不到这部《江省图》或可能与它同为一书的书籍。这说明此书或许尚不多见。版刻字作方体，尚坚劲，无清中期以后之松垮气，"弘"字避高宗讳缺笔，故当是乾隆年间所刊。

2001 年 4 月 7 日记

原刊《中国典籍与文化》2001 年第 4 期

述石印明万历刻本《观世音感应灵课》

　　《藏书家》第 8 辑载有王涛《长安残书见精神》一文，谈到作者收藏的两张灵签残片。王涛先生本人认为，这两张灵签残片是明初或者比这更早的刻本。文中附有这两张残页的照片。看到后，使我想起多年前买到的一部同类读物的石印复制本。检出敝藏相互比勘后发现，王涛先生的灵签残片，与寒斋所藏石印本灵签的底本，应属同一版本。

　　我所存的这部石印本灵签，是由民国时的大藏书家徐乃昌印行于世的。其法式是以五枚卜钱占卜。记得闲读杂书，见过一种俗称为"金钱卜"的卜法，或许就是这等物事。卜钱正面分别铸有金、木、水、火、土字样，统称"字"，背面则空白无文，统称"幕"，卜时或字或幕，字者又有金、木、水、火、土之别，相互排列组合，共得三十二种样式，每种样式各为一种卦象。

　　此石印本灵签书前，较原刻本增印有"印光法师法语"，说明其占卜方法云："欲决疑者，若原供有菩萨像，则于像前焚香礼拜；若无，则即向此课本焚香礼拜。取五净钱，在香炉上熏过，心中默祷所问之事，按下所列之偈，并念菩萨若干声，将钱掷于桌上，按次查是几字

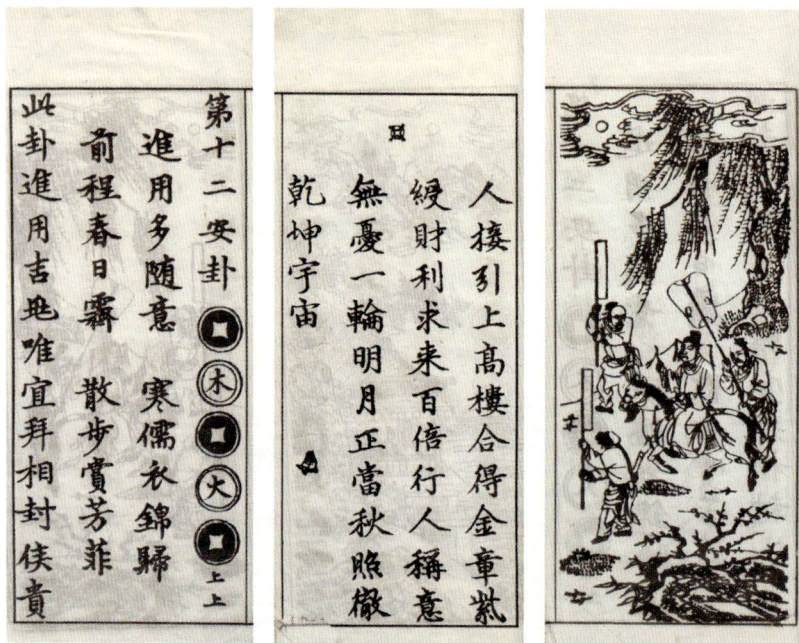

石印明万历刻本《观世音感应灵课》

几幕，照刻本查是何卦，即得其所示之兆。"据此，则似乎也允许使用普通商用制钱，只不过按照它掷出后的排列次序一一对应为金、木、水、火、土即可。

卦签中每一种卦的版面构成形式完全一致：首为一帧象征卦义的图，次序号，次卦名，次卦象，次等第，次五言四句偈语并西江月一阕，释卦义，相当于"象辞"。如第一卦，卦名"升进卦"，卦象为金、木、水、火、土五钱皆字，等第属"上上"，其"象辞"释曰：

彩凤临丹阙，灵龟降吉祥。

祸除福禄至，喜气自洋洋。

此卦求财大吉，正宜出入欢娱。官词口舌并消除，病人起离床席。

求官目下成就，行人早晚还归。祸除灾散福盈馀，最喜高明富贵。

神灵示之于人的启示，自然不能万事大吉，那样也就不会有人求神问卜了。除了像这样顺情说好话，还要有所戒饬规劝。如属下下卦的第十三卦"举进卦"，其象辞为：

水中见明月，见影不见形。

钱财多失散，谨慎得安宁。

此卦申尅戊己，干事堪叹难成。败财损物失人情，莫与小人争竞。

万事不宜守旧，动进方有前程。好将香火供神灵，可保时中吉庆。

君子行事，遇到障碍，既不要与小人争竞，同时又要调整路径，另谋进取。人生际遇，不会总是一帆风顺。挫折中卜得此卦，不会让占卜者徒然沮丧，而是会从中得到一些有益的启示，这也不妨看作是与《论语》相似的处事箴言。这一点，应当是占卜能够在社会各个阶层间长期流行的一项重要因素。

如此三十二卦有版画三十二幅，加上卷首、卷尾各另有观音、韦陀像一帧，全书共有版画三十四幅。画面线条镌刻流畅，不工不拙，适得其宜，以雕版技艺而言，自是上乘佳作。除此之外，在"象辞"的上方或末尾，还点缀刻有类似今日书报刊题花、尾花之类的装饰小图画，这至迟是明代以来佛经刻本中常见的装饰，据云均为佛家法器或者圣物。

前面提到的"印光法师"，是民国时上海、苏州一带的著名净土宗僧人。这个石印本，在书前还缀加有印光法师所撰《观音感应灵课石印流通序》一篇，交待印行缘起，系"因徐积馀居士与其夫人，得前明古本，石印千卷，以结净缘"。"积馀"为徐乃昌字，是民国时居住在上海的大藏书家，其夫人马氏，名韵芬，乃昌有藏书印，并刻夫妇姓名，这些都是喜好藏书的人熟知的事情。但是徐乃昌夫妇在这部灵签末尾题记中的署名，恐怕没有多少人见过：

> 佛弟子徐长庆同妻马契圆，喜拾净财，发心印造《观世音菩萨感应灵课》一千卷。以斯功德，上愿四恩总报，三幛顿消。扬教海之波澜，遍周沙界；作人天之眼目，广度含灵者。岁次元默涒滩观世音菩萨成道日谨识。

这长庆、契圆，估计是徐乃昌夫妇在家修行的法名。"元默涒滩"为壬申年，即公元 1932 年。徐氏生于同治七年（1868），卒于 1936 年，印行此书时已六十多岁。人到暮年，容易找寻外在的精神寄托，取个法名，居家修行，是很自然的事情。此石印本内封面系倩沪上著名书画家海云楼主王震题写。王氏与徐乃昌行年相若，当时也已年过花甲，笃信佛法，有法名曰"觉器"。这在当时，是闲散文化人士的一种风尚。

海云楼主王震题写的内封面，与徐乃昌夫妇题记中的叙述一致，将书名题作"观世音菩萨感应灵课"。原本正文卷首没有篇名，仅篇末题有"观世音菩萨感应灵课终"字样，徐乃昌等应当都是依据它来确定书名的。但这是否为原书正名，还不能完全确定。这是因为古书卷尾所题书名，时常有用简称的情况。《北京图书馆古籍善本书目》著录有两种明抄彩绘本观音灵签，题作"南无大慈悲灵感观世音菩萨三十二课"，与此本三十二种灵课的情况正相契合，二者很可能为存有源流关系的同一种书籍，而书名之孰是孰非现在还不宜遽然确定。日后暇时，取以比勘，方可明晰。

王涛先生推断他获得的灵签残页为明初或比这更早的刻本，意即可能为元代刻本，这很大程度上应是受到其版刻"字体类赵孟頫体"的引导。其实明初或元浙本的所谓赵体字，一般比这要更为硬劲，只有明永乐北藏的佛经，字体与其相类。据石印本卷末原书题记，知此本刊刻于明万历年间：

　　大明中宫皇后，每斋沐焚香，捧诵《观音灵课》，时为社稷卜岁丰，祈太平，屡屡感应。遂命锓梓，印施百卷，以便臣民决疑，令预趋吉避凶，阐明法宝，慈泽后人。愿宫闱清吉，海宇万安，雨露均调，仁凤休作。愿我佛灵课，惟诚信以来格，佑为善以先知，苟渎慢不敬者占之，反至尤焉，尔其钦哉！

　　　　时万历壬辰春王正月十五日吉，刊于大乘禅寺，计板二十二
　　块，竟请京都衍法寺，便流行天下也。

　　其刊印年代虽较王涛先生的判断要晚很多年，但是却并不因此而减损
这两张残页的价值。这是因为检覈《中国古籍善本书目》，不见著录
此书；徐乃昌当年所得全本，今下落不明，或已毁失不存，亦未可知。
所以，不惟王涛先生手中的残页，作为万历原版，具有无以替代的文
物价值；就是敝人箧存之石印本，也因完整保存此书内容和面貌而差
近于原本，值得珍重收藏。当年徐乃昌虽印行多达千册，但是这种书
不受读书人的重视，一般求神问卦的人也不会特别留意护持，加之印
书纸张脆软，容易破碎，能够护持保存直到今天的印本，估计已经非
常稀少。

　　这部书之所以值得珍重，是因为它除了研究占卜史和版画史的资
料价值之外，还与万历年间的一大政治事件具有密切关系。

　　了解一点明代历史知识的人都知道，在万历年间，围绕着"争国
本"问题，宫闱内外，朝廷上下，展开过一场激烈而又持久的争执。
对此，清初人谷应泰在《明史纪事本末》一书中列有专节详细叙述，
感兴趣的人自可取来阅读。

　　所谓"国本"，是指册立太子。明神宗也就是通常所说的万历帝
朱翊钧，其皇后王氏身体多病，终生未能生育子女。另有恭妃王氏，
生子常洛，为万历帝长子，后来袭位为光宗，年号泰昌，做了不到一
个月的短命皇帝，便一命归西；贵妃郑氏，生子常洵，为万历帝第三
子，后来封为福王，明末在开封被李自成统领的陕北农民军抓住，杀

掉煮成汤喝了"福禄"酒。王恭妃虽生子在先，却不讨万历帝喜欢，而郑贵妃则深受宠幸，且与万历帝相亲相爱，终生不渝。

由于宠爱郑贵妃，万历帝就想册立她生的儿子朱常洵为皇太子，可朝廷中一帮重规矩讲法度的大臣却不答应。这些大臣们认死理，说立储是关乎"国本"的大事，含糊不得，必须长幼有序，遵依从前惯行的程序，优先册立长子。于是，自万历十四年二月朱常洵降生一个月时起，即大致以万历帝和郑贵妃为一方，以朝廷中很大一部分自以为护持国家根本秩序的大臣为另一方，展开了一场旷日持久的坚韧拉锯战。万历帝想立常洵，大臣们不答应；大臣们认为应及早册立常洛，万历帝就挖空心思找出各种托辞来搪塞拖延。双方一来一往，僵持对立，长达十五年之久。

在这期间，万历帝虽采用各种手段来压制上书进言的臣僚，或降或削，或杖或戍，威势不可谓不强，无奈这班人竟前仆后继，毫不退缩，《明史·后妃传》谓"章奏累数千百，皆指斥宫闱"。直到万历二十九年底，实在无法继续拖延下去时，万历帝才不得不屈从于臣下，于是，朱常洛得以成为东宫皇储。对此，清初史学家谷应泰不由得感慨说："自古父子之间，未有受命若斯之难也！"（《明史纪事本末》卷六七《争国本》）以帝王之尊而屈服于臣子，不能不心怀深怨大恨。按照黄仁宇在《万历十五年》一书中的看法，万历帝之不视朝、不御讲筵，不亲郊庙、不批答章疏、不补中外缺官等种种荒怠朝政的乖异举动，都是他对臣僚的报复行为。

在这场争执当中，皇后王氏表面看起来置身局外，不论立长立幼，都不关她什么事情。可是，实际上却直接威胁到她的地位甚至性命。

王恭妃与郑贵妃虽同为妃嫔，但恭妃之得幸生子，仅缘于万历帝一时寻欢作乐，皇帝对她并没有多少感情，立恭妃子常洛，不会马上对王皇后的地位构成太大威胁，而且恭妃的儿子常洛一直由她带在身边养育，她对常洛"调护备至"（《明史·后妃传》），即使常洛登基，也不至于对她构成损害。而郑氏不惟深受皇帝宠爱，且已进封"贵妃"，依明朝制度，"内廷嫔御，尊称至贵妃而极"（沈德符《万历野获编》卷三"列朝贵妃姓氏"条），位距皇后，仅一步之遥，若其子常洵被立为太子，郑氏很可能随后就取代皇后的位置。

这绝不是毫无根据的揣测。明代宣德、景泰、成化、嘉靖四朝都有过废除皇后的先例，就是先废皇后，后立太子，也不是不能实行，而且施行起来似乎更为容易。沈德符《万历野获编》卷三"今上笃厚中宫"条记载说，万历二十八年即册立常洛为太子之前一年，京师盛传皇帝故意裁减皇后食用服侍，致使皇后久病濒危。若王皇后身故，郑贵妃继承后位，常洵便可依据朱元璋定下的立嫡不立长的原则，取代常洛，成为太子。万历帝闻流言大怒，内阁次辅沈一贯在劝慰他时讲到，"今日之谤，十年前已鼎沸"，说明万历帝因立储一事欲加害于王皇后的流言，早在万历十八年时，就已广为传播。纵使万历帝圣德仁厚，绝无加害之意，也说明客观上这是解决这场政治争执的一种自然选择。

万历帝是否真的要害死皇后？宫闱密事，几百年后的今天，真相已难确知。不过万历十八年时要废掉皇后的传言，却是事出有因。

原来在万历十八年正月和十月间，先是有申时行、许国、王锡爵、王家屏四位内阁大学士也就是明朝事实上的宰相，后又有吏部尚书朱繻率领群臣、以及礼部尚书于慎行，先后几次上疏，请求马上册立东宫，确定皇长子常洛的太子身份。这几次表态，非常严重，从地位上看，出动了几乎所有最高文职长官；从规模上看，是朝廷官员的集体性示威。因此，万历皇帝不能等闲视之。在强大的压力面前，迫不得已，万历皇帝答复说，他讨厌臣僚们不停地上疏激扰，离间他和常洛父子两人，假如明年谁也不再拿这件事来烦扰他，他就一定会按照大家的请求，在后年亦即万历二十年春，为常洛举行册立典礼。

　　需要说明的是，这是采用了《明史》申时行、许国、王家屏、罗大纮传的说法。万历帝允诺的册立时间，其他史籍如《明史纪事本末》中另有记载是在万历十九年。申时行、许国、王家屏当时均位居内阁大学士，是最主要的当事人和最近密的知情人。《王家屏传》记述说万历帝先是允诺在万历十九年冬确立储位，王家屏担心口说无凭，万历帝随时可能变卦，于是起草诏谕请皇帝颁布，以留下公开的字据，造成既成事实。万历帝不答应，并改口说改在万历二十年春举行册立典礼。这一变化，应当就是史籍中万历十九年和二十年两种不同记载的来由。

　　尽管王家屏当时没有如他所希冀的那样拿到皇帝允诺册立的诏谕，但他还是施展政治智慧，成功地把这一约定透露出去，由礼部尚书于慎行"通行南北诸司"（《国榷》卷七五神宗万历十八年十月辛卯条），使之成为万历皇帝向所有臣民做出的正式保证。

　　早在万历十四年大臣们最初提出册立常洛为太子的时候，万历皇帝就明确表述过，没有不立常洛的意思，后来又再三申明在皇后无子，诸子均为庶出的情况下，他完全认可"长幼自有定序"的皇位继承原则（《明史·王如坚传》。《国榷》卷七五神宗万历十八年十月丁亥条）。按照这种说法，对举行册立典礼，他应该早有考虑，可是，现在为什么一定要拖到两年以后去办呢？这实在耐人寻味。

后来万历二十一年的时候，在群臣连续不断的催促下，万历帝才亲口透露出一丝端倪。他说："读《皇明祖训》，立嫡不立庶。皇后年尚少，……数年后皇后无出，再行册立。"（《明史纪事本末》卷六七《争国本》）王皇后若果然能够生育皇子，自然皆大欢喜，不过查继佐《罪惟录·皇后列传》称王氏因体弱多病而不能生育，况且纵使身体允许，生不生孩子，也由不得她自己做主，刑科给事中王如坚就直截了当地拆穿说："天地之交不常泰，欲后嗣之繁难矣！"（《明史·王如坚传》）

既不指望也根本就不想让王皇后生育，那么，万历皇帝打的到底是什么主意呢？请注意《罪惟录》记载说皇后王氏体质很差。谷应泰在《明史纪事本末》中讲到："后贤而多病。国本之论起，上坚操立嫡不立长之语。群疑上意在后病不可知，贵妃即可为国母。"（见卷七五《争国本》。又夏允彝《幸存录》"门户杂志"条所记略同）原来万历皇帝是在等待王氏病死。王氏身体本来就相当孱弱，按照《万历野获编》记述的传言，在这时再通过撤减食用服侍等方式施加虐待，促其速死，大概万历帝估计，她怎么也拖不过一两年的寿数，这便给郑贵妃入主后宫正位预留出了必要的时间，所以，才会答应在万历二十年为常洛举行册立典礼。

不过万历皇帝对待王皇后，毕竟还是宅心仁厚的。他不愿向臣僚们承诺一个确定的立储时间，实际上是因为没法确定王氏的身体能够支撑多久。他清楚知道，只有王氏病故，才能实现自己的愿望，却无意采用最卑鄙残酷的手段加害于她。一定程度的精神与物质生活条件的虐待，容或有之，但终其一生，万历帝对王皇后始终未动杀机，这一点也应该可以肯定。不然，想让她什么时候死，就什么时候死，何不爽爽快快地定个虚假的册立典礼的日子去糊弄大臣们呢？

不过，这些都是我们作为几百年后的旁观者所做的判断，身当其事的王皇后，可不敢这样乐观。自古天意高难测，生杀予夺，都不过是万历帝一念之间的事情。她需要做好准备，来应对最坏的局面。册立太子的时间既已公布，极度的危险也就向她直面扑来，生命的倒计时，马上随之启动。可以想见，处在如此险恶的环境下，皇后王氏的心绪，该是何等惊惶，何等恐惧。

那么，面对这一生死攸关的重大威胁，皇后王氏对待周围的环境，又是怎样一种心态，以及她又做了怎样的应对呢？

史籍中对于神宗王皇后其人，没有留下多少记载。《明史·后妃传》只记述说她"性端谨"，也就是老实规矩，深得神宗生母孝定李太后的欢心，不与郑贵妃计较争宠。傅维鳞在《明书·宫闱纪》中，除了"端谨"之外，则又增加了"聪颖"二字评语。作为她"聪颖"的具体表现，傅维鳞列举了两桩事情。一是暗自留心收下皇帝留中不发的奏章，以后遇到皇帝处理相关问题时，"则随取所奏上之，毫无错谬"；二是善于处理后宫内部的问题，"调剂之不使乖"。由此看来，她并不是一个完全老实巴交、遇事束手无策的女人。万历皇帝如此怜爱郑贵妃而又始终未能让她取代王氏的皇后位置，恐怕与王氏善于自处要有很大关系。只是以前我们在史籍中，没有找到任何关于她如何应对废位危机的直接的记载，而这部万历刻本《观世音菩萨感应灵课》，恰恰透露出一些相关的迹象。

了解到上述历史背景，我们可以清楚地看到，王皇后出面刻成这部《观世音菩萨感应灵课》的"万历壬辰春正月十五日"，正是万历帝与臣下约定的册立东宫的期限马上就要到来的时候。这部书无论字迹还是插图，都镌刻得相当精致，这需要花费一定时间，所以，其动工开版的日期，需要向前推溯到万历十九年底。对于王皇后，这可以说是"大限"即将降临的时候。

虽然在这之前，由于工部主事张有德在万历十九年八月莽撞呈请皇帝准备翌年的典礼仪式物品，致使万历帝找到借口，降旨毁约，将"册立之事，改于二十一年举行"（《明史·王如坚传》，又《明史·申时行传》），但群臣并没有放弃先前已经争取到的目标。第二天，告假在家的内阁首辅申时行就密疏"请申前谕明春册立之旨"；工部尚书曾同亨也在同日"请明春册立，毋改期"。因申时行告假而在朝主持政事的次辅许国，与位居第四的内阁大学士王家屏，看到情况紧急，"虑事中变"，于次日"仓卒具疏"，"引前旨力请"，"明春册立"（《国榷》卷七五神宗万历十九年八月癸丑、甲寅条。《明史·许国传》。《明史纪事本末》卷六七《争国本》）。九月，内阁次辅许国上书引退，同时敦请皇帝，册立太子事要"仍明春如期勿改"（《国榷》卷七五神宗万历十九年九月己巳条）。到年底十二月初，先前努力争取到万历皇帝建储允诺的大学士王家屏，因次辅许国、首辅申时行先后引退，三辅王锡爵省亲回家，这时已经成为事实上的内阁首辅。他又一次就此上疏，"力请践大信"，遵依前约，在"明春建储"。当时，因"册立期数更，中外议论纷然"，王家屏劝慰皇帝说，只有如约册立常洛为太子，方能够"塞道路揣摩之口"（《国榷》卷七五神宗万历十九年十二月甲午条。《明史·王家屏传》）。反映出人言汹汹，朝廷内外，俱已进入焦点时刻。

在这样的紧要关头，刊印这样的灵签，其题记中所说的"以便臣民决疑，令预趋吉避凶"的刻书动机，毫无疑问，完全是讲给她自己听的，即她想通过施财刊印《观世音菩萨感应灵课》，来为自己祈求神灵的佑护。

看破这一动机，我们就可以明白，皇后王氏，正是利用这篇刻书题记，向神明也向世人，清楚袒露了自己的急迫心愿。揣摩题记中的每一句话，其实都有特定的指向，耐人寻味。特别是"愿宫闱清吉"一句话，直接针对她所面对的紧迫威胁。"诚信以来格，佑为善以先知"，是在为自己祈福，相信观世音菩萨一定能够预先佑护自己这样"为善"的人平安如意；而"苟渎慢不敬者占之，反至尤焉。尔其钦哉"这两句话，已经是破口大骂，是在赤裸裸地诅咒和警告郑贵妃，让她小心点儿：像她这种为人行事渎慢神灵者，用观世音灵签占卜，只会招来灾难！——如此生动的心态记录，能不珍视？

前文谈到，傅维鳞在《明书》中描绘王皇后是一个"聪颖"的人，很善于处理事务。粗看上述题记的内容，她刊印这部《观世音菩萨感应灵课》，除了直接为自己祈福之外，似乎只是想借机发泄一下愤恨，其实，事情并不这样简单。

皇后王氏的家族没有显达的背景可以倚重。据黄宗羲讲，皇后王氏本姓黄，著籍浙江馀姚，与黄宗羲同宗。明初因逃避勾补军伍之苦，馀姚黄氏始改姓为王，至成化年间，又恢复本姓；而王后祖上一支，已在此前充军入京，故一直冒用王氏未改。王后先祖名王蕴，充军入京后，累积军功至锦衣卫百户，其后世所居官位、身份，相继有教授、镇抚、太学生等，均微末不足道（《南雷文定》前集卷一一《书神宗皇后事》）。

在这种情形下，皇后王氏惟一可以借重来保护自己的力量，就是朝廷里那些一心反对郑贵妃专宠的臣僚。可是作为皇后，她深居后宫，无法直接与外界沟通联系。在这样一个生死存亡的危急时刻，她需要向外界发出一定的声音，表明自己的存在、处境和心迹，以进一步唤起官员们对她的关注和同情。祈福泄愤，都会直接招致或强化人们对她个人存废安危的关注；而她在题记中讲自己过去"为社稷卜岁丰，祈太平"，"屡屡感应"；愿今后"宫闱清吉，海宇万安，雨露均调，仁凤休作"，则是有意提醒大家，把她自己的命运，与国家社稷联系到一起。

王皇后选择印施《观世音菩萨感应灵课》的方式来宣示自己的愿望，这种做法，很可能是受到了明朝皇后编刻书籍先例的影响。《明史·后妃传》载成祖永乐皇帝皇后徐氏，"尝采《女宪》、《女戒》作《内训》二十篇，又类编古人嘉言善行，作《劝善书》，颁行天下"；又《明史·睿宗兴献皇帝传》载世宗嘉靖皇帝的母亲章圣皇太后蒋氏，也作有《女训》，颁行天下；更近一些，有《万历野获编》卷三"母后圣制"条，载万历帝生母慈圣皇太后李氏撰有《女鉴》一书。这些都应当是后宫的必读教养书籍，《明史·后妃传》就提到世宗嘉靖皇帝，令皇后张氏"日率六宫听讲章圣《女训》于宫中"。所以，万历帝的皇后王氏很容易想到要利用刻书来发表言论。

有意思的是，王皇后的政敌郑贵妃在后来步其后尘，也采用刻书这种方式搞起了政治宣传。其事件缘起是万历十八年时，山西按察使吕坤编纂了一部《闺范图说》，万历帝看到后，赐给郑贵妃一部。大致在万历二十六年或稍前，郑贵妃唆使其兄郑国泰重刻此书，增刻后妃一门，首列汉明德皇后，终以郑贵妃本人，郑贵妃且亲自出面作序，将其与先朝皇后撰著的《内训》、《女训》诸书相并比。这不管从哪一角度来看，都明显带有为郑氏篡夺后位而鼓噪张目的嫌疑，于是，引发朝臣著书攻讦，掀起一场轩然大波。这已经是与本文无关的后话，我在这里只是想通过这两件事的相互联系对比，来说明万历帝王皇后刊刻《观世音菩萨感应灵课》，绝对是有明确政治目的宣传行为，而不会是无为而发。

　　王皇后刊印这部灵签，是否产生过什么效用，史阙有间，我们不得而知。不过万历二十年正月壬午日，就在她印施《观世音菩萨感应灵课》的六天之后，大臣们由礼部给事中李献可发端，以请求皇长子朱常洛"豫教"（即出阁请老师教授读书，这是培养皇太子所必经的途径）为名，发起了在漫漫前后十五年的"国本"争执过程中，声势最为浩大也是最为强劲的一场攻势，史称"九臣面讦政府，十四官同时降削"（《明史纪事本末》卷六七《争国本》）。尽管未能实现在万历二十年立储的既定目标，但万历皇帝也不能不越来越有所顾忌。

　　万历二十年前后，各方面围绕着"争国本"展开的一系列活动，对于最终确保常洛的皇储地位，起到了至关重要的作用。在这其中，也有王皇后的积极参与，而由她施财刊印的这部《观世音菩萨感应灵课》，则可能是她留存下来的惟一文字记录。

　　最后，让我们回到版本学的问题上来，看看本书的刊刻地点。王皇后题记所云"大乘禅寺",并不是具体的佛寺,只是一般泛指寺院。具体刊刻这部《观世音菩萨感应灵课》的衍法寺,位置在北京阜成门外大街路北,距阜成门约一里。寺院始建年代久远,据明杨一清正德七年撰《衍法寺碑》,系正德年间由一个名叫张雄的太监捐赀重建(见《日下旧闻考》卷九六《郊坰》)。寺院与明朝后宫的这种密切联系,可能是王皇后选择在这里刊刻灵签的一个原因。

另一方面,据《明代版刻综录》卷三著录,在正德、隆庆至万历十四年间,衍法寺刻印过多种书籍,说明衍法寺本来就有很好的刻书基础,这应是在这里刻印《观世音菩萨感应灵课》最重要的原因。此石印万历刻本《观世音菩萨感应灵课》在版本学上另一重要的资料价值,就是丰富了北京衍法寺的刻书历史,除了可以为《明代版刻综录》增补一个版刻品种之外,还可以赖此把有具体实物证据的衍法寺版刻活动,由《明代版刻综录》著录的万历十四年,下延到本书付梓的万历二十年。

2002 年 8 月 23 日记

原刊《中国典籍与文化》2004 年第 3 期

海内孤本嘉靖刻《定山先生文集》残帙

一般明版残书，即使是白绵纸嘉靖本，直到"文革"前，都还算不上什么。普遍把明版残书当善本来卖，只不过是近几年间才有的事情。但凡事都有个例外，个别稀见的明刻残本，过去也一向为人珍重。我得到的这部《定山先生集》残本，带有"文革"前中国书店的标价签，写明时价是"1本8元"。这当然非同寻常。俗话说，一分钱一分货。如此高价出售残书，自然会有他的道理。

影印文渊阁《四库全书》本《定山集》，卷首所列四库馆臣提要谓"是集诗五卷，初刻为弓元所编；再刻于定山书院，为陈常道所编；三刻于萧惟馨"。《四库》本末附"补遗"，载有弓元撰《书〈定山先生集〉后》一文，末署正德丁卯孟春，知《定山先生集》初刻于是年，亦即正德二年。附带说明一下，今人论《四库全书》纂次之失，每谓不交待版本源流。其实有些书，譬如这部《定山先生集》，馆臣初时本有详细交待，至纪昀为《四库总目》定稿时，方才删削不存。

此初刻本《定山先生集》，国内大陆地区未见著录，而四库馆臣所云"再刻于定山书院者"，则就是我得到的这个残本。王重民《中国善本书提要》录有此本，记云：

　　卷内题:"南京户部主事四川周满校正,应天府江浦县知县桂林刘缙、儒学署教谕陈应奎、训导龙寿山同刊。"湛若水序云:"合定山先生诗文凡十卷,户曹陈子常道之所编辑,周子满之所校正,县尹刘子缙之所刻,置于定山书院者。"时为嘉靖十四年,此本即依原版所印;稍后印本,其题衔有增窜矣。

寒斋所存残本,题衔一如王氏所记,行款也同为每半页10行,每行18字,故当属同一版本无疑。这个残本为人珍重,是因为它流传稀少。检《中国古籍善本书目》,知国内大陆地区也别无传本著录。正因为流传稀少,当年王重民在《中国善本书提要》中,也是依据仅见的一部老北京图书馆旧藏残本加以著录。有意思的是王重民当年见到的那个本子残存卷一至二,又卷九至十,而我得到的这个残本,则存有卷三至六,正好可以互补。只可惜那几册残本,今已不明下落,无法合而为一;而我这部残本,说不定已成海内孤帙了。

　　四库馆臣所说"三刻于萧惟馨"者,实际上就是这个嘉靖十四年定山书院刻本的剜改印本,即王重民所说的题衔有所增窜的"稍后印本"。目前大陆所存《定山先生集》的最早刻本,或者说是最早印本,就是这个版本。王重民《中国善本书提要》,也著录有这个版本:

　　按北京图书馆藏是集原印残本,卷内有陈常道等题衔四行,此本题衔于原有四行之后,有增入四行云:"巡按直隶监察御史金溪黄希宪重订,南京户部郎中太康何维同校,应天府江浦县知县庐陵萧惟馨校刊,江西道监察御史邑人朱贤类次。"考侯宗海修《江

定山先生集卷之三

南京戶部主事雲南陳崇道編輯

南京戶部主事四川周滿校正

應天府江浦縣知縣桂林劉綰

儒學教諭陳應奎訓道龍壽同刊

五言律詩

雨中陪沈仲律僉憲宿長蘆用韻

孤帆無日下高樹
迥秋迎天地真能大江山各
自清宜遊吾馬倦塵蔓此鐘鳴默默同跌坐誰
知萬古情

浦埠乘》，惟馨知县事在嘉靖之末，与刘缙中隔七人。惟馨等力不能刻书，而又希附其名于骥尾，遂改换每卷之第一、二版，[原版每行十八字，改版因多容字数，为每行二十字。] 冒称重刻，虽是明人普通习惯，此在嘉靖中，不可原宥也。

明末附庸风雅用于官场应酬之所谓"书帕本"，时或类此剜改前人所刊书板题衔以充作己事，所以，它不被当时以及后世重视，也是理所当然。

"定山先生"名庄昶，应天府江浦县人，明成化二年进士，改庶吉士，授翰林检讨，官终南京吏部郎中，事具《明史》本传并《献征录》卷二七所收湛若水撰《南京吏部验封清吏司郎中定山庄公昶墓志铭》。

庄氏生平出处，有两件大事。

一是在成化三年年底与章懋、黄仲昭一同奏上《培养圣德疏》，劝阻宪宗在上元节张灯内廷，施放烟火，拒不奉诏捧场赋诗，从而招致廷杖二十的重惩，并遣谪桂阳州判官，幸遇言官论救，才改遣南京行人司左司副。此举使得庄氏与章、黄二人同获"翰林三君子"之美誉。

二是庄氏居职行人司副三年后，父母相继去世，依例去职，居家服丧，从此卜居家乡定山近三十年，谈道授徒。庄氏本可悠游林下，终其天年，可是，在晚年却禁不住大学士丘濬胁迫，起复行人司旧职，并迁南京吏部郎中。此举引发出对他进退取舍的很大非议，从同时人陈献章到编纂《明儒学案》的黄宗羲，许多人对此都颇有微辞。庄昶以理学名家，而理学家讲究的就是这一套居处行止的规范，将此视为人生大节，难怪陈白沙（献章）要很惋惜地说，他是被久病害昏了头脑；而黄宗羲在《明儒学案》中盖棺论定时，更狠狠地挖苦说："先生殊不喜孤峰峭壁之人，自处于宽厚迟钝，不知此处却用得孤峰峭壁者也。"

《定山先生集》共收庄昶诗文十卷，前五卷为诗，后五卷为文。从纯艺术角度看，庄氏诗作殊乏情致。尽管《四库提要》曾列举"残书楚汉灯前垒，草阁江山雾里诗"、"山随病起青逾峻，菊到秋深瘦亦香"等句，谓其诗亦"未尝不语含兴象"，但是就其诗作的整体而言，则确确实实是"全作《击壤集》之体"（亦《四库提要》语），即仿效宋代理学家邵雍《伊川击壤集》的诗体，以诗布道。《明史》本传谓庄氏"生平不善著述，有自得，辄见之于诗"。可见，作者写诗的出发点，本来就是重说理而轻文辞。这样的诗作，自然也不宜视作普通的艺术创作了。

庄氏诗既已如此，文章中更是通篇论心论性，非寻常人所易解读。不过，其中也有一些篇章，指斥时弊，足资普通文史学者取阅。如卷六《送戴侍御提学陕西序》论述科举之弊云：

> 杨墨之害甚于申韩，佛老之害过于杨墨，人皆知之；科举之学，其害甚于杨墨佛老者，人岂知哉！夫何甚？……科举之学，……属联比对而缀纷华，某题立某新说，某题主某程文，皮肤口耳，媚合有司；五经四书，择题而出，变风变雅。学《诗》者不知丧吊哭祭，学《礼》者不知崩薨卒丧，学《春秋》者不知（案原文如此，疑"不知"下有脱漏）呜呼，此何学哉？富贵而已，利达而已，觊觎剽窃而已。明德新民，果如是乎？性分之内，果有此乎？昔朱子谓庐山周宜龑有一言极好：朝廷若要恢复中原，须罢三十年科举

始得。科举得士，恢复中原计也，周宜𫐄乃欲罢之，何哉？岂以科举为媒利之阶，而其人不足以知亲上死长之道，故欲罢也。昔胡楚浚又谓科举之外，自有义理，曰"外"云者，科举自科举，义理自义理，科举无义理也。夫道不明，岂道罪哉？科举害道也。凡人得所恃以为人者，道也；所恃以参天地者，道也；所恃以经邦国者，道也。科举之学害道，人何学哉？今之世，科举之学盛行，求者曰是，取者曰是，教者曰是，学者曰是。三尺童子皆知科第为荣，人爵为贵。一得第者辄曰登云，辄曰折桂，辄曰登天府，欢欣踊跃，鼓动一时。自童习以至白纷，率皆求之，殚竭心力，比获乃已。至于所谓义理，所谓性分，曾不知果何物也。糜烂横流，不可收拾。

尽管弊窦丛生，科举终究还是当时最为可行而又有客观标准的选拔人才的制度。所以抨击归抨击，庄昶也提不出其他更好的普遍可行的方法来取代科举选士制度。他只能折中为："利达绝之，义理开之，教其涵养道德于平时，不得已而发为科举，亦无不善。"与对科举制度慷慨激昂的鞭挞相比，这种一厢情愿的理想憧憬，显然只能是一个苍白的幻影，在现实中根本找不到出路。书生空谈，发泄一下情绪，固然快人心颐，但终究于事无补。

　　科举制虽然是当时一种最为可行的人才选拔制度，但这并不等于说通过科举选拔出来的就都是人才，或者说通过科举选尽了天下人才，甚至可以怀疑科举制发展到一定程度之后，它本身就根本不利于人才的成长。看了上面庄昶所举述的种种弊窦，便能够清楚这一点。对此，庄昶倒是有一篇更好的论述，此即卷六《赠乡进士陈孔张序》：

天之生人，未尝不待之以为豪杰，而人不能以豪杰自待者，负乎天也，岂天过哉！故古之人知天之所为我者如此，故周孔以圣，颜曾思孟以贤，周程张朱以大儒名世，以接千载不传之统，盖汲汲然也。后世科举之学行，天下之人始不知所谓豪杰矣。故凡领荐一乡，登名一第，率曰此豪杰也，而人皆以豪杰自负。幸而出一头地，得魁一省，魁礼部，又幸而得魁廷对，则又莫不以为豪杰中之豪杰也。

夫魁廷对者谓之殿元，而殿元又科第之至显者，以殿元为豪杰，则王曾殿元已，而王拱辰非殿元者乎？陈文龙殿元已，而刘梦炎非殿元者乎？由是观之，则科第未尝无豪杰，然不足以恃为豪杰也。使其得恃以为豪杰，则凡抽青骊白而骈为四六者，皆可以参夫两间；讲承破结而工为时文者，皆可以指为圣贤；掇青拾紫而儋人圭爵者，皆可以贯乎古今；而万物皆备于我之身，皆可以视血气之躯。而周程孔孟所谓尽心知性之说，鸢飞鱼跃之妙，皆可以目为老生迂阔之谈。夫天之所以待夫人者固不如是其小，而吾之自待亦应不如是其薄。

科第既不足恃，那么，关键也就在于每个人自己把握个人的命运了：

予少也学夫科举，固尝以豪杰自负。既而窃登一第，稍知所趋，则俗学卑陋，误我岁年，盖已过半，虽欲改弦易辙，而发种种，则已不可及矣。每颂古人"俗学已知回首晚"之句，未尝不为之抚心大痛也。予每告夫吾弟晏者，使知猛省，庶几不蹈吾老悖之故辙也。

其实这种话大多只能作为过来人谈谈而已，在科举制还是一种普遍的选拔人才制度的时候，包括他的弟弟庄晏在内，恐怕很少有人会听从这番劝导。这就像当今的高考或出洋的托福，尽管大多数人在相当大程度上也看得出它是"俗学"，可还都要拼命往这条路上挤，因为绝大多数人是无法超然于现实利益之外的。只要不以"俗学"相自矜，像庄定山一样，知道什么是安身立命的真学问，在一定程度上，也就可以称为人中豪杰了。

我买到的这册《定山先生集》残本，钤有"鄞林氏藜照庐图书"朱文长方印。这个"藜照庐林氏"为宁波人林集虚，黄裳《来燕榭书跋》中曾屡屡提到过他，谓之"老书贾林集虚"，从他手中买到过不少明版精本，包括一些天一阁故物。不过林集虚除了贩书之外，至少在20世纪30年代，还用木活字排印过一部《藜照庐丛书》，印行宋至清人著述十馀种，印得也很像样。这说明林氏在古书流通之外，还兼事古籍出版，已不仅仅是一般意义上的"书贾"了。

2001 年 1 月 26 日记

原刊《中国典籍与文化》2001 年第 2 期

《渔洋山人诗合集》与
《渔洋精华录》的面世背景

　　四库馆臣评价王士禛在清代诗坛上的地位，谓"国朝之有士禛，亦如宋有苏轼、元有虞集、明有高启"，自是持平之论。此时王渔洋已然作古，用现在通行的话说，叫作尘埃落定。若论渔洋山人当年声势之盛，其炙手可热，则恐怕又是苏东坡辈要自愧弗如的了，纪晓岚等对此也有一段绘声绘色的描述：

　　　　当康熙中，其声望奔走天下，凡刊刻诗集，无不称渔洋山人评点者，无不冠以渔洋山人序者。下至委巷小说，如《聊斋志异》之类，士禛偶批数语于行间，亦大书"王阮亭先生鉴定"一行，弁于卷首，刊诸梨枣以为荣。

传世康熙间诗文，确有许多在刊刻时曾经王士禛评点品题，当时是否起到过如作者所期望的增重身价的作用，我看也很是值得怀疑；至少对于真正的内行来说，是根本不会起什么作用的。就像时下许多试图靠名人的序言题字等来装点门面蒙骗世人的劣等学术书籍，在报章电视上造造声势，哄哄不学无术的领导或不明就里的普通读者，固无不可，可在内行人看来，恐怕只能徒然惹人齿冷。以今律古，道理应该都是一样的。明白了这一点，那么时至今日，王士禛这些廉价的赞誉，究竟还会对读者有多大影响，也就不言自明了。

名人往往有名人不得已的苦衷，并不是他们愚蠢地以为自己的片纸只字都足以传世，所以才四下里随意泼洒笔墨。至少王士禛本人就很清楚这一点。王士禛生前作诗是随写随刻，行世诗作，数量比较可观，可他自己却并不认为这些作品都足以传留后世，供人吟讽。

《香祖笔记》卷一二载有渔洋山人自述云：

> 东坡诗云："诗文岂在多，一颂了伯伦。"朱少章谓《艺文志》载《刘伶集》三卷，伯伦非他无文章。钟退谷谓刘眘虚生平诗才十四首，予观独孤及《三贤论》及殷寅所叹眘虚之长不止于诗，亦岂止十四首。但此一颂、十四诗，足以不朽其人，他文可不必传，正如白头花钿满面，不如美人半老耳。山谷《豫章集》最多，而晚年自删其诗，止存三百篇；徐昌谷自定《迪功集》亦最少，二公正得此意。予生平为诗，不下三千首，门人盛侍御诚斋（符升）、曹祭酒峨眉（禾）为撰《精华录》，意存简贵，然所取尚近千首，愧山谷、昌谷多矣。

这里所说的《精华录》，其行世书名为《渔洋山人精华录》，一般省称《渔洋精华录》（似乎只有《四库全书总目提要》著录作《精华录》），每卷卷首署"门人候官林佶编"，卷末题"门人监察御史昆山盛符升、国子祭酒江阴曹禾同订"，并由林佶亲笔书写上版。林氏为清代知名书法家，为老师作书手，倾心尽力，尤显精妙；加之倩良工鲍闻野操刀，梓版至精至善，与渔洋山人的铭心佳句，相得益彰，堪称三绝，故风行海内，至今仍是藏书家争相罗致的妙品。

按照王士禛所说，《渔洋精华录》是由其门人盛符升和曹禾共同编选的，可是，人们对此却并不认同，而且还流传有另外一种说法，见于《四库全书总目提要》："是编（德勇案：指《渔洋精华录》）……相传士禛所手定。其子启汸跋语，称门人曹禾、盛符升仿任渊《山谷精华录》之例，抄为此录者，盖托词也。"《四库提要》纂修于乾隆年间，去王渔洋谢世的康熙五十年，不过几十年时间，从中可以看出，似乎从来就没有人相信过王士禛自己的说法。不过历史问题并不能依据市井流言来下定论，要想坐实这一点，还需要确实的证据。我这部《渔洋山人诗合集》，恰好可以为此提供一个佐证。

买王渔洋的书，最热门的当然是《渔洋山人精华录》。这书名气最大，可同时也最大路。过去稍蓄几本旧书的读书人，差不多是家有其书；对于藏书家来说，就更不为稀奇了。虽然现在印工稍佳者即可卖上五六千元，可一成大路货，似乎就带有市井味了。这有点像街头女郎，靓丽固然靓丽，满大街搔首弄姿，终究体味不到深闺淑女的风韵。《渔洋山人诗合集》很少见，甚至以王渔洋的名气和这本书的性质而论，可以说是极为罕见——《中国古籍善本书目》著录仅安庆市图书馆藏有一部。《中国古籍善本书目》的著录，容有缺漏，但是此书传本无多，应属事实。此书在《四库全书总目》、《贩书偶记》正续编，以及傅增湘《藏园订补郘亭知见传本书目》等书目中，均未见到著录，就足以证明这一点。

清康熙刻本《渔洋山人诗合集》

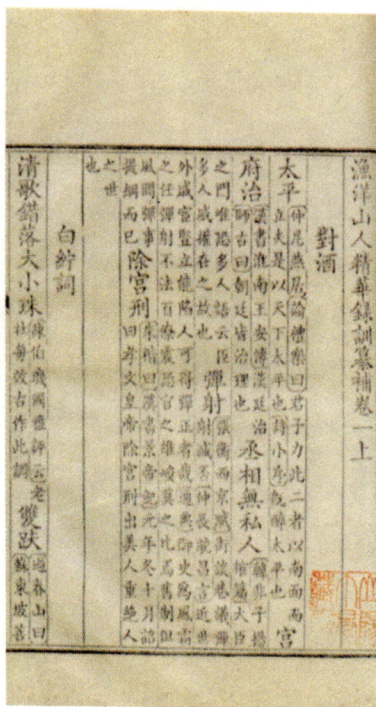

清康熙林佶写刻本《渔洋精华录》

　　王士禛还有一些诗集，流传也很稀少，都是其某一行役的纪行诗或某一短时段诗作的结集，随写随刻而成，如《入吴集》、《雍益集》、《阮亭甲辰诗》，等等。而这部《渔洋山人诗合集》，是与《渔洋精华录》性质相近的平生诗作的萃选集，不仅罕见，还堂堂皇皇，不怪不僻，这正是让谙熟藏书三昧的人最为心动的神品。

　　我得到的这部《渔洋山人诗合集》，脱去内封面，也没有能够说明刻书时间的序跋，所以不被卖家注意，仅含混地标注为"清刻本"；加之版刻貌不惊人，不仅不像《渔洋精华录》那样飘逸洒脱，即使是在同时方体字刻本中也略显呆滞，只有仔细品味，才能体会到深具一股凝重淳厚的味道。因而，尽管价格低廉，还是曾摆放很久无人问津。实际上若论其收藏价值，总应比《渔洋山人精华录》翻上一番，方才算合理。

　　《渔洋山人诗合集》计十八卷，前七卷为古体诗，后十一卷为今体诗。按照《中国古籍善本书目》的著录，知雕版于康熙三十三年，而此前王士禛已汇刻有《渔洋山人诗集》二十二卷和《渔洋山人续集》十六卷。从卷次上就可以看出，《合集》应为渔洋山人诗作精品的汇选。康熙三十三年，王士禛六十一岁，从编书到刻板，一般要有一段时间，因而，《渔洋山人诗合集》，显然是对他六十岁以前诗作的一个萃编。

　　人到花甲，无论对于古人还是今人，心理上都是一大界限，渔洋先生编纂这样一部集子，便是自然而然的事情了。那么，它与六年之后亦即康熙三十九年编选刊刻的、性质雷同的《渔洋精华录》之间，又是怎样一种关系呢？

　　比较一下《渔洋山人诗合集》和《渔洋山人精华录》，可以看到，后者正是在前者的基础上删削增改成书。有关情况，可列表如下（诗题中无实质意义的文字改订不列，如改《慕容垂歌二曲》为《慕容垂歌三解》之类）：

	增补	删除	改订
渔洋精华录卷一	《白纻词》三首。《复雨》。	《柳庵晓起同徐五东痴饮溪中作》。《由檞山入几山夜自溪路中归坐无上人山场作》。《彰义门行》。《养马行》。《得丘海石山中书，时迁高要令不赴》。《修复双烈祠》。《下山由圣恩下院复入奉慈寺看梅》。《新秋扬子桥舟中》。《乌龙潭》。《和西樵兄古风八首》。	删《和窟室画松歌》题下注。删《冬日偶然作》五首中"北风三日雪"、"旧买卷角辞"二首，另从《合集》卷二《和西樵兄古风八首》中移入"郑季有孽子"一首，通为四首。删《怀古诗》三篇小序。改《夜雨与礼吉子侧共宿》诗题为《夜雨与礼吉叔子》。删《上方寺访东坡先生石刻诗次韵》诗末所附长跋。删《叶讱庵自吴中寄予长歌兼示金山见忆之作醉后放歌奉答》诗题中"醉后放歌"四字。删《同杨西印副使、蔡酴若秀才夜登观音山眺曲阿后湖放歌》诗题中"放歌"二字。删《登文游台放歌》诗题中"放歌"二字。删《黄子久、王叔明合作山水图歌》诗题中"歌"字。
卷二		《家兄信宿焦山有寄》。《江行回望摄山绝顶》。《寄宗定九》。《送沈康臣归越中兼寄姜铁夫》。《立秋后雨中言怀寄家兄西樵于广陵》。《送翁山四首》。《张彦若索扁舟归隐诗，时由河东归东武林》。《沙民叹》。《巫山曲》。《寄汪苕文兼怀梁曰缉二首》。《送陶季之曲阳》。《程湟溱席上同荔裳、愚山、顾庵、绎堂、西樵送蔡竹涛之太原兼怀潘次更》。《观射》。《寄题华州西溪》。《汉中偶题排闷》。	删《上巳辟疆招同邵潜夫、陈其年修禊水绘园十首》中"悬雷山前春瀑晴"、"西樵山人刻中去"二首，诗题改作"八首"。删《咏史小乐府二十五首》中"佞者东川至"一首，诗题改作"二十四首"。删《碧云寺魏阉葬衣冠墓宏丽甚，慨然有作》诗题中"宏丽甚，慨然有作"数字。将《合集》排列在《望华山》及《寄题华州西溪》之后的《渭桥怀古》诗改列在二者之前。改《龙背洞》为《龙门阁》。

	增补	删除	改订
卷三		《望石门山高凤隐居》。《七月廿一夜雨哭长兄》。《集陶寄叶讱庵》。《吴道子钟馗小妹图》。《乌目山人歌赠王石谷》。《被园借隐为沈凤于赋》。	将《合集》排列在《艺圃杂咏十二首》之后的《送陈子文赴安邑丞四首》，二者前后位置互易。将《合集》排列在《午食得驴》诗后的《寄宋牧仲赣州》改排在下面的《寄青浦丞李青立》诗后。
卷四	《飞仙阁》。《泛嘉陵江至益昌（今昭化县）怀何易子》。《三山图歌为尤悔庵太史赋》。《甘泉宫长生瓦歌为林古人作并寄同人》。	《寄金毅似读书玉泉》。《大汶口》。《大洪泉》。	删《东丹王射鹿图，念东先生席上作》诗题中"念东先生席上作"数字。删《和人怀古二首》中"贾浪仙墓"一首，仅存其"张茂先宅"一首，并删去"和人怀古二首"之总题。将《合集》排列在《秋杪独游善果寺，感怀亡友叶文敏公》之后的《元祐党籍碑》，二者位置互易。删《七星岩石室》诗题中"石室"二字。删《啸园杂题十首》中"濑溪"、"据梧山房"二首，诗题改作"八首"。将《合集》排列在卷五即相当于《精华录》卷三位置、列在《罗塞翁猿图》之后的《题张敦复大宗伯赐金园图》改列在卷末新增之《泛嘉陵江至益昌（今昭化县）怀何易子》诗后。
卷五	《清明后三日邹平西郭赋诗》。《蚕词四首》。《山蚕词四首》。	《宿大谷山房晓起即事》。《栗溪往柳庵溪路上作》。《谢送梅戏集涪翁句成一绝句》。《孔雀尾》。《鲁连陂》。《清凉寺》。《鹅鸭城》。《锦秋亭》。《九日黑窑厂登高同曹子顾、彭骏孙四首》。《高邮雨泊》。《宝应》。《别焦山古樵道人》。《同诸公访栖灵寺》。《梁溪道中却寄毗陵故人》。《玄墓归答李户部》。《寄邓尉剖石道人》。《排闷》。《秋夜舟中和吴玉随编修三首》。	删《南唐宫词八首》中之"讲武铜驼始代吴"、"内苑年年试搩茅"二首，诗题改作"六首"。删《玄墓竹枝词七首》中之"渠侬家住上杨村"一首，并改诗题为《邓尉竹枝词六首》。《陈洪绶水仙竹二首》题下新增小注"为周栎园侍郎题"。删《樊圻画二首》中之"初地离人境"一首，诗题径作"樊圻画"。删《杂题萧尺木画册六首》中之"松有万古色"、"七里泷前江水回"二首，并改诗题作"四首"。

增补	删除	改订
	《闰七夕海陵北郭怀家兄西樵二首》。《百花洲拜宗方城祠二首》。《画荔枝》。《程瑞伯画》。《赵澄烟雨行旅图》。《施霖雨》。《送涓来侍读归黄州二首》。《真州南郭泛舟》。《长至后五日送家兄叔子归里》。《渡江泊京口闸下》。《金山僧舍有以仿舫名者，题一绝句》。《舟中望惠山口号》。《陈洪绶梅》。《方尔止言虞山先生近撰吾炙集，谬及鄙作，因寄二首》。《送家兄礼吉归济南兼寄叔子》。《再别家兄西樵二首》。《送家兄太液赴宛陵》。	改《题栈道飞雪图送人之汉中》为《题栈道飞雪图送曾道扶之汉中》。删《吴公台怀古》诗题中"怀古"二字。删《润州晓渡用皇甫冉万岁楼韵却寄蔡芬》诗题中"却寄蔡芬"四字。删《送叶子吉编修入都二首》中之"论文三载事"一首，诗题径作《送叶子吉编修入都》。删《戏仿遗山论诗绝句三十五首》中之"京兆风情粉黛丛"、"李杜光芒万丈长"、"诗好官卑顾九华"三首，并改诗题作"三十二首"。删《方山道中二首》中之"沙尾千竿竹"一首，诗题径作《方山道中》。删《秦邮杂诗七首》中之"前溪柳色碧沉沉"一首，诗题改作"六首"。
卷六	《雨入高座寺》。《瓜步道上感成寄西樵先生》。《斗野亭怀古寄杜于黄》。《寄家兄西樵吴郡二首》。《题灵雏便面戏呈辟疆》。《真州天宁寺》。《登康山有感》。《句容道中雨》。《别广陵为汪舟次书扇》。《秦邮留别诸故人兼寄禅智相送诸公》。《高宝道中再别随诸故人》。《穆陵关南作》。《赵雪江画》。《邹喆画》。《石溪画牛首》。《送姚六康令石埭》。《读唐济武、徐东痴九日长白诗赋寄》。《题沈绛堂小像即送之赴通蓟四首》。《送程伯建入觐毕返滇南》。《遥送汪舟次游庐山二首》。《刘公戬作飞瀑图题诗见贻，	删《将往金陵，冒辟疆携歌儿见过，同方坦庵先生、杜于皇、方邵村、崔不雕、黄文在小集》诗题中之"黄文在"三字。删《宗定九画红桥小景见寄，赋怀三首》中之"平山堂外春风到"一首，并改诗题为《宗梅岑画红桥小景见寄，赋怀二首》。删《三月晦日公䜩招同曰缉、玉虬、苔文、周量、玉随、翼苍、湘北、子端集河楼得绝句五首》诗题中之"翼苍"二字。

增补	删除	改订
	云挥手青山负凤期，蓟门骑马阅炎曦，阿谁箕踞长林下，恣看银河一派垂，赋诗调之》。《投壶赠董玉虬、程翼苍》。《送座主蒲州公祭告北镇》。《题李长文学士画册》。《奉答苏门孙徵君》。《渡汶水》。《送赵国子》。《申凫盟得子》。《送施愚山游嵩少》。《由磴道上洪光寺二首》。《雨夜怀宋荔裳》。《清明大佛寺送张素存编修游西山》。《寄内》。《定州怀古三首》。《故关寄叶讱庵二首》。《寄高念东先生》。《洪洞送刘子方》。《雨宿岳庙万寿阁》。《望终南山》。《咸阳》。《和东坡开元寺忆子由韵》。《和尚原》。《栈道怀归》。	
卷七 《渡河西望有感》。	《晴》。《鰼峡》。《天柱山行》。《连山铺夜雨》。《嘉陵舟中怀李容斋、陈说岩、叶讱庵、程湟溱》。《阆中怀沈绎堂》。《盐亭怀施愚山》。《怀汪钝翁》。《怀刘公戫》。《怀曹顾庵、彭羡门》。《怀宋荔裳相次入蜀》。《怀梁曰缉》。《石佛山怀东坡先生》。《犍为县》。《兵栏舟中》。《三分水即事》。《十二碚》。《发松滋县》。《荆州晚泊》。《襄阳吊孟浩然》。《檀溪寺》。《怀西樵先生》。《梧台道中》。《寄张杞园兼呈灵辔道人》。《过念东先生兼赠唐济武太史三首》。《同东痴过善庆庵小憩讪亭感怀孙文定公》。《送岳生都谏休沐归渭南》。	删《女郎庙》诗题下小注"女郎山，相传是张鲁女"。删《雨度五丁峡》诗题中之"雨度"二字。删《夹江道中寄朱峨眉方庵兼怀蒋修撰虎臣》诗题中之"夹江道中"四字。删《大矶脑即目》诗题中之"即目"二字。

	增补	删除	改订
卷八		《偶题陈赓明集后》。《答梅渊公见寄》。《寄王筑夫兼悼雷伯籲》。《口元镇寒林小轴》。《闻季用言平山堂已修复，赋寄豹人、定九、孝威舟次》。《座中闻陶季江辰六咏洞庭诗并话湖南山水二首》。《蒙恩颁赐五台山新贡天花恭纪》。《蒙恩颁赐御书恭纪四首》。《赐贡茶三首》。《赐樱桃》。《赐樱桃浆》。《孝昭皇后挽词六首应制》。《御苑人参应制》。《恭和御制赐辅国将军俄启诗》。《寄竟陵吴既闲兼怀胡君信二首》。《戏柬汪钝翁四绝句》。《雪后访汪钝翁》。《答愚山、耦长西山见怀之作》。《送李武曾归禾中》。《送孙豹人授正字归广陵》。《送同年杨以斋中丞巡抚贵州二首》。《早过洪太长水亭访丁武选不遇》。《送宋既庭归吴门》。《送彭有斯孝廉归仪真因怀季伯紫》。《书蜀梼杌一绝句》。《题元氏长庆集后》。《题术石发诗卷》。《寄王山史兼怀陈蔼公》。《为尤展成简讨题梅耦长画二首》。《近有》。	删《题黄鹤山樵画卷二首》中之"吴兴家法落人间"一首，并改诗题为《题黄鹤山樵画》。删《悼亡诗三十五首》中之"几年踪迹判西东"、"二十年前烹伏雌"、"寸草春晖恨未休"、"自失双珠泪暗垂"、"楚客秋悲易断肠"、"名园山色画桥通"、"光阴如水去堂堂"、"维摩天女本同心"、"鹤骨维摩丈室栖"九首，并改诗题作"二十六首"。删《送吴天章归中条三首》中之"汉代开东观"、"送君何处去"二首，诗题径作《送吴天章归中条》。《删送董苍水归云间二首》中之"待诏公车日"一首，诗题径作《送董苍水归云间》。删《花烛词三首戏为汪钝翁赋》中之"花间灵鹊报新除"一首，并改诗题作《花烛词二首戏为钝翁赋》。改《为施愚山侍讲题严荪友简讨画用韵》诗题为《为愚山侍讲题严荪友画题》。删《送江辰六令益阳三首》中之"石鼓鸣何急"一首，诗题改作"二首"。删《供奉某君归吴门索诗五首》中之"暂别含香紫"一首，诗题改作"四首"。改《不得宋荔裳纪纲入蜀接取妻孥消息》诗题为《不得宋荔裳妻孥消息》。
卷九	《答钟圣舆送芍药》。《常紫侯少司空使西域回有赠》。《送王石谷南归》。	《遇袁士旦讯唐耕坞舍人遗集》。《九日独游悯忠寺》。《十月七日雪过高念东先生》。《寄唐济武太史》。《和念东寄子二首》。《题家兄子侧唱和诗后兼寄徐东痴二首》。《东坡居士竹石三绝句》。《给事幼华弟屡寄新诗题卷后》。	删《送高念东先生予告还山八首》中之"鹤书隔岁下岩扉"、"大劳小劳溪渤间"、"官府神仙事有无"三首，并改诗题作"五首"。删《再送念东八首》中之"笼水群山绕郭明"、"木鱼粥鼓云门寺"、"花前白角三升酒"三首，并改诗题作"五首"。删《挽

增补	删除	改订
	《和高念东、冯易斋两先生松云庵唱和诗》。《得硕揆道人书》。《送王元式归昆山》。《寄江辰六益阳》。《寄盘山拙庵道人》。《寄李映碧廷尉》。《寄宣城梅叟木出山三首》。《哭兄东亭先生四首》。《腊月六日雪即事》。《吴孟举寄宋槧徂徕先生集、罗小华墨》。《送陈益公归武昌》。《钟山司业简见过，述房山幽居之适，寻以山僧所送芍药分饷，赋谢一首》。《锦秋湖二绝句》。《答牧仲香山来青轩怀愚山、阮亭之作》。《题高澹人侍讲扈从东巡恭纪》。《雨中较湟潗遗集简梁药亭》。《送孝斋知州师崇州二首》。《秋日幼华、季用再招同说岩翰长、健庵宫赞集祝园怀舟次奉使琉球》。《挽陈其年简讨》。《腊梅》。《戏寄宋牧仲金宪》。《施愚山先生哀诗》。《孙树百轩前小山索赋》。《柬汪季》。《浒山道中》。《闻济宁灾》。《雪中灵鹫道人同杨水心见过》。《答宋牧仲送梁苑木瓜，因怀施愚山》。《题赵伸符编修写真》。《答朱竹垞检讨》。《雪中闻徐东痴先生殁于德安二首》。《送汤荆岘学士改中丞巡抚江南》。《河间怀古同余澹心、郑山谷作》。《汶上雪夜赠路承甫》。	伊翁庵中中丞四首》中之"隔岁看持节"、"桓典青骢马"二首，诗题改作"二首"。删《七月二十一日瀛台赐宴恭纪六首》诗题中"七月二十一日"数字。删《送汪舟次太史、林石来舍人奉使琉球六首》中之"太史承明彦名"、"舍人木兰秀"二首，并改诗题作"四首"。删《上陵歌五首》中之"缩酒包茅贡不迟"一首，诗题改作"四首"。删《为朱悔人题王叔楚画竹卷二首》中之"小竹山人写丛竹"一首，诗题径作"为朱悔人题王叔楚画竹卷"。删《题汪舟次乘风破浪图四首》诗题中之"汪舟次"三字。删《读宋胡忠简公经筵问答题后二首》中之"玉禾杯内酌流霞"一首，诗题径作《读宋胡忠简公经筵问答题后》。改《万安道中》诗题为《万安县》。

增补	删除	改订
	《张敦复阁学招饮新斋感旧兼寄陈说岩都宪》。《三笑堂见徐五东痴题壁感赋》。《香炉峰》。《早登钓鱼台》。《蒲涧寺赠范公》。《登阅江楼二首》。	
卷十 卷末《蔺相如墓》以下一百一十七首俱新增。	《过马当》。《晓望铜官山》。《过三山》。《将乞假归省家书尾示儿涑》。《题张宾公采芝山堂》。《再题宾公采芝山堂》。《浒山铺》。《过弘衍庵问海棠已化去，感怀愚山》。《三月十二日初拜御史中丞，赴畅春苑谢恩作》。《五月初七日雨中瀛台启事》。《初八日晴入瀛台再成》。《赵伸符宫赞书来云秋雨沾足，山泉四溢，临流坐石，日诵庄骚云云，赋寄凡三首》。《对雪怀吴天章徵君、赵伸符宫赞》。《十月朔躬祭太庙，是夜雪，恭纪》。《和赵伸符宫赞寄洪昉思绝句》。《得同年张蔚生郡丞书》。《悼亡诗十二首》。	删《雨过醉翁亭四首》中之"琅邪山色好"一首，诗题改作"三首"。删《长白杂诗八首同宾公作》中之"书堂"、"葛家洞"、"黛溪"三首，并删去总题，各小题独立成章。删《题查夏重芦塘放鸭图四首》中之"列仙之儒形甚癯"一首，诗题改作"三首"。删《正月上旬过朱竹垞太史，斋中探春、绯桃诸花盛开赋二绝句》诗题中之"探春、绯桃"四字。

　　《渔洋山人诗合集》之作者署名，为"新城王士禛贻上甫"，校梓者则为"男启涑、启汸、启汧"和"孙男兆鄷、兆郑、兆郯"，根本没有两姓旁人加盟；而《渔洋精华录》只是在此基础上略做增减，王渔洋自己三下两下便可以轻松完成的事，又有什么必要再假手于他人呢？再说如《香祖笔记》所云，王士禛是非常看重编选《精华录》这件事的，由后辈门生来做，他也不会放心。两相比较，我认为可以坐

实《四库提要》的说法，《渔洋精华录》必为王士禛自己编选无疑。

综计前表中"删除"、"改订"两栏，《渔洋精华录》较《渔洋山人诗合集》共删除诗约360首左右，而"增补"栏内新增诗仅140首上下，二者相抵，整个篇幅共删简约220首，这正符合王士禛在《香祖笔记》中所自言"意存简贵"的主旨，说明他在编集《渔洋山人诗合集》之后六年即又编纂《渔洋精华录》，其中一项主要原因，是嫌《渔洋山人诗合集》还有些芜杂，不够精纯。

从内容上看，删去的诗作，一般来说，确实质量要相对差一些，特别是其中的一些泛泛应酬之作。在这一方面，《渔洋精华录》的编选，是丝毫不留情面的，包括许多应酬皇帝老子的作品，也一概删除不存，像《蒙恩颁赐五台山新贡天花恭纪》、《蒙恩颁赐御书恭纪四首》、《赐贡茶三首》、《赐樱桃》、《赐樱桃浆》、《孝昭皇后挽词六首应制》、《御苑人参应制》、《恭和御制赐辅国将军俄启诗》等均是如此。

然而，我们也不能简单地认为，其中所有的删简都是以艺术水平为惟一的取舍标准。像《合集》卷一的《养马行》一诗，恐怕就更有可能是因为怕刺痛权贵弃而未取的。诗云：

> 建旗臂隼号一万，为马大小尤倍之。碧眼骆驼足千里，此军云是舟山师。济南城西驻大帅，秅秸茭蒭日三馈。三十二县何苦辛，昨朝兵去蝗旋至。

这派驻舟山的大帅，大概就是为去对付海上的反清力量，比不得讽刺讽刺基层官吏盘剥鱼肉乡民村夫，还是少提为佳。虽然雍正、乾隆时期那样严酷的文字狱还没有到来，但更早在康熙刚刚继位的时候，便有了庄氏史案的警示。这样的诗，年轻时书生意气，写写倒也罢了，而编定《精华录》这一年，王士禛已经六十七岁了，何不尽量避开无端的是非呢？

类似的情况，还有原编在《合集》卷三的《沙民叹》一诗：

> 沙洲连衺几千里，昨日高门今废址。稻黄如云不敢收，欲获恐遭君马箠。朝来官长亲驱逐，鸡狗无家苦迁徙。东邻西里半烧焚，微命何堪驱蝼蚁。连江大帅如云屯，红旗金印开辕门。江头战鼓一声动，中坚鱼烂前徒奔。但愿卢循徐覆一朝死，身同精卫填海水。

作诗讲究"语中无语"之神韵的王渔洋，本来就没有写过多少这样直面社会现实的诗篇，删掉了它，倒真的只剩下空舻峡中的"冷雁哀猿"（王士禛《戏仿元遗山论诗绝句》语）之声了。

除了在《渔洋山人诗合集》的基础上，删削掉一些水平偏低或个别可能触犯时忌的篇章之外，《渔洋精华录》较《渔洋山人诗合集》新增的诗，绝大部分是康熙三十五年王士禛奉命祭告西岳、西镇、江渎而入蜀时所写的纪行诗。王士禛对此行所作诗篇，是比较得意的，曾写信给门人盛符升说："再使秦蜀，往返万里，得诗才百馀篇，皆寥寥短章，无复当年蜀道、南海豪放之格，然览古兴怀，得江山之助，生色有加，拟诸眉山集中所分纪行、游览、古迹、寓兴诸篇，殆兼而有之。"（据惠栋注补《渔洋山人自撰年谱》卷下）自比苏轼，并将此次所作纪行诗，结集为《雍益集》。由此可以看出，补充进去这批纪行诗中的大部分内容，是促使王士禛决定另起炉灶编选《渔洋精华录》的另一项重要原因。

前面说过，《精华录》删去了许多《渔洋山人诗合集》中水平偏低的应酬之作，甚至是写给康熙皇帝的应制诗，但这并不等于《精华录》的编选百分之百地杜绝了人情这一因素。依我看，《精华录》卷四末尾新增的《甘泉宫长生瓦歌为林吉人作并寄同人》，恐怕就有酬谢林佶为《精华录》写版之辛劳的私意在里边。

从前表可以看到，与《合集》同诗相比较，《精华录》还对一些诗主要是诗题做了改动。这种改动，基本上是为了使诗题更为简捷明了，总体上是合理的。但是，也有一些地方，简省过度，不如原来更能体现诗的内容或作诗缘起，影响读者理解诗意。如《题乘风破浪图》，诗题本作《题汪舟次乘风破浪图》，删去"汪舟次"三字便掩去作诗的背景。又如《上方寺访东坡先生石刻诗次韵》诗原附有跋语，述作诗缘由，亦为《精华录》删去，结果害得惠栋作《渔洋精华录训纂》时，不得不再从《渔洋山人诗集》中抄出以便读者。

我得到的这部《渔洋山人诗合集》，书中还有一些地方带有墨钉。当时王士禛还在人世，不会是诗稿文字存有缺损无从填补所致，只能是最初印本，书版尚未完全剜剔竣事的痕迹。不知道安庆市图书馆那一部，是否为同样的印本。如果是这样，那么，这书很可能根本就没有正式大量印行过。但不管怎样，从康熙三十三年到康熙三十九年之间，足足有六年时间，依王渔洋在当时的名气，只要他肯印，一定会迅速风行海内，传世印本也就不会这样稀少（汇集王氏著述的《王渔洋遗书》当中，也没有收进这部《渔洋山人诗合集》）。看来，此书刊成后，王士禛便有所不满，所以没有印行。推敲其原因，除了嫌选诗还不够精纯之外，恐怕也有对版刻形式的不满。康熙时讲究的书盛行写刻，特别是请名书法家手书上版，此前王士禛所刻《渔洋山人续集》，即是由黄子鸿（名仪）手书，而《渔洋山人诗合集》却是当时最普通的方体字，这对于以"神韵"为审美旨趣的渔洋山人来说，显然太缺乏版刻艺术的韵味。虽然这很可能只是一种想当然的说法，但是若联系到《渔洋精华录》飘逸多姿的神采，恐怕你也很难找到更好的理由，来解释《渔洋山人诗合集》未曾流布的原因。

2002 年 1 月 18 日记

【补记】拙稿草成之后，始读到邓之诚早在《清诗纪事初编》中，已经据缪荃孙辑刊《烟画东堂小品》所收《王贻上与林吉人手札》，认定《渔洋精华录》确为王士禛自己选定。本文所述，不惟可与邓氏的结论相印证，还更进一步具体说明了《渔洋精华录》的直接来源，故仍有独立的意义。

2002 年 5 月 6 日补记

原刊《中国典籍与文化》2002 年第 3 期

丁晏批本《渔洋山人精华录训纂》

　　做好学问，需要涵养性情。想买好书，更需要平心静气，不能急躁。藏书的乐趣，更多地存在于静谧的搜寻过程之中。在无人注意的乱书堆中寻觅好书，独具一种发现的快乐，这正是藏书人最大的享受。

　　近年藏书热逐渐升温以来，像样的名人批校本并不多见，偶一出现，便被争相购藏，非腰缠万贯之富商阔佬则只能徒然望书兴叹。这部《渔洋精华录》虽是残本，但总共十八册书，从头到尾，都有丁晏批语，且只缺损两卷，要是书店有明眼人看出，拿到拍卖会上，真不知会卖出什么样的价钱，至少是如我之辈所不敢问津的了。但同样是这样一部书，与一大批普通书籍同时上架销售，由于没有揭出标明其不同寻常的"身份"，摆在书店里，历时数月之久，竟根本无人理睬，我得到它时，平均每册书还不到50元钱。按照买书卖书人之间的行话，不能不说是拣了个"大漏儿"。

　　其实，这里面并没有什么秘诀，不过是去掉浮躁心，仔细看书而已。因为这部书的每卷卷末均钤有"山阳丁晏藏书"印章，再读读字里行间所施批语，俱出自饱学宿儒之手，应当不难判明批书人的身份。买下书后，在另一家旧书店的一本书上，看到有影印的丁晏手迹，更

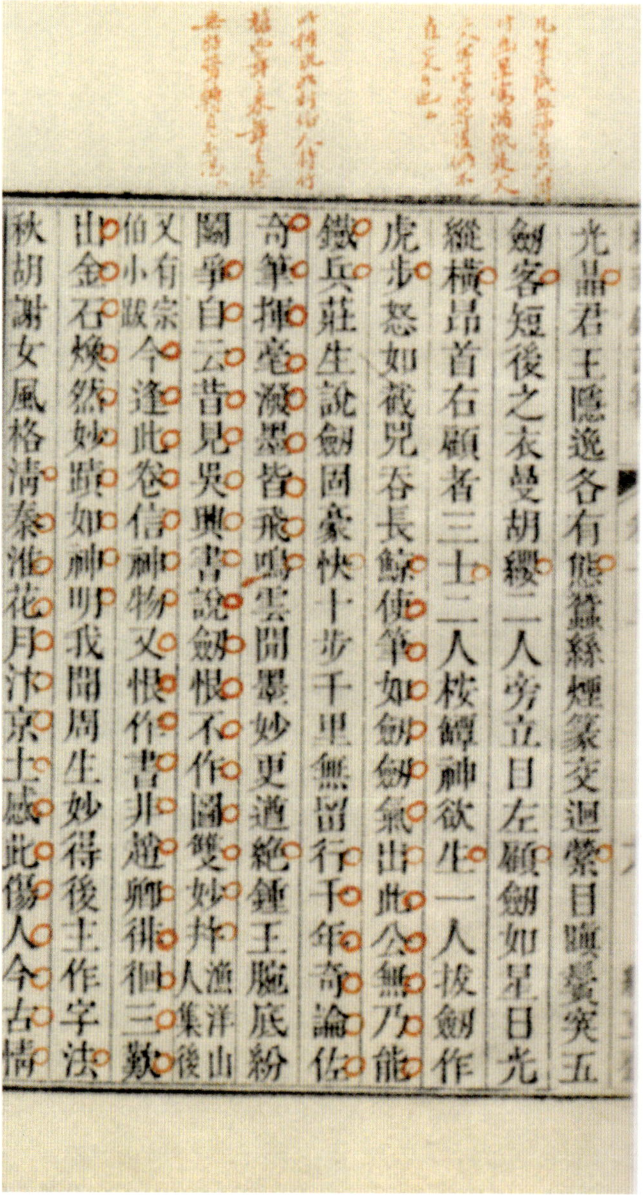

光晶君王隱逸各有態蠶絲煙篆交迴縈目矚鬢突五
劍客短後之衣曼胡纓二人旁立目左顧劍如星日光
縱橫昂首右顧者三士二人枝罇神欲生一人拔劍作
虎步怒如蔵兕吞長鯨使筆如劍劍氣出此公無乃能
鐵兵莊生說劍固豪快十步千里無留行千年奇論佐
奇筆揮毫潑墨皆飛鳴雲間墨妙更適絕鍾王腕底紛
闘爭自云昔見吳興書說劍恨不作圖雙妙幷漁洋山人集後
又有宗伯小跋今逢此卷信神物又恨作書非趙卿徘徊三歎
出金石煥然妙蹟如神明我聞周生妙得後主作字法
秋胡謝女風格清秦淮花月汴京士感此傷人今古情

清丁晏批本《渔洋山人精华录训纂》

确认书中的批语一定是出自此公的手笔。

　　丁晏的批语，虽然是写在惠栋的《渔洋精华录训纂》上，但均是就王士禛《渔洋精华录》本文而发，与惠栋的注释实际没有什么关系。王士禛是第一流的大诗人，在清代的诗名，恐怕与唐朝的李白、杜甫也相差无几；《渔洋精华录》又是他在晚年自选的精品，托名门人林佶编选以行世，所收都是其平生得意之作。品评这类诗文，往往只是堆砌谀颂之词，讲讲某诗某句某词如何如何精妙而已。然而，此丁晏批本却不落俗套，不但于王渔洋诗作屡有针砭，且多挖苦讥讽，因此煞是好看。妙文共赏析，下面随便举几个例子，请大家来看一看。

　　其一，卷一《登光福塔望穹隆灵岩诸山怀古》诗：

　　　　昨登擅胜阁，遥遥见湖滨。聚沙瞩高妙，珠露高由旬。山趾理归棹，中流望嵝峋。铃铎天际语，狮象云中蹲。揽衣造峰顶，大千俯微尘【批：那得这样高】。悟彼解脱义，得此清净身【批：如此一个人，又说荒径含蘽等语，从古已来，亦有之乎？】。名山缭四隅，出没媚烟晨。眺远迹方遐，怀古情弥辛。采香已荒径，菱歌尚含蘽。馆娃一片石，千载为沾巾【批：扯淡】。回身望胥口，落日悲孤臣【批：扯淡】。【总批：乱道何足与辨。彼特要做一首诗，胸中扰扰然，不得不如此乱道耳。】

　　其二，卷一《宿长干寺》诗：

　　　　支公邀我宿，清夜开南轩。龛灯照维摩，跏趺寂无言【批：佛像如何要他言。若指和尚，则"下簾"又能"趺坐"？】。下簾启北牖，山夕烟景昏。中夜微风作【批：直如日记，何云诗也？】，凉雨洒林园。宿鸟稍惊起，时闻嘉树喧。枕簟生夕凉【批：后半夜也，又似黄昏光景】，炉香歇微温。劳生疲津梁，聊息应对烦【批：有甚意味。结须说自己，不宜说僧。如"劳生"二字说不得僧，而"疲津梁"又说不得自己，不知何意。看他直是全不在行，不用深求。如通首平铺者，全于末联看其归宿，此定法也，而乱窜如此，尚何足深求哉！】。

其三，卷一《九日与方尔止、黄心甫、邹言于士、盛珍示集平山堂送方、黄二子赴青州谒周侍郎》诗：

西风萧萧天雨霜，秋高木落当重阳【批：起法本子建《燕歌行》】。鶗鴂先鸣惠芳歇，雁门鸿雁来何方【德勇案：丁氏在"雁门"与"何方"字旁划有杠杠，似义为既已点明"雁门鸿雁"，何以又有此"来何方"之问】？今我不乐出行迈【批：少陵亦复晦气】，西城近对平山堂。欧公风流已黄土，旧游寂寞风烟苍。乔木修竹无复在，荒芜断陇栖牛羊。刘苏到日已陈迹【批：两用"已"字，又非章法】，况复清浅论沧桑。京江南望流汤汤，北固山高枕铁翁。萧公旌旆何飞扬，云龙直北云茫茫【批：四句用三韵，第二句又无韵，此格未见。作者以此为章法，直技穷耳】。彭城戏马启高晏，至今边朔传名章。孤蓬惊沙振丛薄，哀莺蔓草缠雷塘。从来王霸已如此【批：读之惭煞。又用"已"字】，牛山何必沾衣裳【批：

袭前人语】。与君并坐但鼓瑟，醉倒聊复呼葛强。尊前聚散况难必，羽声变徵何激昂【批：又犯重】。明朝送汝望诸泽，欲趁桓公作急装【批：此声更不耐听】。【总批：如在小屋中使刀枪，只管磕撞作响耳，何苦而为之？】

其四，卷二《登天阙望金陵怀古》诗：

我登牛首山，天阙何屝屭【批：天阙可望不宜于登，开口便杀风景。题如此，故如此起，可无论耳】。上造青云端，下瞰无端倪。壮哉六朝都，佳丽诚在兹。龙虎气盘郁，将相罗雄姿。缅思赤乌年，爰逮太元时。五马浮渡江，一马独权奇【批：曰"权奇"则仍是马矣。且以"权奇"目琅琊反为不似，盖只图趁韵耳】。桓桓始兴公，幕府陈军麾。懿此帝王宅，双阙卫京师。青山似洛中，大江环四垂【批：扭捏】。智力邈千载，兴废如奕棋。江山看不殊，俯仰自生悲【批：扯淡】。北眺玄武胡，蒋山亏蔽之。博望峙西南，列戍多旌旗。时清异偏安，凭吊将奚为【批：自叹自落】。落照横江流，万里天风吹。壮心不可已，泪下如绠縻【批：欲何为耶？徒集旧句耳。无谓之甚。何不搁笔，何苦无病而呻吟也】。

其五，卷五《董公祠》诗：

董公祠庙已荒凉【批："已"字是何义】，凭吊西京意倍伤。漫以园陵劳主父，只将经术奉骄王。时逢明主身空老，志在《春秋》

道正长【批：复四句】。我自爱传《繁露》学【批：又复《春秋》。"我自"二字，殊无文理。一则《春秋》那可说不爱；一则《繁露》之书正是说《春秋》也】，玉杯曾问广川乡【第八句尤不可解，直是难通】。

丁晏本人不以作诗闻名，然亦有诗作传世，惟惜其生前对于自己的诗作不甚经意整理，所以始终未有刊本，仅靠传抄流传。所刊印者，直至今日，亦仅有罗振玉刊《颐志斋感旧诗》一卷，远非全璧。虽然见过许多抄本的袁行云，在《清人诗集叙录》中，称丁氏诗作"直造古人，都无苟作"，而且丁晏还刊有《曹集诠评》十卷，颇受治曹者推崇；然而，丁晏毕竟更优长于经学，于易、书、诗、礼，俱有著述。

清代的经学家，大多是考据家的路数，丁氏亦然，所以，他的有些批评，似乎有以考据为规矩的味道。如卷五《寄陈伯玑金陵》诗，谓"东风作意吹杨柳，绿到芜城第几桥"，本来很有意味，丁晏却批云："绿则一起绿。"这就未免有些煞风景。又如前引批评《登光福塔望穹隆灵岩诸山怀古》诗形容广福塔之高的两句"揽衣造峰顶，大千俯微尘"，丁氏称其夸张过甚，"那得这样高"！类似的批评，还有卷一《半山爱予寒江落潮之句，为作图，愚山题诗其上，和答一首》诗，诗中有句云："我昨访奇登燕矶，泼墨深更遍岩壁。扪萝附葛不知险，夜踏空江欲崩石。"丁晏同样觉得言过其实，批云："此句不确，我尝登之，甚容易也。"像这些地方，丁晏自己也知道不必苛求，所以紧接着写道："此乃诗人之常，不为病也。"

不过总的来看，从学者的角度说，丁晏的批评是很中肯的。通观全书批语，可以看到，丁晏对王士禛的诗不仅有批评，还有许多由衷的赞誉。如"神妙至此"（卷五《寄答汪苕文》）、"字字澄练"（卷五《銮江舟中雪霁月出，即事题邹喆画》）、"句特工妙"（卷五《恽向〈千岩竞秀图〉》）、"新城《入蜀》一集，极学少陵，雄健雅简，益臻老境"（卷二《凤岭》）、"古之题画者，工部而外，推永叔、子瞻、裕之诸公，渔洋之雄豪密丽，殆可与之争胜"（卷四《王若水〈古木鸣禽图〉，为宋子昭郎中作》）、"颇似昌黎。押韵老成，无牵扭镶嵌恶习"（卷四《其年简讨见和〈绿血〉之作，复遗芥茶一器，索赋》）、"神似玉溪"（卷四《李渭清简讨以龙须二茎见赠，来书云有风鬟雾鬓之态，非火齐朱鳞比也，戏报长句》）、"有韦、柳之韵"（卷一《雨夜与礼吉、叔子》），等等。所以，他对王士禛诗作的批评，决非意气好恶使之然，而是王渔洋往往恣意驰骋辞章，呈露才情，为作诗而随意堆凑句子，此非治学严谨如丁晏者所能认同。

丁晏与王士禛在认知上的差别，其本质是学者与文人的区别。学者按照做研究养成的思维习惯，认为作文赋诗，也要有为而发，有感而发，更进一层则还要文以载道。因此，落笔行文，也要讲究字字妥帖。文人的路数却与此大不相同，尽可信笔铺叙张扬，而且文人在一定程度上，还要靠卖文谋生。写的越多，名气越大；名气越大，卖钱越多。这大概是古今不变的通则。

从前面引述的几个例子中可以看出，丁晏在充分肯定王士禛一些诗作的同时，对他也提出了十分严厉的批评，其中最重要的原因，是他认为，王士禛其人最大的毛病，是"无病而呻吟"，为写诗而强自写诗。这方面的典型例证，即卷一《蠡勺亭观海》诗，此诗末尾云：

参差岛屿罗殊域，纷如星宿秋天里。击我剑，听君歌，有酒不饮当奈何？日主祠前水萧瑟，仙人台上云嵯峨。羡门高誓不可见，秦王汉武空经过。只今指顾伤怀抱，黄腄帔鉼尽荒草。人生快意无几时，明镜朱颜岂长好。吾将避世女姑山，不然垂钓蜉蝣岛。

丁晏对王氏造作此语很不以为然，有批语曰："才说求仙无踪影，又要避世，要垂钓，又只为人生易老。此等激昂感喟，真令人摸头不着也。盖王君所处，自当不至于此耳！"

无病呻吟，难免粗制滥造。文不对题，也就成了王渔洋诗中时时呈露出的重大瑕疵。如卷一《春不雨》诗，起首云："西亭石竹新作芽，游丝已冒樱桃花。鸣鸠乳燕春欲晚，杖犁时复经田家。"丁晏在"鸣鸠乳燕"旁批曰："非雨而何？"另外对这起首几句批曰："除'游丝'句，倒大有雨意。古人勾魂摄魄之法，此乃反而用之乎？"

与此相似的是卷五《大风渡江二首》之二，其诗起首云："红襟双燕掠波轻，夹岸飞花细浪生。"丁晏有批语曰："双燕掠波，非大风之候。大风中非细浪时也。语有碍。"同卷《雨后宿圣恩寺还元阁》诗中有句云"狮子窟中岚翠合"，丁晏亦批曰："似非雨意。"还有卷二《雨夜怀其年园居》有句云"卧闻春雨滴，暗蛩吟幽草"，丁晏也以为"暗蛩吟幽草"描写的不是诗中春雨应有的景致，却"似秋景"。

这些还是一首诗中的一部分片断，而如卷五《和李退庵侍郎读〈水经注〉怀洞庭之作》一篇，则"通首不见读《水经》一层"；同卷《雪后答东痴见忆之作》一篇，虽"通体高雅，但不切雪后耳"；又同卷《江阴何明府邀登君山》一篇，"诗工而不照管'邀登'一层"。凡此，皆诗与题全然两不相应。

　　题目可以不管不顾，章法自然更顾不上处处讲究。如卷五《赠蒋虎臣先生》，起首云："卢橘已垂实，杨梅初满林。"呆滞累赘，不成章句，丁晏毫不客气地讥讽道："此等起联，也要算诗！"又卷一《周文矩〈庄子说剑图〉》中有句云："目瞋鬓突五剑客，短后之衣曼胡缨。二人旁立目左顾，剑如星日光纵横。昂首右顾者三士，二人桉缶覃神欲生。一人拔剑作虎步，怒如截鼋吞长鲸。"这几个句子，读起来着实不大像样，丁晏严厉批评道："凡笔底无神者，只得对画呆写，满纸是一人、二人等字，此等伎俩，不值一文者也。"

　　王渔洋当然不是"笔底无神"的人，可再有才华，一个人一生所能写出的千古绝唱，毕竟也是有限，所谓"萝卜快了不洗泥"，整天敷衍应酬，免不了要留下无数败笔。在这一点上，文人和学者，倒是可以找到共同点的。只是文人或者意识不到，或者为"润笔"所驱，不如学者能够善自珍惜笔墨（当然这是说传统的纯粹学者，现在文人化的学者是另一回事，至于整天拿机器造书的所谓学者，挂羊头，卖狗肉，则恐怕连文人都不如）。

　　诗作内容既已如此，形式上有时亦难免欠缺讲究，不必如诗圣杜甫那样循规蹈矩。对此，丁晏曾在卷一《苏门行寄刘公㦤兼呈孙锺元先生》诗书眉处，写有一段比较长的批语：

　　　　少陵七古，每于第二字分用平仄，第四字亦然，对偶之句，尤不走（苟？）作。韩、苏皆然。盛唐大家，皆用此法也。新城于古诗极论音节，而第二字好用平声，于诸家未合。曾见新城晚年定论，云七古平韵上句第五字，宜用仄以抑之；下句第五字，宜用平以扬之；仄韵之第五句，则上句用平，次句用仄。此论极精，但未讲于第二字之法也。

这样的要求，或许稍显苛刻，但读错声韵而导致错押韵脚，却是声名如王渔洋者所不应有的错误。如卷二《吴历〈修竹吾庐图〉，为汪季用题》诗有"乐于奉朝请"句，"请"与"影"、"岭"押韵，显然读作上声，而丁晏则认为："朝请二字当作去声读，《广韵》入净字钮下。"又同卷《观音碛》有句云："故人推沈宋，诗笔各雄长。""长"与"宕"、"壮"、"仗"、"唱"诸字押韵，自是读作去声，丁晏也以为读音有误："如雄长作去声，未知何据。料此公不误，未能究也。若今韵中，此字乃冗长之长，音如仗，非长幼之长也。"

丁晏纠正王士禛此类疏误尚多，包括使用错别字等。王氏虽然是一代著名文人，但于文字音韵之类学问，终归无法与经学家丁晏相比。

不管是批评，还是褒扬，除一处例外，丁晏的批语都是就诗论诗。而这惟一的例外，则恰恰涉及到王士禛的人品。语见卷五《蓉江寄牧翁先生》诗下：

> 阮亭于钱有一人知己之感，故瓣香亦久，及晚年为《池北偶谈》，乃推刃焉。

"推刃"是一句古语。翻译过来，大致可以说是拿刀子割人身上的肉。丁晏这句话，是对比王氏此诗与《池北偶谈》后有感而发。王士禛在这首《蓉江寄牧翁先生》诗中，对钱谦益称颂有加，有"共识文章千古事"、"春惜浓花侧帽簷"等句，而在《池北偶谈》卷七《牧斋诗传》条中，却这样写道：

> 钱宗伯牧斋作《列朝诗传》，本仿《中州集》，欲以厖史，固称淹雅。然持论多私，殊乖公议。

所谓人去茶凉，故市井中人习俗，王士禛本浮薄文人，自不能苟免。其实，钱谦益又何尝不是如此。当年汲古阁主人毛晋，本有德于钱家，毛氏且多助其刻书，康熙虞山顾氏如月楼刻本《钱牧斋先生尺牍》卷二，即收有多通钱谦益与毛晋协商刊刻此《列朝诗集》的书信，而缪荃孙《云自在龛随笔》卷四所录钱氏手书《后汉书》题记，则径谓曰：

> 毛子晋，邑中富人也，乱时曾有小德于予家，往年死，予不吊；是日葬于戈庄，因一行，以尽古旧之情。

文人虽未必尽皆无行，然而如王士禛、钱谦益者，则确是行逊于才。不过，这是按照旧时道德标准所作的评判，若是与时下的无行文人或是文人化了的无聊学者相比，或许又应当另作别论了。

2001 年 3 月 29 日记

原刊《中国典籍与文化》2001 年第 3 期

记南明刻本《西曹秋思》

——并发黄道周弹劾杨嗣昌事件之覆

南明弘光至永历间各地政权，因时局动荡，国祚短促，刊刻印制的书籍，一向十分罕见。稍有传世者，一是弘光政权，一是隆武政权。这是因为弘光政权据南京为都城，而金陵及其附近的苏州、常州、湖州、杭州、徽州各地，是朱明一朝最为兴盛的刻书中心；隆武政权以福建为根基，而宋代以来的刻书中心建阳书坊，正在其势力控制之下。这两个地方，都是书坊林立，刻工丛集，具有全国最好的刻书条件，所以，还能够在危难险恶的环境下，雕印一些书籍。北京图书馆编《中国版刻图录》，收录了两种南明刻本，一为弘光元年刻余光、余飓兄弟著《春秋存俟》，一为隆武二年建阳刻《重刊熊勿轩先生文集》。后者据编著者称："隆武刻书，传世甚罕，此为仅见之本。"据有建阳书坊的隆武政权尚且如此，若绍武、永历诸偏远地区的政权，所刻书籍，自然更为罕见难求。

此《西曹秋思》一卷，即南明绍武或永历时期所梓行，是本书惟一的刻本。1993 年夏秋之间，我在北京琉璃厂中国书店觅得此书。虽戋戋小册，篇幅单薄，连同刻书题记不过二十番，却是版刻史上南明刻本的重要实物。不管是对于收藏家，还是版刻史研究者，这样的书籍，都是可遇而不可求的珍品。

《西曹秋思》的内容，为明末黄道周、叶廷秀、董养河三人的唱和诗作，皆七言律诗，依上下平韵各为三十首，通计九十首。此书由于传世稀少，公私藏书目录一向罕见著录。《西曹秋思》最早著录于清初黄虞稷的《千顷堂书目》，至乾隆年间纂修《四库全书》时，仅列入存目。近年印行《四库全书存目丛书》，当事者遍访海内外公私藏书，始终未能查找到此种原刻旧本，只好采用北京图书馆收藏的一部清代抄本作为底本。这部抄本，也是在我发现南明刻本之前，世间所知《西曹秋思》的惟一传本，却明显晚于我得到的这部南明原刻本。显而易见，本书的文献价值，亦不在其版刻价值之下。

一、版本情况

这部《西曹秋思》卷首有董养河子董师吉撰写的一篇刻书前"记"。据董师吉讲，其父董养河病逝于崇祯十六年秋，他刊刻此书时，"作令赴粤，怆然数载之中，岸谷升沉，而先大夫又弃予五年所矣"。由崇祯十六年下推五年左右，为清顺治三、四年间，即南明永历并绍武元年前后。董师吉"作令赴粤"的具体地点，据其前"记"所署，为广东惠州。这一带此时相继隶属南明绍武政权和永历政权统治，从董师吉写此前"记"的态度上看，他又绝不可能降清任职，所以，这个本子无疑应属南明所刻书籍。

另外，从字体版式上来看，这部《西曹秋思》，与前述南明刊刻的《春秋存俟》和《重刊熊勿轩先生文集》，风格特征完全一致，可

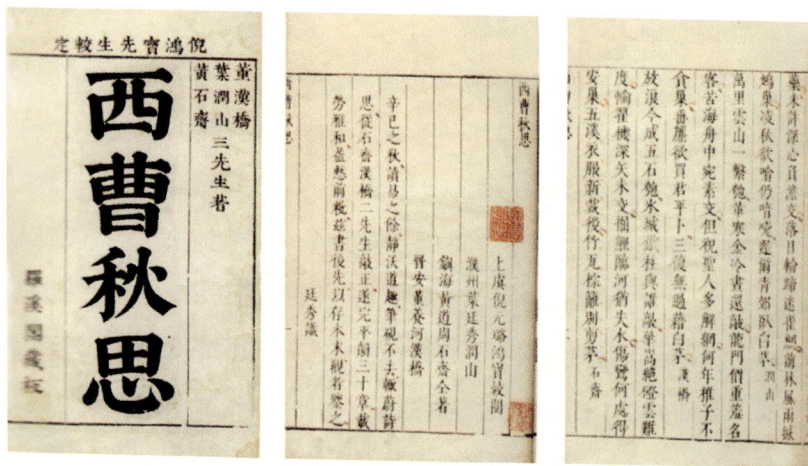

南明刻本《西曹秋思》封面、卷首及内文

以明确印证这一刊刻时间。

　　董师吉这篇前"记"，写于"惠之丰湖亭"，内封面题"罗溪阁藏板"。《四库全书总目》在存目书籍中另外著录有董养河著《罗溪阁韵语》无卷数，为未刊残稿，今未见收藏著录。四库馆臣谓"罗溪乃闽中地名"①。若是这样，那么所谓"罗溪阁"应是董师吉自署斋号，他在惠州刊刻此书而题作"罗溪阁藏板"，应当是用以表示其为罗氏家刻书籍。

　　《西曹秋思》除此南明刻本之外，未曾有其他刊本行世。尝见《中国书店三十年所收善本书目》著录有一清康熙刻本《西曹秋思》，但该书目将其列入明人别集类中，而且标示作者为倪元璐②。倪元璐未曾

① 案《大明一统志》（西安，三秦出版社，1990）卷七八福建漳州府（页1201）有罗溪。
② 《中国书店三十年所收善本书目》（北京，中国书店，1982），集部，明别集类，页198。

入狱西曹，不应该有这样的著述，所以，这一书目的著录必有讹误。颇疑即此南明刻本《西曹秋思》，因卷首首列"上虞倪元璐鸿宝较阅"字样，著录时将其误认作倪氏著述；又因书中没有署明具体刊刻时间，著录者仅依据字体版式，大致推定为康熙年间所刊。我甚至推测，中国书店善本书目著录时，依据的很有可能就是收入弊箧的这部书。

《四库全书存目丛书》采用的清代抄本，原藏国家图书馆，见于《北京图书馆古籍善本书目》著录①。这个抄本此前曾收藏在民国藏书家孙壮手中，故书中钤有"孙壮藏书印"、"伯恒"（孙壮字）两方印章。

除了这两种完整的传本之外，在清道光年间陈寿祺编刻的《黄漳浦集》卷四六当中，以《叶谦斋董叔汇各作平韵诗三十首分篇和之》为题，收录了当时仅能找到的十首黄道周的和诗。

以上这三种传本，文字互有出入。由于此南明原刻本罕见难求，就目前所知，天壤间尚别无传本，这里将此刻本全文附录于本文文末，并校勘与其他两种传本的文字异同，以供研究者取资考索。为行文简便，下文将孙壮旧藏清抄本简称作"孙抄本"；将陈寿祺编刻的《黄漳浦集》，称作"陈刻本"。

二、本书写作的历史背景与文献价值

《西曹秋思》不是一部吟咏风月的普通唱和诗集。黄道周、叶廷秀、董养河三人，当时身处缧绁之中，意图通过这些诗篇，抒发情怀，倾

---

① 《北京图书馆古籍善本书目》（北京，书目文献出版社，1987）集部总集类，页2819。

吐心声，相互砥砺。《四库提要》对其撰述缘起，略有考述曰：

> 考《明史》道周本传，道周以劾杨嗣昌，贬为江西按察使照磨。
> 久之，江西巡抚解学龙荐所部官，推奖道周备至。大学士魏照乘者，
> 恶道周，拟旨责学龙滥荐。帝发怒，立逮二人下刑部狱，并究党与，
> 词连工部司务董养河等，户部主事叶廷秀救之，皆系狱。
>
> 案道周照磨之贬，在崇祯十一年，后之系狱，史不言何岁，
> 今以此编跋语考之，盖十四年辛巳也。①

四库馆臣所说，虽大体不误，但基于提要体例，只能止于勾勒粗略轮
廓。关于黄道周诸人系狱的经过，还有一些具体细节，需要说明；特
别是黄道周弹劾杨嗣昌的真实原因，旧史所记，迷离隐约，尚有待于
发覆者。

（一）黄道周与明代末年的政治背景

黄道周在明末，论学为一代名儒，"以文章风节高天下"；处世性
"严冷方刚，不谐流俗"②，"强忍敢言，以圣贤自命"③；为政则是清正诤
臣，史称其"一往孤忠，行将与天子争胜"④。黄道周"与天子相争胜"，
事不止一端。其较著者，始则于崇祯五年，因与皇帝辩诘朝政之非，

---

① 《四库全书总目》（北京，中华书局，1965）卷一九三总集类存目，页 1762。
② 《明史》（北京，中华书局，1974）卷二五五《黄道周传》，页 6595。
③ 张岱《石匮书后集》（北京，中华书局，1959）卷三七《黄道周传》，页 221。
④ 张岱《石匮书后集》卷三七《黄道周金声列传》张岱论赞，页 225。

招致雷霆之怒，在右中允位上被削籍为民；崇祯九年复官后，在崇祯十一年七月，复又上书弹劾杨嗣昌夺情入主内阁。为此，黄道周与思宗数度往复论辩，终不为至尊之威屈折[①]。此即《四库提要》所云道周被祸入狱之发端。

黄道周弹劾杨嗣昌，其表面原因是杨嗣昌父母双亲丧服在身[②]，依礼制只能居家守丧，不宜出世做官；实际上，却关系到明末政治斗争的一个极大关节。

明代万历中期以后，以东林党以及复社、几社成员为代表的朝野正派清流，与齐、楚、浙三党、阉党及其他奸邪党中诸贪鄙庸劣之徒，相互对峙，冲突日甚一日，成为明末政治生活的主线[③]。虽然论者以为东林一派有时意气稍盛，或绳人过刻，或持论太深，而且在他们当中也确实混杂有一些屑小奸佞之徒，然而，作为左右明末朝野舆论、主持正义的强大政治派别，这些都是他们在如此浩大的政治活动中，特

---

① 《明史》卷二五五《黄道周传》（页6592—6599）；又卷二四《庄烈帝本纪二》，页326。

② 《明史》卷二五二《杨嗣昌传》（页6509—6510）载杨嗣昌在夺情起用前"以父忧去，复遭继母丧"。《明史》卷六〇《礼志一四》（页1493）载，依明制，其"斩衰三年者：子为父母，庶子为所生母，子为继母"。故杨嗣昌应服满三年丧期，始得复居官位，而据《国榷》（北京，中华书局，1958）卷九六崇祯十一年七月壬戌条（页5813）载："嗣昌于丁丑（案崇祯十年）二月趋朝时，父服阅十八月，母服才五月也。若夺情之命，又先乎此。"案据《国榷》卷九五（页5762）记载，所谓"夺情之命"，诏下于崇祯九年十月甲申，故明显背戾明朝典制。

③ 谷应泰《明史纪事本末》（北京，中华书局，1977）列《东林党议》一节（页1025—1059），专门记述明末党争之缘起经过；已故谢国桢先生所著《明清之际党社运动考》（北京，中华书局，1982）一书，更详细论述了这一时期的党派争执，可以参考。

别是在当时高度集权的政治体制下，难以避免的缺陷。从后世研究者的角度，或是以旁观者的眼光，自然很容易剔抉出这些不足。但是，却不能以书斋里期望的理想状态，来苛求实际政治活动的纯粹和完美。另一方面，尽管在与东林作对的奸邪党中，也间或有人，操守尚堪称清正，却不能因此而抹煞这两大派别"一贤一邪"的根本差别①。

黄道周弹劾杨嗣昌，以及由此而被祸入狱，正是基于这样的政治背景。如果否认东林党同其政敌之间贤正与奸邪的区别，也就无法合理地评判黄道周的行为。

（二）杨嗣昌其人

杨嗣昌被夺情起用，初任兵部尚书，到职时为崇祯十年三月。至崇祯十一年六月，改带礼部尚书衔，"兼东阁大学士，入参机务，仍掌兵部事"。此东阁大学士与武英殿大学士、文渊阁大学士等一样，是明朝中期以后事实上的宰相，通称殿阁大学士，亦称阁臣、阁员，或宰辅、辅臣。所谓内阁，即由数名殿阁大学士组成。杨嗣昌以内阁大学士而仍兼掌兵部，权重一时②，可见思宗倚重之深切。杨嗣昌在京中居相位未久，复于崇祯十二年九月，出阁督师，围剿张献忠。至崇祯

---

① 南明时几社中坚夏允彝撰《幸存录》（上海，上海书店，1988，影印原商务印书馆印《明季稗史初编》本），列有"门户大略"一节（页287—294），反思东林党人的诸多失误和缺陷，不赞成"后世之论，必一贤一邪，有难浑者"的评判。作为党社中人，夏允彝对于东林党活动的反思是必要的，也是允当的。但是，不管是对于后世的评判者来说，还是对于明末实际政治斗争的当事人来说，从总体上看，这两大阵营之一贤一邪，终究还是泾渭分明，不容混淆的。

② 李慈铭《越缦堂读书记》（上海，上海书店出版社，2000年6月）史部正史类"明史"条（页370）谓："明世七卿，以吏部、兵部、都察院为尤重。"

十四年三月，卒于军中①。

通观杨氏一生，虽属佞幸小人，但也并没有什么特别昭彰的劣迹。杨嗣昌受人病诟最甚的施政举措，一是入阁前，于崇祯十年在兵部尚书任上，奏上因粮、溢地等四策，为朝廷聚敛钱粮，筹措军饷，入阁后复又坚持继续搜刮；二是应对辽东女真的进犯，主张和议互市。

《明史》杨嗣昌本传称，朝廷依策筹饷的结果，是导致"民不聊生，群起为盗"。杨嗣昌籍居武陵，当时这一带尚有荒地待垦，所以有人以为，他筹饷"以'溢地'为名，盖言额外之地。此或楚中寥阔偶有之，而四方实无是也"②。似以为杨嗣昌不谙世事而出此劣着。其实，杨嗣昌不但知道实际没有多少"额外之地"可以搜刮，而且还深知如此搜刮会招致什么样的后果。早在此前十多年的泰昌元年八月，他就曾向朝廷奏报说，天下已经"民穷财尽"，若是再继续无节制地征敛，"只恐百姓自己做贼"③。明知如此，杨嗣昌还是这般力主搜刮民财，不过是应对内忧外患，要想有所展布，明知饮鸩止渴，也不得不为之。

至于和议一事，各个时期具体的情况，比较复杂。但总的来说，当时明廷没有能力同时应对内乱外患，若非坐以待毙，只能或先和虏剿寇，或先抚寇击虏。两相比较，先与女真人媾和，或许尚不失为一种具有某种现实可行性的办法。若谓剿寇与击虏两相兼顾，恐怕纯属书生意气，徒为空言高论，其实更不宜实行④。

---

① 《明史》卷二五二《杨嗣昌传》，页6510—6521。
② 夏允彝《幸存录》"流寇大略"条，页312。
③ 计六奇《明季北略》（北京，中华书局，1984）卷一"杨嗣昌奏岁饥"条，页23。
④ 赵翼《廿二史札记》（北京，中华书局，1984）卷三五"明末书生误国"条（页806—807）即持此说，可参看。

　　杨嗣昌于明廷大厦将倾之际，施展这些没有办法的办法，其本意自然是希图讨取主上恩倖。不过崇祯一朝，十七年间，走马灯似地不停调换宰辅，前后相继，总共竟然有五十人之夥，但大多或空疏，或庸陋，甚者则如温体仁，卑劣不堪。除了像孙承宗这样个别的"伟人杰士"，而实际入阁仅半年即离朝出镇之外[①]，罕能有人才识品行俱堪以膺此职事，针对外侮内乱有所擘划展布[②]。在这些平庸奸佞者当中，相比较而言，杨嗣昌还算得上勇于任事，多少能有些作为。明亡后，原锦衣卫指挥王世德撰《崇祯遗录》，称道"杨嗣昌实心任事，廷臣少有，而才亦足以济之"[③]。王氏在书中对于东林党人多有贬斥，也许有人以为他所讲的算不上公论。然而，黄道周本人在事后超越个人爱憎，平心静气论及此事时，也感叹杨嗣昌为一时人才[④]，这就不能不说是持平的公道看法了。

　　只是杨嗣昌的才能，实际上还远远达不到膺任宰辅的程度。杨嗣昌自以为"淹贯古今，俨以豪杰自负"[⑤]。可是，史称其"虚恢自用，

① 张岱《石匮书后集》卷八《孙承宗传》，页75—80。《明史》卷一一〇《宰辅年表二》，页3384。

② 史惇《恸馀杂记》（北京，中华书局，1959）"东林经济"条（页71）云，在东林所谓"大经济"诸人中，惟有孙承宗"少见方略"，其馀诸人率不值一提。

③ 王世德《崇祯遗录》（南京，江苏古籍出版社，1986，《明史资料丛刊》第五辑本）崇祯十二年九月，页14。

④ 李世熊《寒支二集》（清道光八年姚江陈氏木活字本）卷四《答黎媿曾简》，页22a。又清人李慈铭在《越缦堂读书记》中（史部正史类"明史"条，页377），虽然指斥杨嗣昌为"盖世之奸"，却也不能不承认他是一个"有才"的人物。

⑤ 范景文《范文忠公文集》（上海，商务印书馆，1936，《丛书集成》初编本）卷四《谠论当存人材可惜疏》，页65。

又繁琐无大略"①。如出阁督师，"躬亲簿书，过于繁琐。军行必自裁进止，千里待报，坐实机会"。这显然不是统领大局的器度。而一意孤行，坚持辟用并回护"大言自诡"的熊文灿，以致一再贻误征剿军机，则说明其毫无知人之明②，而这恰恰是身任宰辅者所最需要的才智。

　　最初杨嗣昌获知于思宗，是以"口辩见幸"③。当时，思宗正为内外兵事乏人可用而忧虑，杨嗣昌则一向好言兵事，又曾历任永平巡抚及兵部右侍郎等戎职，故思宗听其言辩而信其才干，相见恨晚，"谓可属大事者惟嗣昌，破格用之"④。嗣昌父杨鹤，则对其子好侈谈兵事很不以为然，以为其才能本不足以副之，"国家若用此人作本兵（案即兵部尚书），天下事败坏矣"。时论以为杨鹤有赵奢之风⑤。后至杨嗣昌出阁督师，果然有"（赵）括代（廉）颇"之讥⑥。杨鹤本任陕西三边总督，应对陕北寇乱无方，以"抚贼欺饰"罪被逮，下刑部狱论死⑦。《明史·杨嗣昌传》谓"嗣昌三疏请代，得减死"，实际上是思宗欲任用

① 彭遵泗《蜀碧》（上海，上海书店，1982，影印神州国光社《中国历史研究资料丛书》本）卷一崇祯庚辰秋七月，页11。

②《明史》卷二五二《杨嗣昌传》（页6510—6520）。案王世德撰《崇祯遗录》，虽极力称赞杨嗣昌的才能，也不得不承认（页15）："惟用熊文灿以误国，罪无所逭耳。"李世熊《寒支二集》卷四《答黎媿曾简》（页22a）记载，黄道周也说杨嗣昌是"以不善用人而败"。

③ 张岱《石匮书后集》卷三七《黄道周传》，页222。

④《明史》卷二五二《杨嗣昌传》，页6510；又卷二五五《黄道周传》，页6599。

⑤ 张履祥《言行见闻录》（北京，中华书局，2003，《杨园先生全集》本）卷二，页904。

⑥ 计六奇《明季北略》卷二三"总论流寇天下"条，页680。

⑦ 查继佐《罪惟录》（杭州，浙江古籍出版社，1986）列传卷二五《杨鹤传》，页2493—2494。

其子杨嗣昌，"故贳其死"①。杨鹤显然体察到思宗的意图，不知是出于忠心，还是出于保护嗣昌以免得招灾惹祸的考虑，竟在免死谢表中劝阻思宗之任用意图云："臣既负国，臣子不胜任，恐无以匡王。"②知子莫如父，后来的事实证明，杨嗣昌自是不堪重任。至于其挟私倾害政敌，如曾弹劾过他的宋学朱与杨廷麟，都被他寻机借刀杀人，置之于死地③；其妄言欺诳，如妄自编造星象感应故事，取媚于思宗，并为和议制造舆论④；等等，固然是小人秉政之惯行伎俩，不足为怪。

　　杨嗣昌既是这样并无过人之才能，那么，黄道周又何以会有人才之叹呢？事实上，如同《明史》杨嗣昌本传之史臣赞语所说，只是因为"明季士大夫问钱谷不知，问甲兵不知"，往往徒托空言而不谙世事，杨嗣昌才能够"得以才显"。据云思宗即位之初，在褫夺宦官权柄的同时，本有"虚心委任大臣"的想法，无奈诸当事大臣，遇事多庸碌无所主张，如崇祯二年时女真进犯，京师戒严，思宗问方略于首辅韩爌，韩爌竟以迁都作答。于是，思宗"始有轻士大夫心"⑤。崇祯皇帝这种看待士大夫的心理，会使他愈加觉得杨嗣昌人才难得。

---

① 计六奇《明季北略》卷七"杨鹤受降"条，页131。
② 查继佐《罪惟录》列传卷二五《杨鹤传》，页2495。
③ 计六奇《明季北略》卷一四"宋学朱济南被围"条，页249—250。《明史》卷二七八《杨廷麟传》，页7114。
④《国榷》卷九六崇祯十一年五月己巳条，页5808—5810。计六奇《明季北略》卷一四"杨嗣昌论荧惑"条，页237—238。
⑤ 王世德《崇祯遗录》崇祯二年十月，页8。

（三）弹劾杨嗣昌的真实原因

既然杨嗣昌并非庸陋不堪，从他以往和后来的执政举措上看，也算不上大奸大邪，可是黄道周为什么非要触怒崇祯皇帝来弹劾他不可呢？

黄道周准备弹劾杨嗣昌，本在杨嗣昌即将入阁前夕。起草奏疏后尚未呈递，正值部院会推阁员。明代后期任用殿阁大学士，是由吏部尚书领衔，会合廷臣公推一候选名单，交由皇帝从中点定最终人选。

黄道周为众望所归，不仅在这次推举名单之内，而且东林一派的人甚至以为，无人出其右。他们只是担心黄道周，别因为这一奏疏惹出麻烦，从而影响入阁大事。于是，这些志同道合的朋友劝戒黄道周说："公得政，挽回者大。奈何必以口舌争？即轻宰相，独不为天下计乎！"同时，还安排人日夜守候，看住黄道周，防止他率性行事。谁也没有料到，结果竟是黄道周出局而杨嗣昌入阁。

黄道周自恨为同列所误，明知此时上疏弹劾，必然会被误解为是因自己没有得到相位而挟怨攻击他人，但就是在这种情况下，仍然强冒危险进言[①]。这说明杨嗣昌之执掌权柄，特别是其晋身宰辅，在黄道周看来，确实是一件关系重大的事情。那么，黄道周如此不计后果，难道仅仅是因为杨嗣昌丧服在身，违背礼制吗？恐怕事情不会这样简单，黄道周似乎也不应这样不明轻重。

《明史·杨嗣昌传》记述杨氏父子与东林党之关系云：

（崇祯）五年夏，擢右佥都御史，巡抚永平、山海关诸处。嗣

---

① 徐鼒《小腆纪传》（北京，中华书局，1958）卷二三《黄道周传》，页237。

昌父子不附奄，无嫌于东林。侍郎迁安郭鞏，以逆案谪戍广西，其乡人为诉冤。嗣昌以部民故，闻于朝。给事中姚思孝驳之，自是与东林隙。①

这里所谓"逆案"，正式名称为"钦定逆案"，是指崇祯二年三月，由思宗亲自主持勘定的惩处魏忠贤阉党及其依附者名单。尽管当初在天启年间魏忠贤得势时，曾刊布过多达三百零九人的所谓"东林党人榜"，欲使其"躲闪无地，翻转无期"，即永世不得翻身②。但最初负责草拟在逆案者名单的东林党人"大学士韩爌、钱龙锡，不欲广搜禁锢，仅列四五十人以请"，思宗不答应，以为宽恕过度，结果最后共分七等罪，列入自魏忠贤、客氏、兵部尚书崔呈秀以下二百六十馀人，刊布中外③。

从逆案勘定过程中韩爌、钱龙锡等人的态度来看，其中或许有一部分人，虽依附魏忠贤，却并没有特别严重的劣迹。然而，郭鞏在案，却丝毫也不冤枉。

郭鞏在案的罪名为"赞导"，具体罪行是"为魏忠贤报首参之仇，致周宗建有逮死之惨"④。天启三年，郭鞏任御史职，受魏忠贤唆使，诬指周宗建、刘一燝、邹元标、杨涟等数十人为熊廷弼"逆党"，相

---

① 《明史》卷二五二《杨嗣昌传》，页6509。
② 参见李桉《东林党籍考》（北京，人民出版社，1957）。
③ 文秉《先拨志始》（上海，上海书店，1982，影印神州国光社《中国历史研究资料丛书》本）卷下"钦定逆案"，页218—268。谷应泰《明史纪事本末》卷七一《魏忠贤乱政》，页1170—1171。《明史》卷三〇六《阉党传》，页7851—7853。
④ 文秉《先拨志始》卷下"钦定逆案"，页235。

互交结，"党邪误国"①。此前在天启元年，熊廷弼以兵部尚书衔经略辽东，次年，因辽东巡抚王化贞庸劣无能，失守广宁，牵连坐罪论诛，当时正羁押在狱待决。魏忠贤决计利用这一时机，倾害反对他胡作非为的东林党人，后来扬涟、左光斗、周宗建诸人相继惨遭杀害，即承此端绪。因为熊廷弼是封疆大吏，魏忠贤一伙以为"封疆事重，杀之有名"②，所以要诬陷杨涟诸人与熊廷弼相结纳。

不仅如此，为帮助魏忠贤把持朝政，倾轧忠良，在此之前，郭巩还编制出黑名单，供阉党按图索骥，一一处置。此即后来阉党所谓"东林党人榜"之最初发轫③。郭巩因甘当阉竖鹰犬，得到丰厚奖赏，"骤迁至兵部侍郎"④。天启三年二月，御史周宗建上疏论曰：

> 臣于去岁指名劾奏，进忠（案魏忠贤本名李进忠）无一日忘臣。于是乘私人郭巩入都，嗾以倾臣，并倾诸异己者。巩乃创为"新幽大幽"之说，把持察典，编廷臣数十人姓名为一册，思一网中之。又为匿名书，罗织五十馀人，投之道左。……是察典不出于朝廷，乃巩及进忠之察典也。幸直道在人，巩说不行，始别借廷弼，欲一窜陷之。⑤

①《明史》卷三〇五《魏忠贤传》，页7818；又卷二四五《周宗建传》，页6357—6358。
②《明史》卷三〇六《徐大化传》，页7865。
③ 在刊布所谓"东林党人榜"之前，阉党已有圈点《缙绅便览》，编造"东林同志录"、"东林点将录"等种种黑名单，但据文秉《先拨志始》卷上（页154）记载，这些黑名单都是在"杨、左既逐"之后才出现的，所以郭巩应是其始作俑者。
④《明史》卷二四五《周宗建传》附《郭巩传》，页6360。
⑤《明史》卷二四五《周宗建传》，页6358。

"京察"是指明代每六年一次的京官考察制度，朝廷根据考察的结果，决定官员黜陟，所以是政治斗争中的重大关节。魏忠贤唆使郭巩操纵京察不成，便又采用更恶毒的手段，让郭巩直接罗织结纳熊廷弼的罪名，置东林清流诸公于死地。

其实，熊廷弼不仅与东林党人没有什么特殊关系，而且过去还曾经专门以"排东林，攻道学为事"①；周宗建也是特立独行，"持论数与东林左"②。只不过是因为激于大义，秉持公道，故政见往往相通，且渐趋一致而已，根本不存在相互结党的事情。

显而易见，郭巩是魏忠贤门下穷凶极恶的走狗，罪恶昭彰，不容宽贷，将其定入逆案，实属罪有应得，本没有什么冤情可以诉说。那么，杨嗣昌究竟要为他开脱什么呢？《明史·杨嗣昌传》仅云郭巩"以逆案谪戍广西，其乡人为诉冤。嗣昌以部民故，闻于朝"，而在《明史》郭巩本人的传记里，记述得比这要稍微详细一些：

> 庄烈帝定逆案，削籍论配。我大清兵拔迁安，巩遁去。后诣阙自言拒聘，上所撰《却聘书》。兵部尚书梁廷栋论之，下狱坐死。巡抚杨嗣昌为讼冤，得遣戍。③

原来这个无耻小人，竟然以被罪之身，又信口编造谎言，希图邀取恩赏。结果弄巧不成，被人识破，险些丢了性命。

①《明史》卷二五九《熊廷弼传》，页 6693。
②《明史》卷二四五《周宗建传》，页 6356。
③《明史》卷二四五《周宗建传》附《郭巩传》，页 6360。

　　就是这样一个十恶不赦的恶棍，杨嗣昌竟公然为其开脱，使之得以免却一死，这当然要招惹东林党人的普遍愤恨。所谓"与东林隙"，就是说杨嗣昌已经公然站到了以东林党人为代表的正人君子的对立面上。回想一下天启年间阉党横行时，东林党人惨遭荼毒的恐怖情形，便可以想象，杨嗣昌如此怜惜郭巩这样的阉党鹰犬，自然会引起包括东林党人在内所有正直人士的高度警觉。特别是嗣昌父杨鹤，不仅"不附阉"，当年在阉党肆虐时，还曾以回护熊廷弼，得罪魏忠贤，遭除名削籍①，现在杨嗣昌却如此庇护阉党干将，很是令人费解。像这样连父仇都可以置而不顾，那么他若是有意勾结奸党，会做出什么样的坏事来，就更不好设想了。

　　《明史·杨嗣昌传》谓杨嗣昌为郭巩开脱罪责，仅仅是以郭巩为其"部民故"。原因是否这样简单，很值得怀疑。清人李慈铭谓"以其后人方为显仕"，而致使《明史·杨嗣昌传》多有曲笔②。或许其回护郭巩一事，即别有隐情。至少在黄道周看来，杨嗣昌与阉党徐鸣之间，肯定存在某种交结。——这应当就是黄道周不顾一切，竭力阻遏杨嗣昌入阁的本质原因。

　　明末人史惇论东林党人之政争得失，谓"长洲既逐，东林丧气者久之，遂不能扼武陵之用"③。这里的长洲和武陵，是分别用本贯代指文震孟和杨嗣昌，而文震孟为东林骨干，并且还是黄道周的挚友，可见黄道周弹劾杨嗣昌，确实是有深刻的党争背景。当时上疏弹劾杨嗣

---

① 《明史》卷二六〇《杨鹤传》，页6726。
② 李慈铭《越缦堂读书记》史部正史类"明史"条，页377。
③ 史惇《恸馀杂记》"钱牧斋"条，页72。

昌，并不止黄道周一人，给事中何楷、御史林兰友、修撰刘同升、编修赵士春也都相继论之，清人夏燮纂《明通鉴》，即谓这些人阻遏杨嗣昌入阁，都与杨嗣昌庇护阉党的行为有关[①]。

（四）黄道周与阉党抗争的经历

这样的推论，虽然没有直接的记载能够落实，但是，如果审视一下黄道周此前的言行，便可以看到，防止阉党馀孽重操权柄，倾害正人君子，正是黄道周在崇祯时期所关注的首要政事。

崇祯帝即位伊始，即迅速铲除当政阉党，审定逆案，严重打击了依附阉竖的奸佞小人。但是，阉党的馀孽仍然潜存于朝野，并没有彻底清除干净[②]；同时，继生的奸邪人物，由于其心术不正，行为卑劣，为清议所不容，也自然要站到东林党人的对立面上。

大致在崇祯二年这一年上下时间内，在经历了短暂的东林党人主政局面之后，温体仁于崇祯三年六月进入内阁，至崇祯十年六月去职，居相位长达八年，而且在大多数时间内，很大程度上是由其独揽权柄。温体仁"为人外曲谨而中猛鸷，机深刺骨"。阉党当政时，温体仁即曾行贿于阉党头目崔呈秀，并为杭州首建之魏忠贤生祠作颂诗献媚；秉政后，"魏忠贤遗党日望体仁翻逆案，攻东林"，温体仁则与其沆瀣一气，暗地指使人尝试翻转逆案，"日与善类为仇"，"而愈侧目诸不

---

① 夏燮《明通鉴》（北京，中华书局，1959）卷八六庄烈皇帝崇祯十一年七月乙丑条，页 3294。
② 文秉《先拨志始》卷下"钦定逆案"，页 266—268。

附己者"①。温体仁在崇祯十年六月致仕。同年八月，薛国观即在温体仁的援引下，入阁成为宰辅，至十三年六月始致仕。薛国观本依附魏忠贤排斥东林，"为人阴鸷僄刻，不学少文。温体仁因其素仇东林，密荐于帝，遂超擢大用之。……国观得志，一踵体仁所为"②。这样，温体仁和薛国观，成为这一时期倾害东林党人等正派清流人士的罪魁祸首，朝中群小多在其指示或庇护下，与东林为敌。而黄道周"一人之身，是非者数矣"③，通籍后几起几落，都与其抗言抵制倾害东林党人有关。

黄道周站在东林党一边与阉党抗争，最早可以追溯到天启年间魏忠贤势焰初起的时候。黄道周为天启二年进士，选授翰林院庶吉士。依明制，翰林院庶吉士三年后"散馆"④，故在天启五年，补授黄道周翰林院编修，为经筵展书官。于是黄道周在御前直接与魏忠贤对峙，不为所屈⑤。

在天启二年黄道周初选庶吉士时，魏忠贤已开始连连斥逐朝中清正大臣。道周同榜状元文震孟，循例授职翰林院修撰后，随即于这年十月愤而上疏，"首挫其锋"。同榜进士选庶吉士郑鄤，也紧继其后，指斥魏忠贤，结果与文震孟一同贬秩外遣。至天启七年，文、郑二人

---

① 《明史》卷三〇八《温体仁传》，页7932—7934；又卷三〇六《阉党传》，页7868。

② 《明史》卷二五三《薛国观传》，页6538—6541。

③ 张岱《石匮书后集》卷三七《黄道周传》，页222。

④ 《明史》卷七〇《选举志二》，页1701。

⑤ 计六奇《明季南略》（北京，中华书局，1984）卷八"黄道周志传"条，页315—316。查继佐《罪惟录》列传卷一二下《黄道周传》（页1963）载："例经筵展书官膝前行。道周以道尊，平步进。魏逆连目慑之，不为动。"

复又因顾同寅等悼惜熊廷弼案遭罗织牵连，同时被削籍为民^①。

通行的黄道周传记，都没有记述文震孟、郑鄤与黄道周三人在这一事件中的联系。事实上他们三人在廷试后即非常亲密^②，事先曾做过谋划。黄道周的门人洪思和庄起俦记述说，黄道周"与文震孟、郑鄤约，共劾魏珰"^③，而文震孟"请以身先之"，并让黄道周和郑鄤在他"死而后继之"^④。黄道周本来也是要按计划紧承文震孟之后，上疏抨击魏忠贤，却因适值母亲即将来京，"三疏三焚"其稿，而最终未便呈进^⑤。

尽管如此，三位新科进士意气正盛，不可能一点不泄漏风声。这时，黄道周又这样当面向魏忠贤示威挑战，所以不能不被阉党嫉恨。黄道周在翰林院编修职上仅仅几个月，便"以东林见废"，去职还乡^⑥。而据黄道周自己讲，魏忠贤一伙整治他的借口，就是这次讲筵上

---

① 《明史》卷二五一《文震孟传》，页 6495—6497。《黄宗羲全集》（杭州，浙江古籍出版社，1993）第 10 册碑志类《郑牟阳先生墓表》，270—271 页。

② 郑鄤《峚阳草堂文集》（1932 年族孙郑国栋木活字印《峚阳全集》本）卷一六《天山自叙年谱》，天启二年，页 15a。

③ 洪思《黄子传》（清道光间陈寿祺编刻本《黄漳浦集》卷首附），页 1b。

④ 庄起俦《漳浦黄先生年谱》（清道光间陈寿祺编刻本《黄漳浦集》附）卷上，天启二年，页 12a。

⑤ 黄道周《黄漳浦集》（清道光间陈寿祺编刻本）卷二《救郑鄤疏》，页 20a。

⑥ 查继佐《国寿录》（北京，中华书局，1959）卷四《阁部黄道周传》，页 128。张岱《石匮书后集》卷三七《黄道周传》，页 221。计六奇《明季南略》卷八"黄道周志传"条，页 315—316。案《明史》本传（页 6592）等书谓道周以"内艰归"，不确。庄起俦《漳浦黄先生年谱》卷上（页 12b—13a）明确记载，黄道周天启五年七月到家，翌年春迎娶夫人蔡氏，"越两月而母太夫人违养"。又《明季南略》之"黄道周志传"，谓道周始授庶吉士时，即因慈母在上，"议且有待"，于是"决意归隐"，最终也是自己"亟请告行"。据此，黄道周容或有归隐之意。但是，他离职归里，时在三年多以后，说明当时并未下决心辞官。黄道周离开朝廷时，还是受到了某种逼迫。

的大不敬举动①。

　　直至魏忠贤覆败，逆案勘定之后，黄道周始于崇祯二年冬复出。"自是，公终与人艰危事矣"②。针锋相对，抗衡奸党。

　　首先是援救钱龙锡。思宗甫一即位，钱龙锡即入阁为宰辅。所谓"钦定逆案"，很大程度上出自钱龙锡主持。所以，阉党馀孽对其恨之入骨。崇祯三年八月，思宗中女真人所设反间计，以通敌罪杀掉辽东督师袁崇焕③。"群小丽名逆案者"找到大好时机，于年底十二月时，在温体仁等人的主使下，按照当年魏忠贤借熊廷弼一案坑害杨涟诸人的办法，依样画葫芦，"聚谋指崇焕为逆首，龙锡等为逆党，更立一逆案相抵"④。用心险恶，手段卑鄙毒辣，大有通盘翻转逆案的势头。钱龙锡逮下诏狱，举朝震恐。在这紧要关头，身任右中允的黄道周，挺身而出，于翌年正月，连上三疏，表示愿身历疆场，为钱龙锡赎死。钱龙锡虽赖其发端疏救，最终减死出狱，黄道周却被镌降三级，谪外任用⑤。

　　钱龙锡一案发生后，鉴于"党与反复，至以东林比崔（呈秀）、魏（忠贤），参罚开复"，局势日益崩坏⑥，黄道周于崇祯五年正月"遘疾求去"。

―――――――――

① 清道光间陈寿祺编刻本《黄漳浦集》附庄起俦《漳浦黄先生年谱》卷上，天启五年下（页13a）附洪思撰黄道周年谱，谓黄道周自己说，他在天启五年春，正"以讲筵获罪"。

② 计六奇《明季南略》卷八"黄道周志传"条，页316。

③《明史》卷二五九《袁崇焕传》，页6718—6719。

④《明史》卷二五一《钱龙锡传》，页6485—6486。谷应泰《明史纪事本末》卷六六《东林党议》，页1049。

⑤ 计六奇《明季南略》卷八"黄道周志传"条，页316。

⑥ 张岱《石匮书后集》卷三七《黄道周传》，页221。

但他却又不甘心让小人得志，倾害忠良，于是，在临行前上疏劝谏思宗："开国承家，小人勿用。"不能"知其为小人而又以小人矫之"。这差不多已是直接点名，指斥温体仁之辈了①。黄道周还进一步讲到：

> 臣观迩年诸臣，无一实为朝廷者，其用人行事，不过吹求报复而已。自庚午春以来，盛谈封疆，实非为陛下之封疆，不过为逆案而翻封疆，使诸芟锄逆案者，无端而陷封疆之内。……臣观古之圣贤，日夕经营，不过两事，外攘夷狄，内屏小人。②

显而易见，黄道周以为摒除小人，防止逆党翻案，卷土重来，是朝政中最为要紧的事务，所以才会在退身自处之前，还不避忌讳，一再申说，并终因这一奏疏触怒思宗，而被削籍为民③。

可以想象，一直这样紧紧盯住阉党馀孽不放，并与之奋力抗争的黄道周，当得知庇护阉党鹰犬郭鬘的杨嗣昌行将入阁的情况后，不能不全力予以阻遏。当年钱龙锡一案，虽然没有酿成大祸，仅以钱龙锡遣戍定海了结，但那时思宗御极未久，阉党刚刚铲去，熊廷弼一案，荼毒之惨，尚历历在目，阉党仍为人所深恶④，东林党人也还对朝政有

---

① 《明史》卷二五五《黄道周传》，页 6592 ~ 6594。
② 张岱《石匮书后集》卷三七《黄道周传》，页 221。
③ 《明史》卷二五五《黄道周传》，页 6594。
④ 《明史》卷三〇八《温体仁传》（页 7934）载："体仁阴使侍郎张捷举逆案吕纯如以尝帝。言者大哗，帝亦恶之，捷气沮，体仁不敢言，乃荐谢升、唐世济为之。世济寻以荐逆案霍维华得罪去。维华之荐，亦体仁主之也。体仁自是不敢讼言用逆党。"案据谈迁《国榷》（页 5656），吕纯如之荐，事在崇祯七年八月，此可概见崇祯初年之人心舆论。

较大影响，所以，思宗没有听任那些阉党馀孽来罗织朝中清正大臣。可是，到崇祯十一年杨嗣昌入阁时，情况已经发生了很大改变。随着日益专擅朝政，温体仁不仅不断排挤异己，使之离官去职，而且已经开始指使爪牙，公然兴造冤狱，倾害东林党人。崇祯八年，兴郑鄤之狱；十年，兴钱谦益之狱。特别是郑鄤一狱，如下文所述，本来就是冲着黄道周来的。形势对于东林党人已经相当险恶，若是再有杨嗣昌这样与阉党相勾结的人入主内阁，起用郭鞏这样的鹰犬，他们很可能就会再找机会，罗织熊案、袁案之类的封疆重案，大肆荼毒于东林党人。特别是从逆案勘定之日起，阉党中人就"日谋更翻"，从未真正停止过活动。这样，一旦奸邪得势，完全可能全盘翻转。后来阮大铖在南明所为，便是证明①。因此，在黄道周看来，朝政演变，一定已经到了非常严重的时刻，所以，他才会公然不避猜疑，力阻杨嗣昌入阁。

（五）在伦理观念与政治现实之间

崇祯九年，黄道周以荐召复官还朝。前此，在崇祯八年十一月，黄道周的朋友庶吉士郑鄤被温体仁弹劾入狱。郑鄤受到弹劾的过失，主要是"假乩仙判词，逼父振先杖母"②。郑鄤饶有文才，而喜财好色，居乡行事多不法③，故不为乡里舆论许可④，但温体仁弹劾郑鄤，却是要以郑鄤品行不端为把柄，打击报复东林党人。

①《明史》卷三〇六《阉党传》，页 7853。
②《明史》卷三〇八《温体仁传》，页 7935。
③ 计六奇《明季北略》卷一五"郑鄤本末"条，页 263。谷应泰《明史纪事本末》卷六六《东林党议》，页 1055。
④ 计六奇《明季南略》卷八"黄道周志传"条，页 317。

如前所述，郑鄤与黄道周、文震孟为天启二年同榜进士，当年三人即曾一同谋划击斥魏忠贤。郑鄤在天启二年被贬秩外遣后，起初回乡闲居①。天启五年魏忠贤借熊廷弼案罗织杨涟、左光斗等下诏狱致死后，郑鄤作《黄芝歌》相讥刺，一时流传都下，郑鄤本人则处境极其危险，不得不改名换姓，窜居山谷。魏忠贤垮台后虽以原官任用，但尚未赴任即遭父亲去世，居家守丧②。所以，通籍后将近十四年，郑鄤差不多一直居于林下，这时在大学士钱士升的怂恿下入京，准备补官。文震孟当时虽正居职宰辅，却受到温体仁的排挤，很难施展主张，因此，他并不很赞同郑鄤在这时进京③。不过作为共过患难的同年密友，文震孟还是想尽力为郑鄤安排一个较好的位置，并为此与温体仁发生冲撞④。可是，文震孟的这种做法，实际上只会徒然加重温体仁对于郑鄤以及他同文震孟之间关系的猜忌与防范；再加上郑鄤一到京城，就与温体仁话不投机，温体仁竟当面放话说："公与文湛持（文震孟字湛持）同任国事罢，我久要归了！"⑤ 显然，这是把郑鄤视作文震孟的心腹羽翼，誓不两立。果然，温体仁马上从郑鄤的个人生活上找到茬口，将其控告入狱。项庄舞剑，意在沛公。史称温体仁试图由此发端，向文

① 计六奇《明季北略》卷一五"郑鄤本末"条，页 261。

② 《黄宗羲全集》第 10 册碑志类《郑峚阳先生墓表》，270—271 页。郑鄤《峚阳草堂文集》卷一六《天山自叙年谱》，页 22b。

③ 文秉《烈皇小识》（上海，上海书店，1982，影印神州国光社《中国历史研究资料丛书》本）卷四崇祯八年十一月，页 111。

④ 《国榷》卷九四崇祯八年十一月癸丑条，页 5718。

⑤ 郑鄤《峚阳草堂文集》卷一六《天山自叙年谱》，页 26a—27b。

震孟和黄道周寻衅，伺机予以倾害①。由这一点也可以反证文震孟、黄道周、郑鄤三人之间，确实有着非同一般的关系，这就是他们当年共同策划反抗魏忠贤所结下的深厚情谊②。

这是一次严峻的挑战。从郑鄤的经历中可以看出，这不仅是对文震孟和黄道周的挑战，更是对东林党人的挑战③。文震孟随后就被温体仁排挤罢官，并很快在第二年，即崇祯九年六月去世④。应付挑战的任务，便落在黄道周一个人身上。

从当时的社会伦理角度看，郑鄤的个人生活确实存在很多值得非议的地方。尽管同情郑鄤的人，后来做过几种对他有利的解释，但郑鄤确实参与了所谓"杖母"，则应属事实⑤。这在纲常伦理上实在说不过去。温体仁这着非常毒辣，郑鄤的事，谁都不好说话，对于以"纲

---

① 谷应泰《明史纪事本末》卷六六《东林党议》，页 1055。计六奇《明季北略》卷一五"磔郑鄤"条，页 258。《明史》卷二五五《刘宗周传》，页 6581。

② 明末一些议论，以为黄道周是受郑鄤欺骗蒙蔽而与其交游，并为之开脱（如史惇《恸馀杂记》"黄石斋"条，页 69；又王世德《崇祯遗录》崇祯八年，页 12），都是对于黄道周与郑鄤的政治交往基础缺乏关注而妄加推测。

③ 陈子龙自撰《年谱》（清嘉庆八年簳山草堂刊《陈忠裕公全集》附刊本）卷上（页 22a）崇祯十五年下，谓温体仁"知郑品秽易乘，可使群正夺气"。

④ 《国榷》卷九五崇祯九年六月丙子条，页 5745。

⑤ 关于所谓"杖母"一事，明末以来，众说纷纭。其中较质实者有《黄宗羲全集》第 10 册碑志类《郑埜阳先生墓表》（270—271 页）、萧穆《敬孚类稿》（合肥，黄山书社，1992）卷一四《记郑鄤狱》（页 386—387）转述严元照《蕙榜杂记》记卢文弨所见当时案卷、计六奇《明季北略》卷一五"郑鄤本末"条（页 259—263）、文秉《烈皇小识》卷四（页 111）等。其中《明季北略》与《烈皇小识》所说大体相同，而以《烈皇小识》记述稍简省："郑（鄤）为孝廉时，父振先私宠一婢，为嫡吴氏所虐。振先与子谋，假乩仙以怵之。吴氏惧，甚愿受杖以赎罪，即令此婢行杖。行次，鄤不禁失笑。吴氏大怒，谓渠父子私构此局，遍诉三党。于是喧传有杖母之事。"

常万古，性命千秋"相自励的黄道周来说[1]，尤其难以开口讲话。在自己尊奉的纲常伦理与残酷的现实政治之间，黄道周必须做出抉择。

黄道周一生都在归隐读书与从事现实政治之间痛苦地抉择。他一考中进士，就面对阉党擅政弄权的黑暗局面，因此，丝毫无意于官场，往往一入朝便上疏请求退隐。但他又身怀一往孤忠，想为国家做些事情，特别是在国家危亡、朝政危殆的时候，更觉得有义不容辞的责任。只是他还没有顾炎武"天下兴亡，匹夫有责"的观念。退隐了，就可以安心读自己的书，讲自己的学，不在其位，不谋其政。可是，只要他在朝一天，就要对得起自己的良心，尽到自己应尽的责任。因而，他能够非常平静地辞官，平静地对待罢官，同时，也一向坚定不移地同那些魑魅魍魉做斗争，绝对不向他们妥协。而在郑鄤这件事上，还有一项个人的原因，使他更不能撒手不管。这就是当初他和文震孟、郑鄤三人筹划，一同向魏忠贤发难，而他自己因顾虑影响迎养老母，临阵改变主意，退缩没有上疏。为此，郑鄤以为他懦弱胆怯，黄道周心里一直感到愧疚[2]。这种道义感，会进一步加重黄道周拯救郑鄤以回应温体仁等屑小进攻的决心。

黄道周在崇祯九年腊月才回到京城。这时郑鄤入狱已整整一年。还朝做官不到四个月，即崇祯十年四月，黄道周就两次上疏，请求休官回乡，未获允准[3]。五月，晋升为左春坊左谕德，兼翰林院侍讲，署

---

① 徐鼒《小腆纪传》卷二三《黄道周传》，页 241。
② 黄道周《黄漳浦集》卷二《救郑鄤疏》，页 20a。
③ 庄起俦《漳浦黄先生年谱》卷上，崇祯九年，崇祯十年，页 18b。

司经局事①。六月，久旱修省，下旨求言，黄道周趁机上疏，抨击温体仁"身任重寄七八载罔效，尚擅权自若"；并委婉劝谏思宗，不要让那些"市井细民，申勃稽之谈，修睚眦之报"；同时指出当前要务中之"最不可缓者，应诏直言之臣，被讦无证之事，悉以一面解其烦冤"②。案"勃稽"，《明史》本传引作"勃豀"，谓家庭争执纠纷，此则用以暗喻指控郑鄤的罪过本属家庭琐事。议者以为"时体仁招奸人构东林、复社之狱，故道周及之"③。后来黄道周弹劾杨嗣昌时，猛烈抨击杨嗣昌夺情做官，是"干天地纲纪之常"，声言"名位事轻，纲常事重"；可是，当他在奏疏中谈到郑鄤的事情时，却又一次将其称作"缙绅家庭小小勃豀"④。

从纲常伦理角度来看，杨嗣昌"夺情"，是受命于君王，"明旨偪切"⑤，不得不如此；而郑鄤"杖母"，即使再有隐情，也不好说是非由儿子来参与杖打不可，这终归是一件不孝不敬的事情。黄道周想方设法解救郑鄤，甚至随后利用自己的名誉声望，对思宗说："文章意气，轶轲拓落，臣犹不如钱谦益、郑鄤。"而郑鄤却正"坠渊壑"之中⑥，希冀思宗或许能够从爱惜才华的角度，网开一面。可是，黄道周却从来没有正面为郑鄤"杖母"一事做过辩解。这说明他并不认为"杖母"一事纯属诬枉。尽管如此，黄道周依然一再说，这只是"缙绅家庭小

---

①《国榷》卷九六崇祯十年五月丙申条，页5783。

②《国榷》卷九六崇祯十年六月戊戌条，页5784—5785。

③《明史》卷二五五《黄道周传》，页6595。

④黄道周《黄漳浦集》卷三《论杨嗣昌疏》，页12a。

⑤张岱《石匮书后集》卷三七《黄道周传》，页222。

⑥黄道周《黄漳浦集》卷二《三罪四耻七不如疏》，页18a。

小勃鸂"。

显而易见，不管是抨击杨嗣昌，还是解救郑鄤，黄道周一直是从政治品质来看待区分其优劣高下，他并不是那种脱离现实政治立场而苛求个人生活道德完美的人。用黄道周自己的话来说，就是要"争于其大，不争于其细"①。

由此，愈可见黄道周弹劾杨嗣昌，绝不可能仅仅是出自空洞的"纲常名教"观念。如果一定要说是纲常，那就只能是黄道周所说的"天下纲常"②，这就是不能让小人得势，执掌权柄，危害社会。

（六）三君子入狱始末

面对温体仁借郑鄤案向东林发难，东林一派人士内部本来有不同的对策。黄道周的门人畿社领袖陈子龙，即以为郑鄤其人"本公论所斥，诸君子误收之。今既为大奸所中，宜弃一人，以全善人之朋"③。从后来的事态发展来看，应该说陈子龙的主张更为明智。但是，黄道周不想后退，就像他后来在隆武政权率师北伐，明知不可而为之，一切不过是尽其心力而已。再说黄道周与郑鄤，有为正义的事业而共同冒险犯难的情义，他也不能像陈子龙一样，脱离个人感情去做纯理性的思考。这就像后来他刚一被赦复官，即不避朋党嫌疑，上疏解救因受他牵连而同遭牢狱之难的解学龙、叶廷秀一样。

---

① 黄道周《黄漳浦集》卷二《慎喜怒以回天疏》，页 9a。
② 张岱《石匮书后集》卷三七《黄道周传》，页 222。
③ 陈子龙自撰《年谱》卷上崇祯十五年，页 22a。

黄道周解救郑鄤没有成功①，却使自己处于非常被动的地位。从这一点来看，"机深刺骨"的温体仁，预计的图谋算是完全得逞。君子与小人较量，往往如此。此不足为怪，亦不足以为道周病。

黄道周谓自己文章不如钱谦益、郑鄤，而这两个人的生活品行，都颇受时人病诉，如东林自己人黄景昉所云，"微独鄤，即钱公亦未测何如"②。黄道周极力为郑鄤开脱，引起的消极后果，是紧接着在崇祯十年十月确定东宫官属时，因为他的这种言论，不宜"为元良辅导"，从而被排除在外③；而黄道周之所以未能进入内阁，很可能也是由于这一原因。至崇祯十一年七月上疏弹劾杨嗣昌，本来就有落选怨怼的忌讳，不便出面，黄道周又偏在这时犯难进言；再加上对待郑鄤与杨嗣昌的道德评判采用"双重标准"，被思宗疑为"朋比"；黄道周并且在众多大臣面前，公然与思宗反复争辩，"劲气直词，百折不挫"，很不给皇帝老子面子，结果招致降职六级，贬谪为江西布政司都事的处分④。但是，黄道周实际并未至贬所赴任，而是还乡家居⑤。

黄道周虽然没有到任，但从理论上来说，毕竟还是江西布政司的属员。当时的江西巡抚解学龙，天启年间是以"东林鹰犬"的罪名，在右给事中任上被削籍为民的。崇祯十三年四月，已被擢升为南京兵

---

① 因"杖母"罪属"忤逆"，从法律程序上讲，要有父母指控，而郑鄤父母早已去世，所以郑鄤系狱多年，未能定罪。后来，奸党中人便进一步诬控郑鄤有奸妹、奸媳等罪行，于是，郑鄤惨遭凌迟处死。事具文秉《烈皇小识》卷六崇祯十二年八月，页171。

② 计六奇《明季南略》卷八"黄道周志传"条，页317

③ 《国榷》卷九六崇祯十年十月甲寅条，页5792。

④ 《国榷》卷九六崇祯十一年七月己巳、戊寅条，页5815—5816。

⑤ 庄起俦《漳浦黄先生年谱》卷上，崇祯十一年至十三年，页23b—26a。

部右侍郎的解学龙，离职前在循例向朝廷举荐属内官员时，推荐了迁谪于此的黄道周[①]。这本来是一件很平常的常套做法。按照惯例，发下相关部门处理，皇帝一般不再过问。可是，当时"庸劣充位"的大学士魏照乘，很害怕黄道周擢升后，再来纠弹他们这些混事的所谓"伴食宰相"，于是硬是在解学龙的奏疏中吹毛求疵，抓住赞誉黄道周"学问直贯天人，品行无忝孔孟"这句话作把柄，票拟圣旨云："群臣结党标榜，欺侮君父，屡旨训诫，毫不省改。"思宗皇帝对于黄道周开脱郑鄤而弹劾杨嗣昌一事，似乎还一直耿耿于怀，当即大怒，下旨"立削二人籍，逮下刑部狱，责以党邪乱政，并杖八十，究党与"[②]。故黄道周与解学龙一道，在这年八月，被逮至京城，投入刑部监狱[③]。

　　当思宗逮捕黄道周的圣旨刚刚下达的时候，黄道周的门生陈子龙，为母丧守制结束，正在去往北京起复补官的路上。陈子龙刚刚考中个三甲进士，分发到广东惠州做推官，尚未到任，即遇母丧，丁忧归家。他在野虽然很有影响，但在朝属于新进，地位太低，又是外官，申救没有什么意义。于是，陈子龙便在进京后，"遍走当局称同志者，求明石斋师，为圣主惜此举动。皆蹙额相向，以为上意方不测，若申救，则益其祸"[④]。这些人的顾虑，应该说是可以理解的，实际也是比较理智的。

　　陈子龙在平日有交往的官员当中，没有找到肯出头仗义执言者，

①《明史》卷二七五《解学龙传》，页 7043—7044。

②《明史》卷二五五《黄道周传》，页 6599；又卷二五三《魏照乘传》。文秉《烈皇小识》卷七崇祯十四年，页 186。

③《国榷》卷九七崇祯十三年八月癸丑条，页 5872。

④陈子龙自撰《年谱》卷上崇祯三年，页 27a。

可是与黄道周素不相识的户部主事叶廷秀，却慨然挺身相救，结果被责杖一百[①]。道周门人庄起俦记其经过云：

> 　　叶公者，濮州人也。登第后以魏珰故，不出。既补冷曹，与先生未尝有觌面之雅。闻先生就逮，号于曹署曰："吾辈称冠进贤冠，今名贤罹厄，忍复坐视耶？"呼一曹不应，又呼一曹。呼已，继之以骂，又复呼。如此，遍呼六曹毕，无一人应者。叶公乃挺身上疏，请自代先生。
>
> 　　而八月旨下，先生与解公各杖八十，发西库司问拟。越数日，而叶公之疏亦下。旗校索，叶公曰："吾待子来久矣，请入视吾居所有。"旗校随入，见其左侧置秘器一具，右陈全袭寿服。叶公曰："吾老母已终世，又无妻子贻累，今日惟须公辈来一了事耳。"即随旗校同往拜杖。监杖者闻之曰："异哉！千古乃有如此人。"叶公不行一铢一钱，诸执杖者皆愕眙不忍，下乃反轻于他拜杖者。既拜杖已，削籍回濮州。[②]

叶廷秀削籍回家，本与此案再无关系，可是，到了十一至十二月间，黄道周的同乡国子监生涂仲吉又先后两次上疏申救[③]，引得思宗更为恼怒，下旨杖涂仲吉一百，并"究诘同谋指使"[④]。于是，"复诏道周、学

①《国榷》卷九七崇祯十三年八月己未条，页5873。
②庄起俦《漳浦黄先生年谱》卷上，崇祯十三年，页26a—26b。
③《国榷》卷九七崇祯十三年十一月壬辰、十二月庚申条，页5881、5883。
④庄起俦《漳浦黄先生年谱》卷上，崇祯十三年，28b。

龙对北司簿，仍即家逮廷秀”①。

所谓北司，是明代特务机关锦衣卫下设专门受理皇帝钦定大狱，也就是所谓“诏狱”的机构，正式名称为北镇抚司，又习称北寺。一般在这里主要是进行拷掠审讯，审讯完毕后，大多仍移送刑部拟定罪罚②。与北司相对，刑部的狱讼机构习称之为西曹，也叫西库。黄道周一移到北镇抚司，即连续遭受四次严酷刑讯③，“北司帅逼供党与，锻炼酷极无所得。突谬指数员塞责”④。董养河时为工部司务，就是在这些被胡乱指认的所谓“党与”当中，牵连同入诏狱。

这些无辜入狱的人，都是黄道周讲学的朋友⑤，董养河还是黄道周的漳州同乡宿好⑥，确是有比较密切的交往，而叶廷秀则是在这里，才第一次见到了他冒死论救的黄道周。道周门人庄起俦记述当时情景云：

> 同日对簿，诸君子累累然相望司廷，而未能相识。叶公乃向前，俯而揖问：“谁为黄老？”先生却就谓之曰：“是其为叶老先生矣！”叶公乃以次鞠身，更揖曰：“斯当为解老先生乎？”于是，相

---

① 计六奇《明季北略》卷一六“黄道周廷杖”条，页275—276。

② 《明史》卷九五《刑法志三》，页2334—2336。

③ 庄起俦《漳浦黄先生年谱》卷上，崇祯十三年，页28。

④ 计六奇《明季南略》卷八“黄道周志传“条，页318。案文秉《烈皇小识》卷七谓董养河等入狱是由黄道周“供出”，应是依据当时北司编造案卷而未加考索，不可信。

⑤ 《国榷》卷九七崇祯十四年二月丙辰条，页5887。《明史》卷二五五《黄道周传》，页6599。

⑥ 钱谦益《列朝诗集小传》（上海，上海古籍出版社，1983）丁集下，页650。叶廷秀、黄道周、董养河《西曹秋思》（南明罗溪阁刻本）卷首《记》，页1a。

　　与谛视唏嘘。①

　　君子互惜，相见恨晚②。其实不仅是叶廷秀，就连解学龙，情形也大致相似。虽然解学龙向朝廷力荐黄道周，但是在一同被逮之前，他与黄道周也没有丝毫往来，从"未有执手之欢，杯勺之雅"③。所谓"结党标榜"，不过是为共同的道义追求相互感召而已。

　　如上文所述，黄道周由刑部转入北镇抚司狱受审，是在崇祯十三年年底的时候，叶廷秀与董养河稍迟也入北司狱中。清人全祖望谓在北镇抚司刑讯之后，"诸人皆返刑部，而先生（案指黄道周）改下北寺"，以为黄道周一直被关押在北镇抚司狱中，所说应有差误④。黄道周在北司狱中时，有诗云"淹留北寺五月馀"，此后"未几，转西库"⑤，所以黄道周大致应在崇祯十四年六月前后转回刑部狱中，亦即所谓"西曹"。当年年底，黄道周出狱，遣戍辰州⑥。此《西曹秋思》前有叶廷秀小引，说他与黄道周、董养河相互唱和于"辛巳之秋"，辛巳即崇祯十四年，正与三人一同羁押于刑部狱中的时间相吻合。

---

① 庄起俦《漳浦黄先生年谱》卷上，崇祯十三年，页28b—29a。
② 计六奇《明季角略》卷八"黄道周志传"条，页318。
③ 黄道周《黄漳浦集》卷三《乞赦解学龙叶廷秀疏》，页23a。
④ 全祖望《明儒学案》（北京，中华书局，1985）卷五六《诸儒学案》下四《忠烈黄石斋先生道周》，页1334。
⑤ 庄起俦《漳浦黄先生年谱》卷上，崇祯十三年，页28a。
⑥《国榷》卷九七崇祯十四年十二月甲子条，页5911。

（七）文献价值

叶廷秀在卷首的"小引"中说明，他们三人的这些唱和诗，是由他首先提起；陈刻本黄道周诗的标题，表明黄道周是在叶廷秀、董养河二人"各完平韵诗三十首"之后，才动笔"分篇和之"；再结合书中每韵下三人的排列次序均为叶廷秀、董养河、黄道周，这说明其唱和经过是叶廷秀首唱，董养河、黄道周相继应和。

诗词不同传本之间的比勘，是一件非常复杂的事情。这是因为作者在世时，往往会一再推敲修改字句，于是就会有处于不同修改阶段的若干种文本流传于世；再加上后人在传布过程中，有意的更改或者无意的错讹，就会有许多文句出入。并不是早出的传本就一定要比晚出的更好。本文篇末所附《西曹秋思》原文，仅标注诸本异同而不做优劣裁断，就是出于这一原因。

但是，比较《西曹秋思》上述三种传本之间的异同（详下附录原文校勘），可以看出，南明原刻本《西曹秋思》，有几种明显优于其它两种传本的优点。一是内容完整。全书每人每平韵各赋诗一首，总计九十首，陈刻本仅收黄道周诗十首，为全书九分之一；孙抄本虽篇目完整无缺，可是有许多阙字。此原刻本只在"十二侵"韵叶廷秀诗中阙失一字。二是比较准确地保持了三人诗作的原始面貌。原刻本与孙抄本的差异，主要是孙抄本抄写的文字错讹；原刻本与陈刻本的差异，则主要是词句的更动修改。据卷端"记"，原刻本的底稿，是董养河的儿子董师吉录自西曹狱中，所以，陈刻本的词句更动，只能出自这以后。

《西曹秋思》在诗研究之外的史料价值，如所记黄道周北伐出师时之心态、情景，为研究黄道周人生观念的绝佳资料；又如董养河没有传记，清初钱谦益为《列朝诗集》所选诗人做小传，在陈勋的传记下，附带提了他几句，简略得甚至连明朝灭亡以后董养河是否依然在世也说不出来①，而此书则清楚记述董养河是在崇祯十六年秋，为防守京城，积劳成疾而去世。至于通过这些特殊境遇下的诗作，来研究黄道周、叶廷秀、董养河诸人的内心世界，可以挖掘的价值更多，特别是叶廷秀和董养河另外都没有留下诗文著作，这本唱和诗集，也就显得弥足珍贵了②。

2004 年 6 月 12 日记

附录：

《西曹秋思》全文

记①

【校异】

①案孙抄本列此记于卷末，《四库提要》所据"庶吉士梁上国家藏本"也列此记于书尾。今案从内容和形式上看，似以列在卷首更为适宜。

---

① 钱谦益《列朝诗集小传》丁集下，页 650。

② 叶廷秀于明亡后，参加山东榆园义军的抗清活动，兵败被俘，不屈死节，而《明史》谓廷秀为僧以终，所记有误。民国时张相文对此最早做有考索，见张氏编纂《阎古古全集》（民国十一年排印本）附所撰《白耷山人年谱》卷上，丁亥永历元年（页 10b—11b）、甲午永历八年（页 16b）；著名版本学专家沈燮元先生尝为弊箧所藏此《西曹秋思》撰写题跋，亦阐发其事，称颂叶廷秀与黄道周，"彪炳千秋，后先辉映"（此题跋后刊载于《北京高校图书馆学刊》1995 年第 1 期上）。又谢国桢《清初农民起义资料辑录》（上海，新知识出版社，1956），汇集有叶廷秀参与榆园抗清活动的一些重要史料（页 90—91）。

辛巳之春，小子师吉入侍燕京。适石斋黄夫子为廷诤下锦衣，叶润山先生以疏白同坐，先大夫以宿好被织^①。

【校异】

① 宿好，孙抄本"宿"作"夙"。

时天下忧疑^①，君子仄足^②。倪文正公在林下，投书于执政，有南北部复见今日之语。黄夫子闻之，谓先大夫及诸同事曰："鸿宝之言过矣！东汉党人，遗恨千载。上乏明君，内多嬖幸，士君子徒相标榜是非于下，戮辱之惨，固其宜也。余直道不阿，知无不言，言无不尽，或以过激获罪，何有党名？窃笑近所谓东林、西林，日向予喋喋者耳^③。"

【校异】

① 忧疑，孙抄本"忧"作"皆"。② 君子仄足，孙抄本无"君子"二字，"仄"作"失"。③ 日向予喋喋者耳，孙抄本"耳"作"自"。

以是羁栖西曹，吟咏土室。或书《孝经》以鬻食，或解《周易》以见志。彼此赓酬，互相戒勉。师吉侍侧服劳，黄夫子尝曰，孺子可教。故凡父师著述，皆手录而珍袭之。未几赐还，公道大明，中外胥快。而倪文正公随起少司马，至都取西曹诸作，如经解，如雪草，一一较梓。曰非天王明圣^①，安有此耶？

【校异】

① 天王，孙抄本"王"作"下"。

时逆闯方炽，蹂躏秦晋，先大夫痛感厝薪^①，三疏请缨，见阻蜀相。又以庚癸之嘑，监督九门粮草，朝夕拮据，劳瘁成疾。于癸未之秋，先诸先生弃世矣！迨北畿失守，金陵告陷，诸先生相继尽节，忠孝之气，洵塞于天地哉②！

【校异】

①痛感，孙抄本"痛"作"弥"。②洵塞于天地，孙抄本"洵"作"询"。

因忆黄夫子督师出闽关，师吉偕伯氏嵩生饯之。黄夫子曰，予直此得报先皇帝于地下矣①！他不忍言矣，并可谢尔父矣。遂挥泪而别。

【校异】

①直此，孙抄本"直"作"自"。

嗣是伯氏披缁入山①，师吉作令赴越②。怆然数载之中，岸谷升沉，而先大夫又弃予五年所矣③。流离之下，箧笥无存，惟此《秋思》唱和一帙④，斤斤宝之，不忍释手。爰述始末，播诸同人，俾咸知西曹之事云。

小子师吉，百拜谨志于惠之丰湖亭⑤。

盱江后学万铣印角父书。

【校异】

①披缁入山，孙抄本"山"作"坐"。②作令，孙抄本"作"作"忙"。③弃予，孙抄本"予"作"余"。④唱和，孙抄本"唱"作"倡"。⑤谨志，孙抄本"志"作"识"。

西曹秋思

上虞倪元璐鸿宝校阅

濮州叶廷秀润山

镇海黄道周石斋仝著

晋安董养河汉桥^①

【校异】

① 案孙抄本三人题名次序为：首董养河，叶廷秀居中，末黄道周。

辛巳之秋，读易之馀，静沃道趣。笔砚不去，辄蔚诗思。从石斋、汉桥二先生敲正^①，遂完平韵三十章。载劳雅和，益惭前粃。兹书后先，以存本末。观者鉴之。

廷秀识

【校异】

① 石斋、汉桥，孙抄本二人先后互易作"汉桥、石斋"。

一东

润山　宁甘袖手不书空，流水深山静者同。渐拓疏怀秋色里，微敲新句月明中。傍檐片榻频惊雨，隔院双吹晚散风。世事滔滔何处砥，请君百折看川东。

汉桥　浮云吹尽雁横空，影落长江笑我同。再阅燠凉双阙下，骤惊宠辱一年中。苍葭秋远承清露，仄柏峰孤试劲风^①。惆怅无方辞缴弋，未须悔别旧墙东。

石斋　虎谷蛟潭人影空^②，棕团携得与谁同。破车已顿荒山下，短棹仍投虐浪中^③。出袖琪花齐化石^④，开帷蜡火各经风。茅莼握卜千金数^⑤，何处安流沧海东。

【校异】

①仄柏峰孤，孙抄本"峰"字空阙。②人影空，孙抄本"人"作"入"。③短棹，孙抄本"棹"作"掉"。虐浪，陈刻本"虐"作"雪"。④齐化石，陈刻本"石"作"口"。⑤千金数，陈刻本"金"作"无"。

二冬

润山　远树夕阳阳抹浓^①，天南极目见云封。忆莼闷阻连朝雨，索米愁催落月钟。乡国何年消战皱，客途到处老秋容。馀生剩有归欤意，欲买荒山听古松。

汉桥　虽然云壑趣偏浓，踦马何关试蚁封。漫絷南冠悲夜柝^②，还惊北阙误晨钟。蛟龙浪阔魂频度，兕虎风凄道自容。莫为陆沉相对泣，荒园犹有未凋松。

石斋　最不宜看云树浓，况当隙照又云封。青天偶屑星榆泪^③，白日仍催子夜钟^④。半壁寒灰围客梦，一壶漏屋稳身容^⑤。惊心户外伧儿语^⑥，多少黄鹂失乱松。

【校异】

①阳抹浓，孙抄本"阳"作"一"。②悲夜柝，孙抄本"悲"作"愁"。③青天偶屑星榆泪，陈刻本"天"作"霜"，"屑"作"结"，"星榆"作"明河"。④仍催，陈刻本二字作"频传"。⑤漏屋稳身容，陈刻本"屋"作"酒"，"身"作"心"。⑥惊心，陈刻本"心"作"身"。

三江

润山　更于离乱念家邦，客去林空鹤影双。岂畏风霜催鬓落，已观寒暑定心降。寻尝日半分燐火①，遮莫廉垂对草窗。挂壁苍苔闲不厌，暮凉犹倒酒三缸。

汉桥　曾筑黄金动帝邦，报燕书读泪痕双。眼中骥足囚空老②，天上旄头扫未降。剥啄敲棋怜薜榻，错综诠易类芸窗。清宵韵侣无赊酒，坐看秋花蘸碧釭。

石斋　雁集凫归各此邦，投罗舄履肯双双。未驯龙性知无赖③，已坠文城可遂降。判作候人辞赤芾，悔从雕管谢蓬窗。巢由屈贾同销处，一勺灯花倒暮釭④。

【校异】

①　寻尝，孙抄本"尝"作"常"。②　囚空老，孙抄本"囚"作"因"。③　无赖，孙抄本"赖"作"懒"。④　一勺灯花，孙抄本"勺"作"灼；又"花"作"光"。

四支

润山　闭户从知懒性宜，倦蝉吟老坠秋枝。何人重幕尊开好①，有客单襟睡起迟。语默初难学古象，衣冠今已累明时。新来作计惟寒俭，皎月撩窗动素思。

汉桥　绂鹿冠猿两不宜，此身于世总骈枝。偷闲本恃消名蚤，蒙难空怜学道迟。竖鬼数经辞药后②，崩澜少记得壶时。于今履虎平平尔，鼻齁如雷何所思。

石斋　促刺话头儿女宜③，瘖蝉今已断枯枝④。不辞碧藕通身脆，莫说蟠桃结果迟。乌鸽掌中犹觅食⑤，猫狐眼里未移时⑥。甫田历历生骄莠，空对笠人诉所思。

【校异】

①尊开，孙抄本二字互乙作"开尊"。②辞药后，孙抄本"辞"作"乱"。③话头，陈刻本二字作"屏间"。④瘖蝉，陈刻本"瘖"作"喧"。⑤掌中，陈刻本"中"作"盘"。⑥眼里，陈刻本"里"作"镜"。

五微

润山　几载烟霞坐钓矶，风尘回首失荷衣。渡横野水潮初落，芜尽田园客未归。只有闲心翻梦趣，不因诠易漏天机。眼前何处迷途尽，入夜愁看萤火飞。

汉桥　抛却鱼竿砺女矶，秋风谁为捣寒衣。嗟予无死三年望，问客何来他日归。松桂故山空扫迹，龙蛇大陆未藏机。累臣剩有忧天泪，六月严霜已昼飞。

石斋　半砖堕甑亦渔矶①，何处沙滩不箬衣②。猿槛难衔银索去，燕窠犹贴破帆归③。百钱穆卜饶生计，两字明符澹杀机。闻道西山六月雪，孤臣未敢问霜飞。

【校异】

①亦渔矶，陈刻本"亦"作"各"。②箬衣，陈刻本"箬"作"簑"。③破帆，陈刻本"破"作"布"。

六鱼

润山　岂因交绝往来疏，思逐归鸿落照馀^①。何处扁舟横荻月，有人欹枕梦鲈鱼。天涯尚见石堪语，乡国仍怜竹报书。阅到三时秋又老，素怀历落意踌蹰。

汉桥　凋桐如髮影疏疏，菫楚声残午睡馀。惊矢固宜同孽雁，脱渊宜是愧潜鱼。乐为晨夕相怜伴，忘在风滔未见书。久学养生经险尽，善刀藏岂待踟蹰。

石斋　榆阴隔岁再疏疏，题鴂声残芳草馀。化国久赊双梦蝶，仙方空禁一衣鱼。千春石鹨悬知我，四壁风霆倘护书^②。闭眼支床生已老，为谁搔首更踟蹰。

【校异】

①归鸿，孙抄本"鸿"作"帆"。②风霆，孙抄本"霆"作"尘"。

七虞

润山　倦眼何须别智愚，冷心幸已澹荣枯。敢期明月还珠浦，独觅寒虹贮玉壶。观世总成真逆旅，爱才尚有旧奚奴。故乡剩得蓬门在，为倩僯人镴住无。

汉桥　蜗争龙战一何愚^①，貂玉晨披骨夕枯^②。达士信天分齿角，野夫满腹在爪壶。伏书女授吾期子，箕范王咨旧是奴。每忆古来忧患地，婆娑生意不能无。

石斋　买车还马岂云愚，却为龟灵龟自枯^③。刺棹何须频结佩，中流不合自捐壶。便从馆库烹鸭犬，莫向昆仑问宝奴。世道关天人事澹，锦场簇草几时无。

【校异】

①龙战，孙抄本"战"作"阘"。②骨夕枯，孙抄本"夕"作"石"。③龟自枯，孙抄本"龟"字空阙。

八齐

润山　眼底往来途不迷，半窗亦似一枝栖。穷岩久见蛛封网，尘榻尝疑燕坠泥①。隔壁有人吟白苧，故园无路杖青藜。不堪薄暮蝇蚊乱，静里思深风月蹊。

汉桥　鳞羽离披夕雾迷，棘圜何必异桐栖②。忠难动主水投石，学不如人马陷泥。无罪捵怀非白璧，放归予杖是枯藜。倦云此去深深闭，或许随僧过虎蹊。

石斋　空泽今知老马迷，只因结足坐鸡栖。人将道眼安金屑，天与铅刀切玉泥。高士每逢新燹火，星寮错怪旧燃藜。遗乡小吏黄华绶，木用深深桃李蹊。

【校异】

①尝疑，孙抄本"尝"作"常"。②棘圜，孙抄本"圜"作"园"。

九佳

润山　昔人撒手百层崖，看到寻常事偶谐。道在实难随世诺，途穷幸不丧吾怀。凉风初试寒松节，野火仍留枯草荄。抽卷寻诗防累静，水云空阔自高斋。

汉桥　绝物无能学断崖，放情时复托齐谐。身樱罗网纔思过，人在蒹葭岂易怀。论世寸心留雅颂，识花双眼定根荄①。懒将生事防生趣，九食三旬半是斋。

石斋　伐檀人去久乖崖，梳草薙云汝未谐。鸳鸭栏中容绝足^②，骊龙穴底失开怀^③。已看日脚侵枯岸，不趁雷车问旧荄。石马铜驼能自在，小舠湾处即高斋^④。

【校异】

①双眼，孙抄本"眼"作"目"。②容绝足，孙抄本"容"作"空"。③骊龙，陈刻本二字互乙作"龙骊"。④小舠，陈刻本"舠"作"船"。

十灰

润山　隙光孤影勉装徊，秋雨夤缘长碧苔。尽弃身名抛恨去，如常色笑引诗来。儙家莫弄落梅曲，盛世原宽咏桧才。传语门前鸥鹭伴，知闻未断漫相猜。

汉桥　梧窗无语月低徊，挂壁龙吟生绣苔。与世违多钣梵果，为书误不恨秦灰。麟楦自诧寻常眼，凤臆终矜急难才。黄独紫芝还我去，蛣丸鸱鼠莫须猜。

石斋　随他燕雀雅装徊，已见朱阑惹绿苔。束楚何当支大厦，奔流端不顾微灰。鸥夷自赛江湖愿，枹鼓难明堂阜才^①。只此山深朋好绝，虎嗥豨啸莫相猜^②。

【校异】

①枹鼓，孙抄本"枹"作"抱"。②豨啸莫相猜，陈刻本"豨啸"作"猿噪"，"莫"作"浪"。

十一真

润山　许多世事莫开唇，戴笠相逢各饮醇。丘壑欲容高枕士^①，儿童犹识濯缨人。吟深庾亮楼中月，思入庄周梦里身。一线江湖缘未断，渔翁何事滞垂纶。

汉桥　酒为销忧强入唇，醉乡怜我果清醇。看呼五白赊豪客，听抚孤桐见古人。半市半朝杂处地，亦僧亦梵苦吟身。若无铃柝频惊梦，何异秋江隐钓纶^②。

石斋　莫贪鲤尾与猩唇^③，桂蠹蓼虫久自醇^④。不向盐梅尝异味^⑤，翻从毒草见真身。牢骚鬼射沙中影^⑥，割截天全线下人^⑦。自是触肤通世法^⑧，髑髅在处感青纶。

【校异】

①丘壑，孙抄本"丘"作"邱"。②秋江，孙抄本"江"作"深"。③莫贪，陈刻本"莫"作"谁"。④桂蠹，陈刻本"桂"作"藁"。⑤不向，陈刻本"不"作"莫"。⑥鬼射，陈刻本"鬼"作"兔"。⑦天全，陈刻本"全"作"停"。⑧触肤，孙抄本"触"字空阙，陈刻本"触"作"残"。

十二文

润山　澹漠天光闲自分^①，愁心一半送斜曛。秋蛩泣露惊颓壁，倦鸟寻枝避断云。欲向沧溟窥道岸，未教剑气触星文。乱离满地劳瞻顾，何处家移野草熏。

汉桥　秋光无赖又平分，骑马红尘较易曛。羁客杯铛空皓月，美人环佩隔高云。墙蛩韵切猗兰操，江雁声回织锦文。归梦欲成还坐起，贝尫添取百合熏。

　　石斋　残基历乱已难分^②，复泻空杯祷落曛。白首系官如祝髪，长天送老属孤云。人经多难思偏远，赋为销愁语不文。最忆皋庐员石下，松脂枫乳共和熏。

【校异】

　　① 澹漠，孙抄本"漠"作"漢"。② 残基，陈刻本"基"作"碁"。

十三元

　　润山　莫羡明时鹓鹭尊，应秋萤火煽黄昏^①。论心幸倚人如玉，席地偏宜月到罇。白壁馀晶仍射斗，青铜合老未惊魂。不堪重忆昨年事，潦倒犹怜谏草存。

　　汉桥　沧州吾道亦何尊，赤米白盐朝复昏。鸥侣绝无峰对面，瓦衣何有雨倾盆。开笼放鹤怜垂翅，薙圃分华欲醉魂。底事衰年轻一掷^②，到家羞说舌犹存。

　　石斋　率野仍知虎兕尊，蛰虫径不悟朝昏^③。紫苔任蚀腰中剑^④，白浪频翻马上盆。百战坠肌犹有骨^⑤，片言折胁但销魂^⑥。宫绦允矣吾夫子^⑦，莫说香柔舌自存。

【校异】

　　① 应秋，孙抄本"秋"作"和"。② 轻一掷，孙抄本"轻"作"经"③ 蛰虫，陈刻本"蛰"作"热"。④ 腰中剑，陈刻本"腰"作"匣"。⑤ 坠肌犹有骨，陈刻本"坠肌"作"沙场"，"有骨"作"吐气"。⑥ 折胁，陈刻本二字作"黯备"。⑦ 宫绦允矣，陈刻本"宫"作"官"，"允"作"久"。

十四寒

润山　同异可将人面看，无妨对酒静波澜。风凉自解秋香好，日暮方知远道难。半夜青藜燃太乙，多年清梦醒邯郸。目前道气追随是[①]，何处尘埃更正冠。

汉桥　海月遥怜女儿看，鱼龙何夜不生澜。言愁我自经愁惯，破笑方知强笑难。万国烟霾呼战鬼，中原豺虎断征鞍。便归未卜归何日，徒叹梅真蚤挂冠。

石斋　明月人当渔火看，一行葱渫也翻澜。观生已识有生累，阅物方知望物难。是处未应题绝笔，此翁何苦据征鞍。秋冬射猎真无艺，乞得鹿皮制小冠。

【校异】

① 目前，孙抄本"目"作"日"。

十五删[①]

润山　独有秋思不可删，三时珍重一身闲[②]。静中稽古堪心醉，愁里逢人易鬓斑。大海遗珠悬北斗，孤云带雨下西山。屋梁落月情如许[③]，未免夷犹去住间。

汉桥　蕙合滋荣艾合删，主恩何敢怨投闲。名题虎观新开典，官躐鸠曹独领斑。腰骨伸来仍傲菊，头皮留得未惭山。祗为宵旰分乡梦，时绕红云玉仗间。

石斋　十七部书一夜删，离身萧斧即高闲。艰贞不敢闻箕子，明哲随它笑史班。吴市故家犹辨姓[④]，草堂神物别移山。铁围尽处无开诺[⑤]，万岁君恩出此间。

【校异】

①案南明刻本此韵三人诗次序与其他诸韵同，即依次为叶廷秀、董养河、黄道周，孙抄本则董养河与黄道周前后位置互易，将次序改为叶廷秀、黄道周、董养河。②一身闲，孙抄本"身闲"讹作"时间"。③情如许，孙抄本"情"作"清"。④犹辨姓，陈刻本"犹"作"仍"。⑤开诺，陈刻本"诺"作"路"。

一先

润山　披离亦侣饮狂泉①，乍听秋声意惘然。无那思君如满月，不堪顾影在壶天。野情仍昔怜孟雅，生计凭今逊睡贤。欲辨西阳乌尽处，山川满目蔚风烟。

汉桥　负他白石与青泉，顾影樊笼一哑然。衰凤片鹢终瑞世，愁胡双眼自横天。榆收难学平津媚②，箒落深思王蠋贤。字作蝇头书未蠹，草玄高阁也凌烟。

石斋　杖头跑地得云泉，帝与箓魂又栩然③。皓首不须谈物命，枯苗安敢负穹天。犂牛自识羊皮贱，宝鼎宁知柳下贤④。兽炭狼烟争岁暮，此身轻带介山烟。

【校异】

①亦侣，孙抄本"亦"字空阙。②平津媚，孙抄本"津"作"情"。③箓魂，孙抄本"箓"作"巫"。④宝鼎，孙抄本"鼎"作"甲"。

二萧

润山　但看木落怅先凋①，却望千门月色遥。此处投珠无按剑，几人炼汞胜吹箫。平沙集雁云初懒，凉雨寒蝉秋渐骄。遂有壮心成泮涣^②，还山我欲混渔樵。

汉桥　回首明湖枫渐凋^③，六桥尊酒故人遥。同心月冷松间带，乞食风凄江上箫。北雁飘来多避缴，南鳞徙去不通潮。侨家城曲吾孙在，何日携书傥老樵。

石斋　雪尽松寒喜未凋，故园万里讵云遥。中原刁斗依清啸，南国松梅碎玉箫。胡马夜阑齐饮水，鲸鱼月出各窥潮。风烟岭表晴无恙，不使明时缺老樵。

【校异】

① 怅先凋，孙抄本"先"作"未"。② 壮心，孙抄本"壮"作"寸"。③ 枫渐凋，孙抄本"枫"作"风"。

[再版附注] 此下漏掉三肴韵诗，因原书查找不便，姑仍其旧。

四豪

润山　一书一剑半生劳，采得湘兰佩影高。霄汉原无留芥蒂，江湖多是闭蓬蒿。何须同异争三耳，只见居诸唤二毛。布被蒙头惟稳卧，不知门外有风涛。

汉桥　嘷牛嘶马亦何劳，厌听凄鸿入汉高。阅尽千秋空竹简，问来七尺只丘蒿^①。仓鹰在臂争锋距，翡翠栖苕矜羽毛。抱病自怜还自笑，更深烧茗战秋涛。

石斋　折辕炊火见薪劳^②，却想晨门身事高。阿客到头轻鸳鹭，小山终古耐蓬蒿。五噫改字蛇添足，一曰移家燕落毛。何处饮牛更洗耳，手提竹枕听秋涛^③。

【校异】

　　① 问来，孙抄本"问"字空阙。② 炊火，孙抄本"炊"作"吹"。③ 手提，孙抄本"提"作"持"。

　　五歌

　　润山　家山无计谢烟波，馀课闲吟贫也歌。老近自知心省好，朝来其奈事生何。兵荒驿路棠阴少，将相池台蔓草多。摇落客情难对酒①，三秋一半梦中过。

　　汉桥　频年浪迹在江波，风景撩人足啸歌。三夕洞庭皆月伴，一帆庐阜奈云何②。仙人鹤去遗丹少，骚客风流洒墨多。非为缁尘涤逸翮，秋山谁胜不堪过③。

　　石斋　渔龙白日撼名波，纵有寱言不敢歌。画局半枰生已老，石头双柱意如何。裁将皂帽辽东近，乞得丹砂勾漏多。莫谓刺舟渔父傲，洞庭深处少人过。

【校异】

　　① 客情，孙抄本"客"作"穷"。② 庐阜，孙抄本"庐"作"芦"。③ 谁胜，孙抄本"谁"作"虽"。

　　六麻

　　润山　十亩荒残不用嗟，孤萍一缕系天涯。那更多事吟为苦，赖有能闲餐渐加。客路空闻求塞马，世情应蚤辨弓蛇。可怜历乱风烟里，秋色先人已到家。

　　汉桥　楚水扁舟更可嗟，巫云三载断天涯。烟迷鹦鹉春衫湿，雨

听潇湘雪鬓加。汉女有魂皆药草，渔人无梦不桃花。悲愁欲拟离骚怨①，
阁笔东僯宋玉家②。

　　石斋　敏手谁能辨咄嗟，容头身过即生涯。八行封去青云寂，一
部书成白发加。沧海舟能浮贝叶，武林溪莫禁桃花。马头亭馆多无碍，
喜得墙东未有家。

【校异】

　　① 悲愁，孙抄本"愁"作"秋"。② 宋玉家，孙抄本"玉"作"王"。

　　七阳

　　润山　明镜难窥鬓上霜，贞心幸不委凄凉。风雷乍动闻天笑，松
菊犹存佩月香。独向孤滩怜逝水，只宜半亩问芳塘。四休居士逢人懒，
消得清尊又夕阳。

　　汉桥　绤时不蚕备严霜，短褐何辞耐夜凉。肉断菔根生暖气，卉
残菊蕊动微香。寄儿好护藏书架，戒仆休枯养鸭塘。更喜老兄林下健，
归陪诗酒趁春阳。

　　石斋　江南枫柏好经霜，从此红云试晚凉①。不信冰车轻蹴岸，
自耘佛瓜动奇香②。风平挂席看疏岛，日午收盐过小塘。泛泛卜居谁
得侣，殷雷多半载山阳。

【校异】

　　① 试晚凉，孙抄本"试"作"赋"。② 佛瓜，孙抄本"瓜"字空阙。

　　八庚

　　润山　静里秋容晚更清，愁心暗与暮云平①。凉天方歇蜩螗语，

征路重看朹杜荣。尚有黄花酬晚节，可无白日送归旌^②。还山应触檀槽泪，仍似风檐雨夜声。

汉桥　在山泉浊出山清，今古英雄亦不平。但有画龙难作雨，可令嘉穗失敷荣。人无按剑怜才命，天试倾轑识性情。东舍看花西舍酒，何知凄恻是秋声。

石斋　万斛阿胶河水清，千群精卫海当平。欲教玉气如泥软，不忍兰根学艾荣。血出铜人犹有命，毛黏石蛤遂无情。开颐错说前生事，已作六花花外声。

【校异】

①暮云平，孙抄本"暮"作"莫"。②归旌，孙抄本"旌"作"津"。

九青

润山　羞将枯颖乞诗灵，每到秋来爱澹宁。因道利名便割席，且酬日月正翻经。天高不碍飞鸿鹄，原上谩劳叹鹡鸰。恩入烟霞深一往，潇潇月露下空庭。

汉桥　勒移不待北山灵，皂帽今真愧管宁。腰下已无堪痤剑，胸中空有未传经。西园秋草伤蚨蝶^①，远路凉风忆鹡鸰。恋主愿闻频送喜，捷书近报欲犁庭。

石斋　败鼓当场已不灵，何须钟磬数丁宁。人看乌鸟无多识，天假书生守一经。尽处波涛摧土埂，偶然风雨混原鸰。家家少妇排香火，幸勿缨冠过北庭。

【校异】

①蚨蝶，孙抄本"蚨"作"蝴"。

十蒸

润山　怪得蹇来翻聚朋①，庭衔月照散群灯。但怜臣罪何难见，欲悔昨非今未能。听雨时过垂翼鸟，入山偏爱卧云僧。不知此意人知否，一片寒心万壑冰②。

汉桥　彀中不中几人曾，网凤罝虬亦未能③。假我白头无作吏，何山苍梧不藏僧。刀碪变相寻真筏④，风雨枯磷暗破灯。但得主恩容纵壑，孤峰岂碍月为朋。

石斋　曾到青蒲泣未曾，解衣攀鼎亦何能。雪中守奏雁门吏，钲底摇头匡阜僧。已纵风烟侵曲突，不贪膏火护残灯。穷奇渐噉青阳尽，屈指当年几道朋。

【校异】

①翻聚朋，孙抄本"朋"作"明"。②案此诗篇末南明刻本有叶廷秀自注云："此韵因予后改，故不同。"孙抄本无此注。③网凤罝虬，孙抄本"罝"作"置"。④刀碪，孙抄本"碪"字空阙。

十一尤

润山　遥天高雁逐云流，千里书来烟树秋。半夜拥襟听画角，谁家呼酒踞高楼。不嗔檐鹊搅乡梦，却恐路人分客愁。莫向风前思往事，已将身世付轻沤。

汉桥　六朝几度问风流，凄断秦淮树树秋。与客绮裘霜上月，看人珠箔渡边楼①。缳沈智井苔还绿②，屐冷东山花合愁。笑我观空如止水，未忘情复动清沤。

石斋　苍茫听苇自中流，恰有危帆共饱秋。百鸟难排千目网，孤身合住几层楼。世能无事吾何事，人共言愁我始愁。辨得乾坤成骨血，此生安敢道如沤。

【校异】

① 渡边楼，孙抄本"渡"作"度"。② 智井，孙抄本"智"作"背"。

十二侵

润山　记得淋漓效釜鬶，鸡鸣风紧气萧森。泥涂犹喜世□浅①，暇日方知天意深。隔岁重虚黄菊意，故园一系白云心。市朝幻相今参破，危坐寒灯竟似瘖。

汉桥　三复风人歌溉鬶，壮怀天外髮森森。栖来粉署马同廋，老尽青山树未深。峰鋬着人皆侧足，须眉何事可扪心。因怜物负几先智②，蟋蟀秋吟蝉自瘖。

石斋　泰否关头各釜鬶，一身当火自萧森。合分毒痛身难免，欲叫狂泉睡已深。猿鸟见人先引路，龙蛇过岁未安心。帝功霸业无消处，莫怪夷吾老自瘖。

【校异】

① □浅，孙抄本阙字作"情"。② 智，孙抄本"智"作"知"。

十三覃

润山　罗吏囊文亦类贪，乾坤何处着奇男。一闲止味三为乐，百懒宁惟七不堪。常对孤云谐独往，暗携秋月卧清酣。涸鳞破网无奢望，欲傍高台结半庵。

汉桥　惟有溪山不厌贫，罗溪招友复携男。罾蛟涧底鳞鳞动①，石语峰头片片堪。银瀑洗毫穿海怒，绿蕉裁藁入霜酣。廿年复听连床雨，愁说云深似旧庵。

石斋　不捐薇蕨已成贪，况有私交过鲁男。长天照影丝丝入，名主诛心事事堪。便御狐狼风不竞，可逢魍魉战还酣。分襟回去四千里，南北东西结小庵。

【校异】

① 罾蛟涧底，孙抄本"罾蛟"二字空阙。

十四盐

润山　局蹐低垂风雨帘，细尝茶蘗亦能甜。独行不必怜同病，今事何须用古占。波静五湖人似镜，天悬三岛日依崦。梦馀只可吟流水，归计萧萧马首瞻。

汉桥　晏师岩阁卷笭帘，泉喝无声乳自甜①。蝌蚪壁题金简字，天山象落紫阳占。龙听法乘云连海，衲绕经台月照崦。坐卧半生迷小草，夯峰秋色与谁瞻。

石斋　斜风斜雨卷疏帘，橄榄仍能得到甜。岂有列名呼火树，更无奎宿语星占。三生天外投丹叶，百行经中礼玉签。屠钓它年随画像，千春未必少观瞻。

【校异】

① 无声，孙抄本"声"作"心"。

十五咸

润山　十载云山久树衔，不堪烟雾镶松杉。澹人耳目分醒醉，高我须眉任誉谗[1]。万里秋岩催葛屦，三关寒沁裂征衫。家园尚有渔竿在，为嘱西风蚤挂帆。

　　汉桥　幔亭别后半云衔，负却层梯几换杉。虹板曾孙难度俗，蛾眉秦女不忧谗。种茶世改停龙饼，接笋人归脱绿衫。雁过好传仙侣道，惊波今喜得收帆。

　　石斋　落节道人别署衔，萧然衣袖乱松杉。焚香洗足能通座，揽镜刊眉少避谗。倦去调禽还引几，老来叠葛护单衫。蛮烟未必无真气，便写真文挂布帆。

【校异】

　　① 高我须眉任誉谗，孙抄本"须眉"作"眉须"，"任"作"仍"。

原刊《燕京学报》新 18 期，2005 年 5 月。

舆人之诵

——《诗板臆论》随笔

在逝去的历史上，中国一直是诗的国度。唐代开科取士，首重赋诗，开启诗人社会地位的黄金时代。再早在春秋时期，诸侯会盟宴乐，相互应答，都是随口吟诵诗句；而文人士大夫以诗酬唱的风气，世代相传，直至民国时期，亦丝毫没有衰替。及至今世，在传统文化迭遭摧残之后，饶有雅兴且仍有本事以诗简往还的学人文士，已是寥寥无几，用一句成语来形容，恰是"不绝如缕"。

执笔写诗，自是不易；爱好阅读旧体诗者，却依旧大有人在。诗与散文最显著的形式差别，是其强烈鲜明的节奏韵律，中国旧体诗这方面的特征，尤为突出，几乎每个字都有严整的格律限制，抑扬顿挫，起伏跌宕，读来朗朗上口。因此，读诗者往往会不知不觉地随着诗句的节奏，挺身扬首，长吟慢哦。

中国古诗与音乐一直存在密切的关联，在早期，二者更是共生并存。但即使远在《诗经》时代，诗在被之管弦、形诸舞蹈、传唱于歌喉的同时，也为人们徒诵于口；再往后五、七言诗取代四言诗成为诗句形式的主体，则很有可能即是由于徒诵取代乐舞歌唱而成为诗句生成和流传的主要途径。与四言诗相比，五、七言句显然更能体现诗的节奏和韵律，而这一点对于徒诵来说，作用要比演奏或歌唱更为重大。

　　普遍写诗，普遍诵诗，于是便会出现普遍的吟诵方式。全国各地的诗人，虽然南腔北调，操什么方言的人都有，但写诗遣词用字，必须遵用标准同一的韵书，不然，韵脚平仄，便会弄得五花八门，参差错乱，彼此没法沟通欣赏。同理，在吟诵诗篇时也必须依循同样标准的读音，才能体现出完美的音声节律，但对于方言差别显著的古代文人来说，要做到这一点，是一件很困难的事情。当今歌唱家演唱外洋列国歌曲，不管会不会洋话，但往往都能够唱出大体相近的洋音。这说明单纯就运用一种语音而言，唱要比说容易得多。由此比附推理，再考虑到诗的产生，本与音乐具有内在关联，似乎可以揣测，古人吟诵诗句的声调，估计不会如现今的朗读一样平直，而应当是介于读与唱之间，有一个大体固定的缓急起伏韵律。有机会听过前辈吟诗的人，都会觉得与我们通行的朗诵形式相比，所谓吟诗，更像是唱诗。

　　过去有句很通行的民间谚语说："熟读唐诗三百首，不会吟诗也会吟。"这里所说的吟诗，应该是指模仿写作，并不真是讲吟诵诗句。不过吟诵诗句，也不是无师自通谁都可以轻易做好的事情，汉代的贾谊能够以善于吟诗而知名，就可以说明这一点。从萧梁钟嵘的《诗品》开始，历代评诗、论诗的著述，无计其数，可究竟如何吟诵诗句，古人却一向无人道及。或许是因为过去的文士，彼此都生活在诗的世界当中，自然而然，相习成规，本无需专门授受。然而，一旦境况丕变，失去旧有的环境，像这样口耳相传的"技法"，便很容易中辍无继。时下虽然还有一些年轻时"吟诵"过诗句的老人在世，但也未见有人着意记述古体诗的吟诵方法。

　　由于没有见到过相关记述，我对前人吟诵诗句的方式，一直存有强烈的好奇心。收藏旧籍，有人说首先需要有钱，有人说不能只是有钱，有闲也同样重要。不过我觉得更本质的东西，应该是有强烈的好奇感。收藏的本质是满足人的好奇心。只有充满好奇，才不会与奇书失之交臂。我得到的这部《诗板臆论》，就算得上是一部讲述吟诗方法的奇书。

　　说这书"奇"，首先是没有同类著述，如上所述，这一类书籍，都极为罕见；其次是本书流传绝少，虽被列为"《莳薰精舍丛著》之二"，但《莳薰精舍丛著》这部丛书，却根本没有见到著录。撰述者署为"镇海虞和钦"，民国时人，身世不详。内封面题签者署"赵意

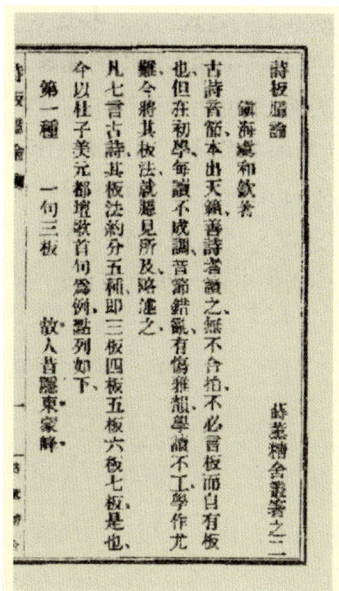

民国铅印《诗板臆论》

空",亦不详何许人也。《诗板臆论》印行于民国十九年(1930),铅字竖排,线装一册,仅薄薄一十八页(按照现代书籍算法,则为36面),题作一卷。2004年得自京中某书肆乱书堆中,标价20元。

《诗板臆论》开篇叙述其撰述缘起云:

> 古诗音节,本出天籁,善诗者读之,无不合拍,不必言板而自有板也。但在初学,每读不成调,音节错乱,有伤雅韵。学读不工,学作尤难。今将其板法,就臆见所及,略述之。

这里所说的"板",应与音乐中的"板"涵义基本相同,大致相当于一个节拍。正规的吟诵方法,诵诗时应边诵读边拍板,以控制节拍。虞和钦就是用"板"来标注吟诵诗句的节奏,所以吟诵的方式,便被称作"板法"。在吟诵诗句时,每"板"亦即节拍的长度,应当大体固定(当然,节奏快慢可以根据诗意适当调节);而在每一板的时间间隔内,念诵多少个字,则需要诵诗者根据诗句的内容和个人的理解,来掌握处理。

如上引虞氏叙述所见,虞和钦撰写这部《诗板臆论》,本意是为启迪初学。因为是初学,便首先要遵循基本的定规。入门伊始,宁可失之呆板,也不能泛滥无所规矩,这几乎是训练初学通用的准则。

虞和钦此书,通篇均以七言古诗为例来说明吟诵诗句的基本方式。例如杜甫《玄都坛歌》首句"故人昔隐东蒙峰",可以有三板、四板、五板、六板、七板五种诵读方式。不过其中六板一种,实际有两种读法,所以,总共应有如下六种诵读类型(文字下附着重点者为每板的起板字,此后未附重点的字，与此字连诵，共占一板长度；而一字一点者，即表示每字单独占满一板时间）：

　　　　三板：故人昔隐东蒙峰

　　　　四板：故人昔隐东蒙峰

　　　　五板：故人昔隐东蒙峰

　　　　六板：（甲）故人昔隐东蒙峰

　　　　　　　（乙）故人昔隐东蒙峰

　　　　七板：故人昔隐东蒙峰

这六种诵读"句式"，具体运用时要根据每篇、每句诗的情况，合理组合，以展现诗作固有的韵律。对此，虞和钦在书中通篇标示《玄都坛歌》的诵读"板法"，作为例证，以供练习者参考：

　　　故人昔隐东蒙峰＝，已佩含景苍精龙＝。故人今居子午谷，独在阴崖结茅屋＝。屋前太古玄都观，青石漠漠常风寒＝。子规夜啼山竹裂＝，王母昼下云旗翻＝＝＝。知君此计成长往，芝草琅玕日应长＝，铁锁高垂不可攀，致身福地何萧爽＝＝＝。

在这首诗中，虞氏根据诗的内容和结构，综合运用了前述六种基本"板法"，其中玄机，读者自可揣摩领略。

　　上引《玄都坛歌》诗中标示的"＝"号，是我所加，用以表示无字空板；而"＝"号下的着重点，则是虞氏书中原有的符号，原本就是表示句末附加的空板。加入空板，一方面是诵诗者需要调整呼吸，另一方面，句与句之间、特别是换韵或诗的内容发生转折时，也需要一定的间歇来予以体现。同时，这样的停顿，还为吟诵者回味诗句，体会其意境，酝酿情绪等等，留出了空间。虞和钦叙述运用空板的原则说：

> 至拍末一字即第七字后，均可用一空板以间之，使舒音节。但在上句即不押韵句，亦可不用；而在下句即押韵句，以用空板为常例。亦有不用者，但间一韵不用尚可，若间二韵不用，则气太促矣。

运用空板的这一基本规则，加上前述句中基本"板法"，构成了诵读诗句最一般的程式。

对于初学者来说，在具体运用上述基本"板法"的时候，还要必须注意如下几条基本规则：

（一）每句七字中，寻常以第一、三、五、七等字，为用板之字，二、四、六为不用板之字。如"故人昔隐东蒙峰"，在"故、昔、东、峰"四字处用板，则甚合拍；如"故人昔隐东蒙峰"，在"人、隐、蒙"三字处用板，便不成调矣。若欲于第二、四、六等字处用板，则非于其上一字先用板不可。如欲在"人"字用板，则必先在"故"字用板；在"隐"字用板，则必先在"昔"字用板。馀类推。

（二）每句用板，须先急后缓，不可先缓后急。如"故人昔隐东蒙峰"，前四字二板，后三字三（德勇案，似应为"二"字之讹）板，则甚易读；如"故人昔隐东蒙峰"，前四字四板，后三字二板，即不入调。又如，"故人昔隐东蒙峰"，前四字一板，后三字二板，则可；如"故人昔隐东蒙峰"，前二字二板，后五字二板，则不可也。但在顿宕处，其上句或可用"一二三四五六七"之先缓法，此系变例，非常用者也。

（三）每句第三字，或可不用板；若第五字，则万不可不用板。如"故人昔隐东蒙峰"，"昔"字不用板则可；如"故人昔隐东蒙峰"，"东"字不用，则不可也。

（四）每两句，上句下三字，如一字一板，则下句下三字，亦必须一字一板。如"故人昔隐东蒙峰 ＝，已佩含景苍精龙 ＝"，上下句之下三字，均用三板，便觉声调匀称；如"故人昔隐东蒙峰 ＝，已佩含景苍精龙 ＝"，上句下三字三板，下句下三字二板，便觉音韵不和；但如"故人昔隐东蒙峰 ＝，已佩含景苍精龙 ＝"，上句下三字二板，下句下三字三板，则不特无妨碍，且甚协调也。

更具体地讲，"板法"还要与诗句用字的平仄变化、诗篇长短、韵脚疏密等等相协调，才能曲尽其妙。凡此，虞氏在书中都列举有具体的范例。

与诗的外在形式相比，更需要诵读者体会把握的还是诗中蕴涵的内在情感和作者情绪的起伏变化。譬如虞氏论曰：

凡古诗一篇中，必有顿宕咏叹之句，此等处即其精彩所在，不可轻忽读过，必须朗诵慢读，字字咬出，方得滋味。夫读慢则调缓，调缓则板多。故遇此等处，每句当用五板、六板或七板，使尽其一唱三叹之妙。

不过，这似乎依然属于供初入门径者习用的固定"套路"。要想真正做到曲尽其妙，恐怕需要在熟练掌握各种基本套路的基础上，再超越这些常套，如《庄子》所记庖丁解牛，"官知止而神欲行"，即以神遇之，而不以"板法"格之；用作者虞和钦的话来讲，就是依循此书，入门之后，"神明变化，是在读者"。

虞和钦能够为世人留下这部小书，使我们了解到前人诵诗的基本章法，这固然值得庆幸，不过，《诗板臆论》的记述实在过于简略。这主要是书中仅仅述及七言古诗，而没有讲述古诗其他体裁的读法。五言古诗还好，因为与七言古诗多有相通之处，虞氏对此有概括记述云："其拍法与七言大致相同"，"即较七言板法少一句六板及一句七板两种，添以一句二板。换言之，即以七言之下五字板法拍之，即得。"读者自可揣摩得其彷佛。可是，五、七律绝近体诗，"用板较古诗为多，其繁者几同乐曲，与古诗全不相同"，虞氏谓需另著专书，方能尽释其详。此等著述，今日既不可见，只能赶紧拜求健在的能吟老者，录音记录，保存一些实例，留待梳理阐释。

由于诵诗不像唱歌，有固定的乐谱，每个地方和具体每个人，诵读的方法或许多少都会有些差异。写下这部《诗板臆论》的虞和钦，其人既名不见经传，所讲述的诗句诵法，说不定会带有些村学究气，过于板滞而不够典雅。不过，《国语》和《左传》里都讲到过所谓"舆人"之诵，也就是大众所念诵的谣谚，虞和钦所记，至少可以反映旧时社会上普通文人间通行的诵读方法，特别是其程式化的一面。

2005 年 4 月 5 日记

迷离帆影楼

——对读《帆影楼纪事》与《自反录》

1907 年（清光绪三十三年），一代女侠秋瑾在绍兴遇害。那么多学书学剑的须眉丈夫，竟没有一个人敢出头收敛烈女的遗骨，最后还是她生前的两位金兰姐妹把英魂安葬在西子湖畔。

秋瑾生前曾不止一次地表白过对于当世男子的深深失望和极大蔑视，"忍言眼内无馀子，大好河山少主人"！显然，这种失望并不只是出自对他所嫁的纨绔丈夫的怨怼，更多的是感慨"近日志士，类多口是心非，稍有风潮，非脱身事外，即变立其志。平时徒慕虚名，毫无实际，互相排挤，互相欺骗，损人以利己者，滔滔皆是，而同心同德，互相扶助，牺牲个人，为大众谋幸福者，则未之闻也"（《秋瑾集·书信·致〈女子世界〉记者书其四》）。此所谓"志士"，皆男人也。在为天姥山动石夫人庙题写的对联中，她曾写道："如斯巾帼女儿，有志复仇能动石；多少须眉男子，无人倡议敢排金！"联语多少有些像留给自己的谶语，她身后真的竟只有两位女友，敢于置清廷之淫威于不顾，挺身而出，为其措置一方墓穴。

这两位侠义的女友是徐自华和吴芝瑛。徐自华与本文无关，按下不表。秋瑾殉难后，徐、吴二人分别取室号"秋心楼"和"悲秋阁"，表达追思仰慕故友的心意。不过吴芝瑛更广为人知的斋名却是与其夫君共用的"小万柳堂"和"帆影楼"。时至今日，对于拥有一般近代历史知识的人士来说，与"小万柳堂"这一雅号相联系的首先是她家里收藏过的一批名家书画，而与"帆影楼"联系在一起的则有一件轰动一时的有关刻书的公案。

吴芝瑛字紫英，号紫英女史，19岁时嫁无锡人廉泉，人称万柳夫人。芝瑛不仅有胆识，重友情，还颇有才华：工于诗文，精于鉴赏，写一手好字，秋瑾的墓碑便是由她书丹上石。无奈才女常常生活在一些无法摆脱的光环后面——她是清代桐城派大家吴汝纶的侄女，这个硕大无比的光环，掩去了她本身的许多色彩；而所谓帆影楼刻书公案，也是因缘于与吴汝纶的这一层亲戚关系。

吴汝纶是李鸿章的门人，深得文忠公赏识擢拔，李氏并亲以身后墓志碑铭相嘱托。其知遇之恩，挚甫自当有以报之，于是，便主动承担了编纂李鸿章全集的工作（虽说是编"全集"，但是实际所收只是李氏的公务往来文牍）。文集纂集甫竟，汝纶不幸谢世。

吴芝瑛夫婿廉泉，字南湖，号南湖居士，别号惠卿、岫云山人等，官至礼部郎中，辛亥革命前后，与革命党人交往甚为密切。可见，吴芝瑛出面安葬秋瑾，也应有廉泉在后面支持。或许正是因为厌恶清廷，想退隐于野，于是，由廉泉表兄孙揆叙（亦无锡人，字叔方）出面，致意李鸿章次子李经迈（字季皋）出面，愿任校刊之劳，成就此业。由于有吴汝纶这一层关系，且此事对于双方都是一件好事，李经迈便延聘廉氏，在金陵设局刻书；廉泉则以此辞去京中职事，与孙揆叙一道，客居南京，专司校梓之役。

刻书进行得很顺利，如果时局没有什么变故，留给后人的很可能是一段充满友谊、芬芳四溢的书林佳话，而不是双方各执一词、互不相让的公案。

事件的大致经过是：

光绪三十年十一月，廉泉偕孙揆叙南下金陵，设书局，开始编刻李氏文集。具体的刻板刷印事宜，委托南京著名的私人书坊李光明庄。

光绪三十二年，李经迈奉朝命出使奥地利。行前，为方便廉泉刊书支用，将所拥有的"庆丰成"洋货号银钱支摺交与廉泉，令其随意支取刻书用款。不意廉泉于是年领取银三千两，洋一万六千元，充作私用，而并未向李经迈做任何交待。

光绪三十四年，李经迈回国。询问廉泉支取银洋私用的用途，廉泉含混释以"周急"二字；而据李经迈讲，其具体用途，是用作"买山之资"，即置备"帆影楼"房地产的资金。是年五六月间，书版刊成。此间廉泉另支用一万五千元，给付李光明庄刻书工价。六月，廉泉致信李经迈，表示书版刊刻竣事，可以撤销书局。并表示从下月起，辞谢李经迈所发月俸，自己愿意回上海，尽义务遥领印书售书事宜；具体事务，则委托李光明庄一手办理。至此，不算总目共一百六十六卷之巨的《李文忠公全集》，大功告成，书局撤销。

同年，廉泉与李经迈商定，通过李鸿章门生故旧中的一些权贵人物，向各地征订销售书籍，每部售价银二十两。结果，北洋及山东共认购一千一百五十部，安徽认购二百部。上述购书款中的绝大多数，亦即两万三千两，均缴李经迈收存，另有一部分，即安徽的购书款四千两，则拟用于清付所欠李光明庄刻书工价款。假如此项书款能够如数交付，或许一切纠纷都不会发生。

　　不料翌年亦即宣统元年，原来决定订购书籍的护理安徽巡抚继昌，为正式履任的新任巡抚朱家宝（字经田）所取代，而朱氏对此，殊为缺乏兴致。至宣统二年九月间，安徽始给付书价银一千两，使得拖欠李光明庄工价钱，尚馀三千一百八十多元失去着落。

　　这一年十月初，廉泉致函李经迈，尚称安徽所欠书价银三千两，年内汇到，即可偿还李光明庄款项。惟风雨飘摇，时局动荡，廉氏或许已经意识到，此项书款未必能够到手，而自己挪用的李氏巨款，若不及时偿还，李经迈自然会有想法，碍难再行支付欠付书坊的工价。为使刻书之事善始善终，廉泉、吴芝瑛夫妇大致在本年年底，将家中珍藏的"三王吴恽精品三十种"，折给李家抵债，以示无负于人。

　　紧接着到了宣统三年，辛亥革命起义成功，朱家宝去职。天翻地覆之际，三千两书价银自然再也无从追讨。可是，李光明庄却不愿意无端受此损失。

　　李光明庄虽然只是个刻书的商坊，主人却极重信义，"诚笃不欺"，尽心尽力地刻成此一百六十馀卷煌煌巨帙，且雕印讲究，号称"仿汲古阁廿一史本式"，"写刻极精"（此书近年有海南出版社影印精装本，附印有李鸿章嫡孙李国杰编刻的收录李氏普通诗文的《李文忠公遗集》。李鸿章虽是大名人，但是这部《李文忠公遗集》，却印行无多，流传甚罕，将其与《李文忠公全集》合印，便利读者查阅李氏诗文，自然是一件好事。但出版者改用《李鸿章全集》作总书名，似乎不如仍沿用《李文忠公全集》的书名，而把卷数只有八卷的《李文忠公遗集》作为附品，要更典雅一些），理应得到应得的报酬。况且李经迈又是什么样的家庭，不管是乃父李鸿章当年炙手可热的权势，还是他本人历任江苏、河南、浙江按察使等高官的经历，用不着熟悉清代历史，大凡多少有点社会阅历的人，对于他家里的资产状况，都是可以想象的。区区三千两银子，不过是九牛一毛，李光明庄当然要追讨自己的辛苦工钱。因为一向都是由廉泉出面与书坊联系接洽，李光明庄主人便紧紧揪住廉泉不放。

廉泉则自思数年辛苦，为李家效力校刊书籍，所得薪俸有限（廉氏未明言自己所得酬金是否嫌少，但在写给李经迈的信里讲到："孙叔方先生在局坐镇四年，一手编校百六十馀卷之书，往复十数过，致得咳血之症，撤局之日，只酬以二百元，四年月俸，亦只月支六十元。"显然认为所得不足以酬其所劳）；书成之日，又主动提出不在卷首开列校刊姓名，功成不居，这一切不过是为了"了挚老未竟之志"。可是，无论如何，却没有理由再替李家给付其应付的工钱。至于挪用李家钱款周急一事，尽管一时没有现金偿还，但是已用小万柳堂名画相抵。当时廉泉致李经迈书谓："南湖所藏三王恽吴精品，尽于此矣！……前经友人评价，谓多千金以上之品，以此奉让，足偿尊款本息而有馀。"自是坦坦荡荡，无负于人。

那么，李经迈呢？对于廉泉擅自挪用钱款一事，始终耿耿于怀，虽所谓"三王恽吴精品"未必不值所用款额，无奈李经迈不好此道，终究歉歉然不能释怀。加之廉泉在主持书局期间，私下在自己开办的文明书局另外石印售卖《李文忠公全集》，直接影响到刻本的销售，从而影响到李经迈收回刻书本钱或者说是销售利润。或许是出于这些原因，或许是对于廉泉是否已全部收到安徽购书款项存在误解，李经迈坚决拒绝支付刻书馀款。

这样，转眼到了民国六年亦即公元1917年，因李光明庄一再找廉泉催款，前后已不下数十次，廉泉不得不在这年秋天，再次致书李经迈，请求派人前来，三头对面，了结此事。不料李经迈非但不承认此项欠款，而且根本不出面答复，只是委托其西洋律师哈华托回复英文律师函，称"所有账目，久与执事清结，李君完全拒绝重提此事，并不能再付分文"。李经迈还让哈华托律师在函中声明，这封信是他对于此事"末次之答复"。

李经迈的傲慢无礼，首先是激怒了廉泉，同时更激怒了吴芝瑛。廉泉甚至由李经迈令人费解的态度，联想到李经迈在清朝担任过的江苏、河南、浙江诸省按察使和民政部右侍郎等一系列高级官职，联想到张勋短命复辟朝廷委任给他的外务部侍郎职务，认为李的做法，不过是摆臭架子，以势压人，蛮不讲理。于是，用更为激烈的措辞，连发数函，回敬李家公子，如谓"此系手民汗血之资"，"李经迈不应因售出书价之损失，而累及印刷之商人，且加以藉端要求之恶名"，"何苦靳此区区印刷尾款，使穷而无告之手民受此损失乎"？称"鄙人视名誉重于生命"，愿"指天誓日，为良心上之谈判"，"并质诸天下后世"，"望李经迈于良心上自省"。

为使世人对于此中"双方之是非曲直"，能够"了然于心"，紧接着就在年底前，由吴芝瑛出面，将有关各方往来函件，汇集成册，石印出版了《帆影楼纪事》一书，活生生地把这一公案推到了社会公众面前。

从敢于不顾清廷淫威下葬秋瑾这一事件中，人们就应该清楚地看出，吴芝瑛是何等刚烈，何等意气行事（为使秋瑾家人免遭清廷迫害，她还特地撰写《记秋女侠遗事》一文，公开替秋瑾开脱，声言"愿以身家性命保秋氏家族"），

帆影樓紀事敘

病臥帆影樓辰讀寒崖先生來札有民國三年

二月廿三日論吳文卿良齎居兩烈士侠事其紅

論曰夫闥葉之至也微卿獨然獨于之注也行路

傷之親故不失老孔之教俯井下石溢路不為

敬續一語之之曰求吾心之將安不敢汩吾將天

世之不雖……雅心引新支注謂天卵

理也不敢汩吾忻天元者猶言以嗘默一立直

帆影樓紀事

坿王惲畫目

芝瑛

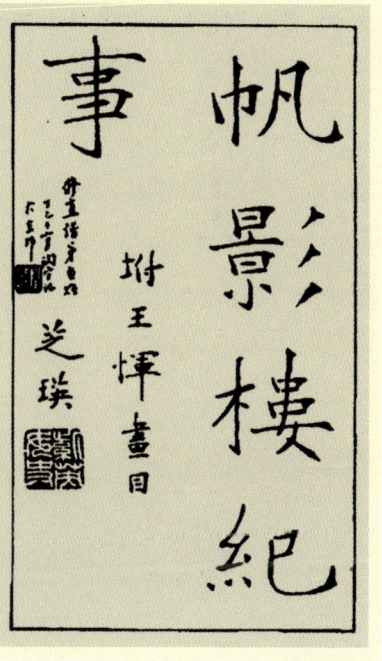

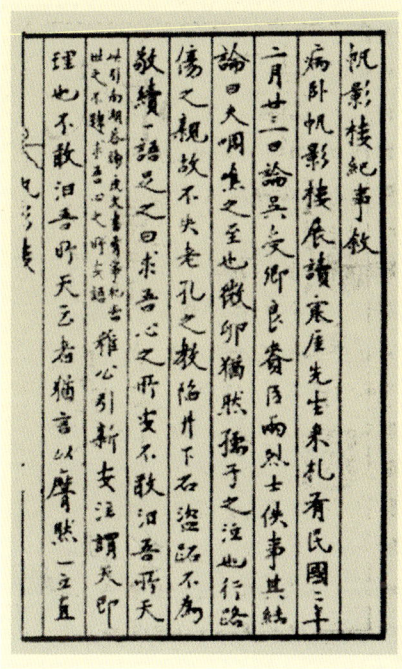

民国石印《帆影楼纪事》

焉能受此委屈？果然，她在《帆影楼纪事》卷首和叙言中讲的话，远
比廉泉更为激烈，什么"天下不平事，孰逾于此"？什么"末日判断（按
"判断"今通译作"审判"）将使不平者尽平"；什么"没良心者而亦靦然于
立直动物之丛乎"？什么"专制之命革，没良心之命未革也"；等等，
等等。

　　事情闹到这一步，李经迈不管有理没理，哪怕是强词夺理，也只
有以牙还牙、以眼还眼一种选择。廉泉不是让他在良心上"自省"吗？
于是他马上以"自反录"为名，汇集相关信函及说明，编印了一册规
模相当、形式相若的书本。

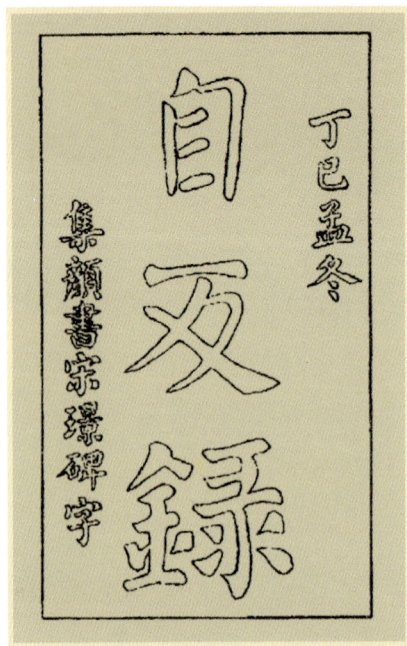

民国石印《自反录》

职业或半职业的藏书家自不必说，即使是一般喜欢藏书的人，大多都喜欢收集关于藏书或关于藏书家的书；连类而及，一些人也很注意搜求关于写书、刻书、印书乃至卖书掌故的书籍。这《帆影楼纪事》和《自反录》里有这么热闹的故事，谁不想弄一部玩玩呢？问题只在于时过境迁多年之后，这种玩物可遇不可求，就看你有没有这等福分了。

我先是得到一部《自反录》。这属答辩状性质，看到的只是一面之词，觉得李经迈讲的话，似乎颇有道理，只是无处可觅《帆影楼纪事》，不清楚廉泉、吴芝瑛夫妇，何以会闹到需要编印书籍为自己发泄愤懑的地步。没有办法，只能去查看过去买到的影印本《李文忠公全集》，结果翻遍前序后跋，没有找到一点儿有关的说明，如廉泉所云，甚至所有的校刊者都没有在书中留下一点儿痕迹。

除非你腰缠万贯，都不宜特别去找那些你想要的罕见书籍。可是你可以怀里揣着一大堆五花八门的书名，然后随意去碰。至于碰上碰不上，当然主要要靠运气了。其实我自己根本没有想到，买下《自反录》三个月之后，竟然在另外一家书店里，碰到了《帆影楼纪事》，而且品相比《自反录》好得多，整整齐齐，基本没什么毛病。得到了想要的书籍，心里总是很得意：即使你走遍全国，恐怕也很难再找到第二个同时拥有《帆影楼纪事》和《自反录》的藏书者了。

《帆影楼纪事》除译载哈华托律师函及影印复制有关文牍外，通篇是由吴芝瑛手书抄录制版。一手漂亮的融合赵体与瘦金体风格的行书字，再加上安葬秋瑾烈士之侠女的清名，这些都增加了吸引读者的魅力。另外书的后半部为著录抵给李经迈名画的《小万柳堂画目》，廉泉和吴芝瑛夫妇在这方面的收藏是很有名的，许多人都想一睹为快，当时一定会很惹人关注。

眼见廉泉夫妇出此着数，李经迈自然会想到要在《自反录》中施展手脚，还以颜色。吴芝瑛是一时名妇，要在字上压倒她恐怕不甚容易。不过李经迈也有自己擅长的独到办法，那就是家世相传，搞洋务有经验。于是，他把《自反录》做成了中英对照的双文种文本，中文在前，英文居后。廉泉和吴芝瑛不是要"质诸天下后世"，让世人评判是非曲直吗？现在的"天下"，早已不限于禹域九州，天下时兴的是泰西蟹行文字，而且后世一定会更为时兴，吴芝瑛汉字写得再好再妙，再有理，反正老外们看不懂，看究竟谁造的舆论更大、影响更广泛更持久？

我们现在已无法弄清，究竟这两家是谁争取到了更多的同情。由于都是有相当地位的人，肯定引起了社会上层的广泛瞩目。我得到的这册《帆影楼纪事》，内封面上署有"修直谱弟惠赠丁巳十二月润宇记于京师"字样。"修直"应是许修直，曾任江苏、浙江两省的司法官等职，日伪统治末期，出任伪北平市长；"润宇"应为孙润宇，辛亥以后，历任高等警察学校校长、内务部警政司长、江苏律师协会会长等职。二人都有较高社会地位，也都是司法界名人。

仔细看过双方的攻讦论辩，感到在具体处理李光明庄刻书工价尾款这一事件上，廉泉、吴芝瑛夫妇，的确清清楚楚、干干净净，没有丝毫对不起人的地方，而李经迈所作所为，则完全不近人情事理。不过，李氏如此乖戾的举止，并非毫无缘由。廉泉、吴芝瑛夫妇，不打招呼，就擅自支用李家巨款，而且在主持书局为李家刻书的同时，又擅自在自己开设的文明书局印行此书，牟取利润，"因违反版权之故，致《李文忠全书》门市销场大受损失"（《自反录·李公经迈拒绝廉泉理由》），等等，做法与其侠义形象相乖异，同样很令人费解。

帆影楼头，除了雨帆雾影之外，还有许多迷迷离离的影像，当时就看不清楚，不能"了然于心"；影远帆孤，今日更无法明白。好在两原书俱在，有机会读者不妨自己去做判断。

提到廉泉、吴芝瑛夫妇的斋号"小万柳堂"，喜好收藏赏玩古籍的朋友，一定都会想到小万柳堂翻刻的海源阁精刊《惜抱轩尺牍》。虽说因刷印较多，时至今日，肆上仍然比较常见，售价算不上昂贵，但是其雕印之精美，与海源阁原刻相比，并不逊色多少，称得上是清末版刻中的上品。有意思的是，此《惜抱轩尺牍》刊刻于宣统元年，正值《李文忠公全集》雕版竣事之后不久。刻书是需要花费很多钱的，精刻精印，则要花费更多的钱。廉泉、吴芝瑛夫妇私下印行并出售《李文忠公全集》以牟利，是否会与刻印《惜抱轩尺牍》具有一定关连呢？社会毕竟首先是物质的，文人雅士并不等同于圣徒，许多后人看起来很风雅的事情，往往也会有一些迷迷离离的背景。

2002 年 5 月 17 日记

原刊《藏书家》第 8 辑，2003 年 12 月

新社会里的旧诗刊

——《乐天诗讯》

诗言志，是写诗论诗的人都喜欢标榜的一个神圣口号。可是，在中国古代存留下来的多如牛毛的诗作当中，真正称得上言志之作的作品，恐怕只有很小一部分；大多数不过是风花雪月而已，诗早已蜕变成为文人学士抒发闲情逸致的习惯"用具"。

毛泽东先主席虽写得一手好旧体诗词，他领导的中国共产党和中国政府，其文化导向，却一直是倡导青年摒弃文言格律旧诗，书写白话新诗。因此，中华人民共和国开国后，官方似乎从未允准正式公开发行过专门刊载旧体诗词的刊物，弄得喜欢写旧体诗词的人，只好自己想办法，私下里办一些或合法或半合法的民间刊物，用以相互交流切磋。由于不合时宜，这些刊物，大多只在雅有同好的一小部分人当中流传，范围有限，存世无多。《乐天诗讯》就是这些刊物当中的一种。

《乐天诗讯》创刊于1950年，是"乐天诗社"的会刊。"乐天诗社"是一个简称，它的正式名称为"乐天诗歌研究社"。这个诗社，最初是由上海一些工商界和文化界人士，在1949年农历重阳"诗人节"上发起倡议，1950年元旦在上海正式成立。诗社所吸收的会员，一直是以上海和江浙地区人士为主，但也有北京、天津、安徽、山东、四川、

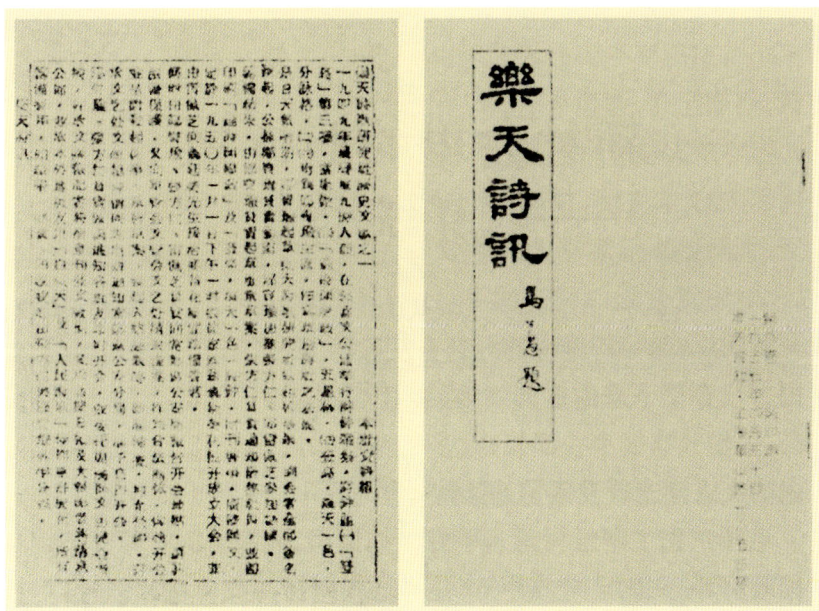

20世纪50年代油印《乐天诗讯》

福建、广东乃至黑龙江等其他许多省区的旧诗爱好者参加。乐天诗社的组建，在当时民间旧诗喜好者中间，是一件很有影响的事情，上海的一些大报上，都登载有报道。

在 1956 年 6 月号上，登载有诗社第七届理事和监事名单，其中最主要的几名成员，情况如下：

> 丁方镇　男，62 岁，镇海。工商界，花纱布公司上海市公私合营绸布联合会董事长。本社常务理事。上海市永嘉路 471 弄 1 号。
>
> 沈瘦石　男，72 岁，宜兴。中华书局《辞海》编辑、商务印书馆古书编审勘校，上海市文史馆馆员。本社常务监事。上海海宁路 774 弄 20 号。
>
> 吴公退　男，63 岁，盐城。曾服务文教工作三十馀年。本社常务理事。上海新会路 234 弄 82 号。
>
> 张方仁　男，39 岁，启东。工商界，上海市徐汇区工商联委员。本社常务理事兼社长。上海市华山路 1853 号。
>
> 郑宝瑜　男，42 岁，福州。福建学院法科转福建省财政班毕业。税务工作者，本社常务理事。上海市江阴街 240 号。

案在上列核心成员中，郑宝瑜为最主要的发起人，也是首任社长。从上面迻录的部分骨干成员名单中可以看出，诗社的成员，层次不高，不管是在工商界，还是在文化界，都属中等偏下，绝无声誉昭著的社会名流参与其间。《乐天诗讯》所刊诗作的水平，总的来说，也很不够格，绝大多数作品，只能说是徒供其把玩文字以自我愉悦而已。

严格地说，乐天诗社是经上海文化部门核准的合法社会团体，《乐天诗讯》也上报当局正式备案，应该说是完全合法的；只是《诗讯》被限定为"非卖品"，限于经费又只能打印甚至刻制蜡纸油印，每期最多只印制五六百份，在诗社会员内部发送，所以，实在不能算作是在社会上正式公开发行的刊物。

虽说《乐天诗讯》的艺术价值不算很高，但是作为中华人民共和国建国初期的一种民间旧体诗刊，却可以用作史料，研究那一段时期内，传统旧体诗词在民间发展的状况，以及民间社团的活动情形。

我曾偶然买到过 11 期《乐天诗讯》，小 32 开或大 32 开，打印或手刻蜡版油印，纸张粗糙，其貌不扬，又都是在这样范围非常有限的一些不甚入流的人士中间传阅，现在不用说全套，就是这几册零本，恐怕也是只可遇而不可求了。

据 1957 年 5 月打印的第八卷第五期介绍，《乐天诗讯》在正式创刊前的 1949 年末，即铅印有"诗钟"散页；1950—1956 年 5 月，也一直是铅印或油印散页；直到 1956 年 6 月，才发行装订成册的打印本。在我得到的《乐天诗讯》中，最早的一册，就是这本 1956 年 6 月号，严格说来，也不妨把它视作《乐天诗讯》的创刊号。1957 年以后，每年编作一卷，并以当年为第八卷。盖前此从 1950 年至 1956 年，已有七年。《乐天诗讯》何时终刊，不得而知。我得到的计有 1956 年 2 册、1957 年 2 册、1958 年 3 册、1959 年 2 册和 1960 年 2 册。虽然顺利躲过了 1957 年的冲击，但到 1959 年以后，一律改打印为手刻蜡版油印，这个依靠会员集资维持活动的团体，显然在经济上已呈现出难以为继的迹象。估计它最终没有能够渡过 1960 年开始的经济困难时期。

在 20 世纪 50 年代，虽然还能够允许这样的民间内部刊物存在，但是《乐天诗讯》甫一面世，就被高度政治化。究其实质，这些普通民间人士发起组织乐天诗社，不过是历史上文人舞文弄墨旧习的惯性延续，完全不合时宜。正因为如此，组织者不得不煞费苦心，装点自己的面目，以被新政所容。在 1949 年重阳节上郑宝瑜起草的《乐天诗歌研究社发起启事》上，对其组建宗旨有如下一段说明：

> 发起组织乐天诗歌研究社，其旨在于以白乐天诗集为本，作为研究之对象，尊白乐天为近代诗歌师表，作为吾人学习和执行面向工农兵之方向。

从艺术形式的角度讲，在当时写旧体诗，本身就与白乐天通俗易懂的诗体相违背；而《乐天诗社》刊行的诗歌，也根本体现不出诗社成员对于白诗的创作风格有特别的模仿和追求。所以，《乐天诗社》的这段启事，恐怕是不得不顺应时势的装潢。

不仅结社酬唱以互娱互乐这一点，不宜诉诸言表，在发起启事和诗社章程中，还必须声明"本社以诗言诗，专事诗歌工作，不容丝毫有反党反人民、反政府之色彩渲染其间"，"不作任何法外活动"。惶恐之态，溢于言表。如此顾虑重重，这些人在《乐天诗讯》上，自然难以一如旧时，随意抒写个人性情。

以 1957 年 5 月印制的第八卷第五期为例，在不到 50 页的篇幅中，从第1页到第23页，都是歌功颂德的"盛世新吟"，差不多接近一半篇幅。这些"盛世新吟"都是诸如《机场恭迎伏落希洛夫主席》、《伏老和毛主席拥抱》、《咏五一劳动节》、《欢迎周总理访问欧亚列邦归国》、《社会主义竞赛得奖纪事》、《正确处理人民内部矛盾》、《人民日报社论百花齐放百家争鸣》、《春夜宴政协会》、《听毛主席讲话传达后有感》之类的名目，其艺术韵味，可想而知。

好在这一期刊出时，尚处于"引蛇出洞"的"鸣放时期"，文化环境，表面上还相对比较宽松平和。所以，除了"盛世新吟"之外，接下来还有一半左右篇幅，属于"抒情之诗"、"友谊之诗"等表述闲情逸致的栏目，供社中诗友抒发性情。这样，就也刊登有许多诸如"杨柳东风拂晓溪，一湾流水板桥西。绿阴深处鸠声急，唤雨呼晴对岸啼"这类纯属文人吟风弄月的诗作。

最能体现"反右"前后文化环境差异的是这一期上刊出的一组"百花诗"。吟咏花草，本是旧体诗中常见的题材，在文人社集时也很容易敷衍成篇，所以经常被用来命题赋诗。大观园内的海棠诗社，聚会时不是咏白海棠，便是咏黄菊花，就是一个众所熟知的例证。《乐天诗讯》上登出的这组"百花诗"，虽然是以"百花齐放征诗"作名义，但是，所写的内容，却与"百花齐放"的政治口号毫不相干，完全都是旧时文人咏花诗的老套路。

在花花草草上面发发爱憎喜怒感慨，本来不会有什么问题。可是，在这期《诗讯》刊出的"百花"品类当中，却包含有虞美人在内。虞美人花的得名，相传与项羽的虞姬有关；而有关虞姬，驰名于世的史事，则是项羽兵败垓下时"虞兮虞兮奈若何"的悲叹。胜者王侯败者贼，这是自班固《汉书》以后才被确立的历史观。更早在太史公司马迁的笔下，本朝的开国皇帝刘邦，竟是活脱脱一副无赖相；失败者项羽，反倒至死也保持着做人的尊严。司马迁对受困于垓下重围之中以及突围后自刎于乌江之畔的项羽，寄予无限同情，在《史记》中将其描述为令人扼腕痛惜的末路英雄。后世吟咏项羽的诗篇，大多亦同此情调，宋人李清照之"生当作人杰，死亦为鬼雄；至今思项羽，不肯过江东"，即是其中的名篇。吟咏虞美人花，往往也脱不出同样套路，并且离不开楚汉垓下决胜大战这一背景。

在政治笼罩一切、压倒一切的年代，谈论历史，动辄会牵涉到莫名其妙的忌讳。项羽兵败垓下，与蒋介石淮海决战失败而最终溃退台湾，无论在当时，还是现在，人们都会自然而然地联想到诸多相似之处。这样，若是按照惯常套路来写虞美人，说不定会被那些政治嗅觉高度敏感的生物（更多的还是借取政治名义整人的流氓无赖），判读为同情蒋介石，攻击大陆新生政权，甚至有期盼蒋介石"反攻大陆"的嫌疑。譬如署名"上海叶俊卿"的一首诗这样写道：

> 英雄夫婿破秦兵，垓下悲歌诉不平。
> 难得美人为国死，花开时节忆芳名。

另外一首署名"济南赵克勤"的诗为：

> 拔山力尽霸图空，帐下美人血染红。
> 千古贞魂长不死，春来犹自舞春风。

又如署名"永安黄瑞盼"的一首：

> 千年碧血幻成丛，开向窗前泪眼红。
>
> 无限恩情无限恨，人间不再见重瞳。

经历过文网恢恢之"文革"年代的读者，不难想象，当年依凭这样的诗句，便足以将作者定作"现行反革命"罪犯。可是，在1957年的春天，却还能够刊出这样整整一组诗作，这正体现出虽然同属错乱的年代，但文字狱在"文革"时走向登峰造极，也有一个历史的演变过程。

不过，所谓"反右"的狂风骤雨随后迅即降临，万钧雷霆之下，人人噤若寒蝉。从此，全中国也再没有几个人会为茶馀饭后舞弄笔墨消遣而触及此等嫌疑，《乐天诗讯》则伴随着政治空气的肃飒，在适时登载"反右"篇什的同时，刊出更多诸如《毛主席在浙江农事科学研究所躬亲耕地》这类充满封建腐朽气息的谀颂当政的诗句。

在所谓"反右"诗中，下面一首《斥右派》似值得录出一看：

> 言乃心声难遁逃，右倾供口自承招。后尘步入匈牙利，行路人知司马昭。蜀犬生憎空吠影，黔驴无技莫喧嚣。回头是岸还须早，国本莫安勿动摇。

当时，执政者以"搞阳谋"而自鸣得意，千方百计动员知识分子"鸣放"不同意见，然后再将这些话作为认定"右派分子"的"罪证"，加以批判斗争直至打入牢狱。如此作践人，尚且不能餍其心意，竟还要动员社会"大众",像这样以"黔驴无技"相戏弄,想要以流氓手段彻底摧残知识分子的人格尊严。这篇"反右"诗,可以视作那一丑恶年代留下的一幅生动写照。

客观地说,不管"反右"也好,还是谀媚时政,在《乐天诗讯》上刊发诗作的这些人,其主观意愿,恐怕更多地还是以文字自我愉悦。传统的题材不宜多写,就不妨跟着政治风潮走。其大多数诗社成员,本来也算不得诗人。单纯从艺术角度看,他们写这些时政诗,与红楼女儿选白海棠还是黄菊花作社集题材,恐怕并没有太多差别,都只是一种无聊的文字消遣。

既然是自娱自乐,看似谀媚的内容,就不一定都是为了取媚于世。从另一方面看,以文字取媚,从来也并不容易,成功与否,还有许多未知数,其中政治风向的飘忽不定,最是未可预知,本来足以取媚的文字,倏忽之间也会翻转成为取祸。1959年出版的第10卷第10期上,刊有一组称颂赫鲁晓夫的诗,如其中一首题为《闻赫鲁晓夫访美演讲恺切生动语妙天下,因取其义率成一律》;1960年出版的第11卷第1期上有一首诗题作《一九六○年恭祝中央毛、朱、刘、周四大英明领袖万岁》,及至六年之后"文革"洪流荡涤一切的时候,这些诗的作者,恐怕就要为其一时信笔弄文而付出意想不到的代价了。

就像任何一种时尚的装束,一旦流行过时之后,都会变得十分可笑一样,当时的谀颂时政之作,在今天看来显得非常怪异。其中比较有趣的如1958年出版的第9卷第2期上有一首诗题为《苏联名犬莱伊卡乘人造卫星远游天空诗以送之》,署名"北京石茇年"。诗云:

之子远行役，茫茫上太空。转旋随晷度，开辟著奇功。天狗蚀明月，云龙啸远风。韩庐名永著，杜甫赋称雄。金畜高温试，仙庞大气攻。九霄分造化，万国仰穹隆。创出人群福，环飞宇宙通。先锋灵使者，开放广寒宫。

千万不要以今例古，以为只有政治动物北京人会这么搞笑，更搞笑的还有同期所刊上海人氏樊光撰《美人计》一诗。此诗前有小序记述说：

> 报载美国艺术家伯德逊，因苏联飞行两次人造卫星上天，致世界发生越来越大影响，特建议由美国挑选十名有迷人魅力的美女，组成外交使节团，派往苏联，征服其男人，完全忘却人造卫星成就。此议还由合众社郑重其事向全世界广为传播云，感赋。

诗云：

> 美人惯用美人计，女乐倾贤旧调弹；只恐苏联鲁男子，枉抛红粉与谁欢。天外昂首杜国卿，须眉震震诩豪英；哪知食肉各谋甚，上床迷人娘子军。火箭销烟雾业空，更何实力足称雄；野心犹不甘雌伏，异想嗤依裙带风。漫道西施可沼吴，千年陈迹当鸿图；亦知苏制原民主，倾国来嫔够得无。自古红颜富爱情，每逢燕婉更输诚；恐散使节都归纪，翻为婚乡作导兵。号称民主重民权，平等自由信口言；魅力迷人推女性，文明国体更何存。合众社宣帝国献，雄锋每出弹枪头；只今亦拉胭脂马，甘为鸠媒羞不羞。魅人使节外交团，

　　欲依章台作毡坛；贡女和亲和得否？何如头脑会盟安。

　　这样一本正经地用旧体诗形式，来评议美国人的玩笑，特别是设想美国派来的色情间谍会真心倾情于苏联的航天技术人员，于是输诚归附，"翻为婿乡作导兵"，令人绝倒。

　　除了现实扭曲政治形态的缩影，在《乐天诗讯》中也可以看到一些文化讯息。在很少一部分反映文人交谊的诗作当中，有些涉及到文化界的著名人物。如第 9 卷第 2 期上，有镇江陈茶村撰《挽吕（思勉）师》：

　　　　丛丛著述费精研，辛苦书窗六十年。
　　　　天上招魂惭宋玉，九秋风雨展遗编。

又第 10 卷第 10 期上有金山彭鹤濂撰《轺冒鹤亭丈》：

　　　　曾识荆州廿载前，满堂丝竹集群贤。胭脂桥外三更月，尽放清光到酒边。（自注：乙亥浴佛日，贺石遗师八十寿辰，海内诗人咸集吴门胭脂桥。席间由师介绍，始与丈相识。是夜，饮酒作诗甚乐。）
　　　　水绘名园四海知，良辰觞咏忆当时。短桥流水无人迹，此是先生绝妙诗。（丈断句有："日色不到处，苔气绿一尺。短桥卧流水，竟日无人迹。"传诵一时。）

同卷另有一组哀悼张元济的挽诗：

齿如思邈九三年，忽向蓬莱会众仙。变法图强空忆旧，维新促进允推先。广刊书籍功难比，饱阅沧桑性不迁。馆牓延龄劳染翰，生来与菊有深缘。（自注：一九五六年，先生曾由两人扶病起床，为小园书"延龄馆"额字二张。）

　　　　　　　　　　　——北京刘园《挽张菊生馆长》

先生竟作千秋别，肠断西风叶落时。沪上烟波增惨淡，馆中故旧感伤悲。平生竭尽拯民计，临死犹嫌报国迟（自注：先生告别诗有"报国有心奈无命，泉台仍盼好音传"句）。今日道山归去也，同仁莫不哭吾师。

　　　　　——阜宁戴春风《轫上海市文史馆馆长张菊生先生》

秦颓梁坏仲秋时，小子心丧失导师。著述早传萦藻思，仪容久隔仰芝眉。百年史已堪歌泣，一老天胡不憖遗。飒飒秋风桐叶落，道山缥缈赋归期。

却回迷阳叹后生，师门难□哭无声。卧床频洒忧民泪，易箦还舒报国诚。诲我箴言犹在耳，闻公噩耗若为情。浦潮呜咽增悲戚，前路灯辉遽失明。

　　　　　　　　　　　　——上海瞿柏僧《哭张师菊生》

　　吕思勉是一代史学大师，冒广生（鹤亭）为一代诗词名家，张元济则是近代出版界巨擘，也是一代藏书名家，这些诗章均足以备其交游掌故，这也是《乐天诗讯》在晚近文化史研究中的可以利用的一些文献价值。

　　　　　　　　　　　　　　　　　　2005 年 5 月 26 日记

倒霉的出版家

——漫说英文版《当代中国的政治设置》

搞出版免不了要赶风潮，这样才能很快地赚来大把大把的钞票，一味地出冷僻的学术书，非把出版家饿死不可。不过，赶风潮有时犹如炒股票，押宝押对押错，其中的输赢出入，便不啻天渊。

清朝末年，是一个社会迅速"转型"的年代，汹涌而来的西方新思潮，强烈地激荡着古老的大帝国，在一片风雨飘摇之中，不管是想"为体"也好，还是想"为用"也好，反正一大堆新的制度、设置，夹杂在帝国旧有的体制之间，接二连三地施行起来。面对这一系列眼花缭乱的变化，就连中国的老百姓，一时都很难摸得清来龙去脉，那些来自万里之外的西洋人，更不能不倍感困惑。于是，为适应这种需要，便有两位来自罗刹也就是现在通译为俄罗斯的那个国家的"老外"，编集了这部名为《当代中国的政治设置》的辞书，以供与清国官员交往时查考。

本书的两位作者布鲁纳特（H. S. Brunnert）和哈盖尔斯特罗姆（V. V. Hagelstrom），都出身于圣彼得堡大学东方语言学系，时任俄国驻北京公使馆见习译员，显然通晓汉语，书中提到的每一项设置，便都标明了汉文名称。

本书的俄文原版，初版于 1910 年 5 月。本来是英国人最先用大炮轰开中国大门，他们与中国的交往，比俄国人更多、更深、更全面，也更需要这样的工具书；再加上新兴美利坚帝国与其同种同文，所以，很快就在 1912 年 5 月出版了此书的英文译本。可以看出，英国人还是很认可这两个俄国人的编纂水准的。英译本书前有"译者说明"，写于 1911 年 8 月 15 日，时为清朝末代皇帝溥仪宣统三年；可是不到两个月后，革命党人就在武昌发动起义，各地响应风从，清室土崩瓦解。民国肇建，天下气象为之一新，各种政治、经济、文化设置，几乎无不另起炉灶，而这部英译本《当代中国的政治设置》，直到 1912 年 5 月才出版，真是生不逢时，本来会很风行的畅销书籍，现在差不多快成了废纸，恐怕没有比这更倒霉的出版家了。

我得到的就是这种英译本，由英国驻福州领事贝尔特琴科（A. Beltchenko）和他们强行委派给中国的海关官员莫兰（E. E. Mo-ran）共同翻译。英文书名为 *Present Day Political Organization of China*，是由设在上海的凯利与沃尔什有限公司（Kelly and Walsh Limited）出版。出版者同时在香港、新加坡和横滨印刷发行此书，他们所预期的发行量是可想而知的。孰料风云叵测，世事突变，实际上并不会有多少人再去买这种根本不合时宜的书籍，所以，今天若想找到一本，不管是在哪里，都需要费上一番周折了。

虽然对于当时的实际应用来说，《当代中国的政治设置》这本书几乎一出版就成了废品，但是，没有现实价值的书籍，不等于没有历史作用。严格地说，只要研究者能够拓宽视野，善于利用和发掘史料，就绝没有毫无史料价值的书籍。前文已经讲过，清朝末年新旧杂陈五

PRESENT DAY POLITICAL ORGANIZATION OF CHINA

BY

H. S. BRUNNERT AND V. V. HAGELSTROM

STUDENT-INTERPRETERS OF THE
IMPERIAL RUSSIAN LEGATION, PEKING

REVISED BY

N. TH. KOLESSOFF

CHINESE SECRETARY OF THE
IMPERIAL RUSSIAN LEGATION, PEKING

TRANSLATED FROM THE RUSSIAN

WITH THE AUTHORS' SANCTION

BY

A. BELTCHENKO

H.I.R.M. CONSUL AT FOOCHOW; AND

E. E. MORAN, PH. B. (YALE)

OF THE CHINESE IMPERIAL MARITIME CUSTOMS SERVICE

SHANGHAI:

KELLY AND WALSH, LIMITED

HONGKONG—SINGAPORE—YOKOHAMA

1912

*Present Day Political Organization of China*扉页

花八门的设置，令人眼花缭乱，梳理起来是很费功夫的，所以，直到今天，我们的清史学界，还没有一部全面反映这些内容的著述或辞书问世，人们要想了解这方面的事情颇为不易。至少在目前，学者们完全可以把这部书籍当作了解清末机构设置的手册来查阅。

藏书的人首先是念过书的人，而念书的人都关心有关念书的事。下面让我们先以"学部"为例，来看一看此书的内容和利用价值：

书中首先解释"学部"是清末新设的一个相当于西方"部"（Ministry）一级的政府机构，该部设置于 1905 年，用于管理大清帝国的教育事务，而在此之前是由礼部行使相应职能的。学部的内部设置，是由该部自行筹划，提出方案后，报呈朝廷，于 1906 年 6 月 11 日获得批准。当时，学部的主官名为"管理学部事务"，其佐贰官称"参事"。学部的下设机构有司务厅、总务司（下辖机要科、案牍科、审定科）、专门司（下辖专门教务科、专门庶务科）、普通司（下辖师范教育科、中等教育科、小学教育科）、实业司（下辖实业教务科、实业庶务科）、会计司（下辖度支科、建筑科），等等。

《当代中国的政治设置》一书还特别提到学部当时下设有一个特殊的机构——编订名词馆，并介绍说，它是根据学部呈文而设立的一个编订"技术"词汇的机构，于 1909 年 10 月 29 日获朝廷批准设立，馆中设一名"总纂"和员额不定的"分纂"，分纂主持编纂关于自然、数学、政治、法律、历史、教学等方面内容的辞书，经审定列入辞书的词汇，将强制公私文牍必须使用。假如这个"编订名词馆"真的发挥了当初预定的效用，那么，我们今天的文化，至少是汉语现代词汇，可能会有很大的不同。因为现代汉语中的双音节书面词汇，许多都是借用日本人翻译西方典籍时利用汉文所创造的词语，而当年设置"编订名词馆"的初衷，就是想改变这种做法，重起炉灶，另译新词。

曾在某一笔记当中，见到一则讲张之洞的笑话，说他在清末以军机大臣兼管学部时，一次审阅有关学校建设的规章，面对呈文，勃然大怒，满纸大批"日本名词"四字。张之洞正要发下呈文，令其下属另行改写，忽然意识到，自己所用"名词"二字，正是他所深恶痛绝的"日本名词"，于是，只好"留中不发"，不了了之。此事之有无，不必深究，不过张之洞对待"日本名词"的这种态度，却与这个"编订名词馆"大有关联。

近人朱德裳在所著《三十年闻见录》中，列有"日本大有造于东方科学"一条，谈到名词馆的建置原委及其效用：

　　清自庚子后，以各国清议所在，仍下明诏废科举，设学堂。各省督抚以能派学生为有体面。张孝达（案"孝达"为张之洞字）改定两湖功课，派遣学生动以百计。朝廷特派专员为留学生监督，汪伯棠最先。一时日本名词，终日在士大夫之口。孝达厌之，以为此日本土语也。当日本初译西籍，定名词时，亦复煞费苦心。大半取裁内典及中国《史》、《汉》诸书，非杜撰。如"禁产"、"准禁治产"之类，本于佛典；"能力"二字，本于《史记》，如此之比，不可胜数。至"宪法"二字，尤为古雅。中土初译西籍，谓为"万法一原"，意同而词累矣。今外务部行文中犹有"治外法权外"之语，日本人定为"治外法权"，岂不文从字顺耶？孝达在军机时，欲有以矫之，特设名词馆于学部，以严几道（案即翻译家严复）为之长，改"原质"为"莫破"，理科书中所谓"含几原质"者，改为"几莫破"，一

　　　　时传为笑柄。然西籍苟非由日本重译而来，此等笑话，不知多少。

看历史同看现实，道理是一样的，制度规定的是一回事，实际施行的往往是另一回事。显然这个"编订名词馆"并没有起到什么作用。尽管如此，透过《当代中国的政治设置》这样的书籍，我们还是可以看到，怎样引进西洋词语概念，在当时是何等令人关注。其实在《当代中国的政治设置》这本书里就包括有许多诸如"编订名词馆"这样的西洋词语，甚至是"日本名词"。从语词研究的角度来看，我们完全可以把它视作了解清末新兴西洋词语的专科词典。

　　再来看看著名的北京大学的前身——京师大学堂在当时的情况：

　　本来按照清廷的计划，是在各省都设置至少一所"大学堂"，用于施行高中（Higher Schools）以后的高等教育，只是当时尚仅仅在京师设置了一所（所以后人往往误把"大学堂"与"京师大学堂"视为一事）。京师大学堂下设八个名义上相当于西方大学里的"系"（Department）而实际上更像学院（College）的"分科大学"，它们分别是经学科大学（下设周易学门、尚书学门、毛诗学门、春秋左传学门、春秋三传学门、周礼学门、仪礼学门、礼记学门、论语学门、孟子学门、理学门）、法政学科大学（下设政治学门、法律学门）、文学科大学（下设中国史学门、万国史学门、中外地理学门、中国文学门、英国文学门、法国文学门、德国文学门、俄国文学门、日本国文学门）、医科大学（下设医学门、药学门）、格致科大学（下设算学门、星学门、物理学门、化学门、动植物学门、地质学门）、农科大学（下设农学门、农艺化学门、林学门、兽医学门）、工科大学（下设土木工学门、机器工学门、造船学门、造兵器学门、电气学门、应用化学门、建筑学门、火药学门、采矿及冶金学门）、商科大学（下设银行及保险学门、贸易及贩运学门、关税学门）。新旧杂陈，真是够热闹的了。要不是后来有蔡元培倡导超然于简单实用之术的纯学术，真不知北京大学会不会有今日的地位。虽然相关的资料，在档案中或许都可以查到，但是这种简明扼要的手册式说明，还是给读者提供了很大便利。过去就在报章上见到有人写文章，对于京师大学堂是否有经学科目表示迷惑，其实了解到其建校初期的上述分科设门状况，就不会有什么困惑了。

通过上述事例，可以清楚看出，《当代中国的政治设置》一书的记述，具体而微，对于研究清末的历史能够提供很多帮助。清代留存下来的史料实在是太多了，许多研究者感叹，连基本汉文史料都看不过来，弄得没有多少人有心思去读域外史料。然而做学问就是要博闻多识。我们没有必要为炫人耳目而旁征博引，然而，域外文献往往确有中土典籍所不著录的内容。如果我们平时能够多拓宽一点见闻，必要时就可以做到根据研究题目的需要，信手拈来，全不耗费功夫。假若你是不做研究的普通读者，那么，把这本书作为闲暇消遣的历史读物来看，或许更有意思。因为你不必多费心思去思索，尽管把它当作万花筒来看就是了。

这部倒霉的书甫一出版，便成为明日黄花，为现实社会生活所遗弃，抛向遥远的历史。从出版到现在，整整九十年过去了，它在成为历史的同时，也成为了历史学家所青睐的读物，成了普通民众观赏帝国末日景象的镜子，这是当年那位倒霉的出版家始料不及的事情。

按照藏书家的规矩，收藏西文书籍，最讲究的是最早印行的所谓"初版本"，这个英文本《当代中国的政治设置》是转手的译本，与此显然有很大的差距。也有一些旁门左道的藏书爱好者，在找不到或买不起初版本时，退而求其次，标榜书是读的，因此，初版本的内容未必最佳，重版的书有时也自有其可取之处。——这当然属于吃不到葡萄说酸的那一类歪理邪说。不过话说回来，从使用与收藏相结合而不是单纯收藏的角度看，这个译本至少并不比它的俄文母本差，因为在翻译时原作者又添加了几十页的增补，作者之一布鲁纳特还对译文做了认真的审校，内容不仅丰富，而且可靠。另外书末附有中文辞目索引，只要粗通英文，当作关于清末设置的历史词典来用，是很方便的。

2002 年 5 月 6 日记

【补记】本文曾在"往复"网上公布，蒙陆扬先生在网上指出若干重要谬误，并补充论述了拙文提到的一些问题。为表示谢意，拙文特保持原稿错谬处，而转录陆扬先生教示如下：

一、该书的译者 Beltchenko，是俄国人而非英国人。译本出版时，他可能已经从俄国驻福州领事转为广州领事。Beltchenko 和该书的原作者一样，都是圣彼得堡大学东方语学位的获得者。其实 Beltchenko 之所以将此书翻出，可能不完全是实际需要的考量，和他个人对中国制度社会有很大的兴趣也很有关。他实际是近代在华西方外交人士中很重要的一位，身后留下大量有关当时中国情形的文献。这些文献，大都保存在美国斯坦福大学的胡佛研究所。

二、辛德勇先生的文章里，用京师大学堂的设置作为例子，说明晚清制度的混乱，是很有趣味的。不过，我的感觉是，这一设置，其实在结构上不仅是很严谨的，而且在当时是很先进的。我相信这是完全比照当时世界上最先进的德国大学的科系来作设置的结果。所以将经学完全独立出来成立一门，就相当于西方的神学院（School of Divinity 或 Theologische Fakultät）。而文学门就是所谓的 School of Arts 或 Geisteswissenschaftliche Fakultät。其他也一一相当。其实这一系统在德语国家一直延用迄今。所以当时晚清政府是很费了一翻心思的。现在的北大与之相比才真是杂乱无章。另外将经学比照神学也很有意思，或许可看作近代中国在西方影响下儒学宗教化或孔教化趋势的一个例子。

2005 年 6 月 21 日记

原刊《藏书家》第 7 辑，2003 年 5 月

书山问路

研治古代文史的必备入门书籍

——读黄永年先生著《古文献学四讲》^①

在现代社会中，从事任何一种职业，都需要具备某些必备的基础知识，不然你无法入门。从事中国古代文史方面的研究，则首先需要对于古代文献具有相应的了解。道理很简单，历史已经远去，我们只能主要依靠古代文献的记载，来尽可能地接近和认识当时的面貌。所谓古代文史，包括历史、文学、哲学等许多领域，但严格说来，都可以概括在泛义的历史学范畴之内，因为文学史、哲学史像政治史、经济史、社会史一样，也都属于历史学的一个组成部分。

众所周知，史学家傅斯年是极力主张"史学即史料学"的。他在《史学方法导论》一文中曾经讲过：

> 史学的对象是史料，不是文辞，不是伦理，不是神学，并且不是社会学。史学的工作是整理史料，不是做艺术的建设，不是做疏通的事业，不是去扶持或推倒这个运动，或那个主义。

---

① 《古文献学四讲》，黄永年著，鹭江出版社，2003 年 9 月出版。

由于"史料是不同的，有来源的不同，有先后的不同，有价值的不同，有一切花样的不同"，所以，所谓整理史料的方法（实际上也就是历史学的研究方法），"第一是比较不同的史料，第二是比较不同的史料，第三还是比较不同的史料"。

傅斯年的这种主张，现在有些人或许并不赞同。但是，不管大家怎样看待历史学的性质和内容，不管研究者各自抱着什么样的历史观去从事研究，恐怕也都不能不承认，史料毕竟是史学研究最重要的基础；假如缺乏这一基础，一切古代文史研究，都将无从说起。

傅斯年在这篇文章中，还具体归纳列举了"比较不同的史料"的几种主要类型，如"直接史料对间接史料"，"官家的记载对民间的记载"，"本国的记载对外国的记载"，"近人的记载对远人的记载"，"不经意的记载对经意的记载"，"本事对旁涉"，"直说与隐喻"，"口说的史料对著文的史料"，等等，这些都是从事一项史学研究不可避免地要遇到的基本问题。而要想哪怕是最一般地切入这些问题，就必须首先了解有哪些相关史料，以及这些史料的特点。——所谓"史料学"，就是研究和解决这些问题的历史学基础分支学科。

虽然在口头上，似乎大家都能够认同史料学的重要性，可是在实际的教学和研究工作中，却未必都能够很好地体现这一认识。

譬如目录学和版本学，是史料学中最基本的内容，可是现在的大学历史系，却很少开设相关的课程，一般是开一门"历史文选"，只是教学生念念文言文，根本不涉及目录学知识。这种情况，其实由来已久。上世纪 50 年代毕业于北京大学历史系的周清澍先生，是深有造诣的蒙元史研究专家，他曾在一封信中描绘了当年自己缺乏相关知识训练的情况。他写道，自己调到内蒙古大学任教以后，"经常出差来京，学校也附带给我采购书籍的任务。可惜我一点目录学知识也没有，只会买一些一看书名就知其内容的书。经过比现在研究生多若干倍的时间，完全出于偶然，看到《四库全书总目提要》、《四库全书简明目录标注》、《中国丛书综录》、北京、北大、上海、江苏国学（今南京）图书馆等书目，才稍稍懂得点按目寻书的知识。为了在书店能随时决断应购何书，就必须熟记书名并知有几种版本及版本优劣等等"（此信公开刊载于《藏书家》第4辑）。北京大学历史系尚且如此，其他学校自然可想而知。几年前，有一位行将退休的老教授，也是毕业于著名学府且供职于著名的学术机构，曾私下向我咨询，谓听说有一部给古代传世文献做提要说明的书，如果书店有的话，让我顺便帮助买一本。——这位老教授想问的书是《四库全书总目提要》。这件事情，完全可以证明类似情况的普遍性和严重性。

周清澍先生说，现在的研究生，入学时就具备相关版本目录基础，那可能是由于他在经历了长期暗中摸索之后，深知这些学问是入门的必备知识，于是开宗明义，就把它传授给了自己的研究生。如果是这样，只能说他自己的学生有幸，却并不能说明现在的一般状况。以我接触到的情况来看，目前大学本科生、硕士生乃至博士生的史料学素养，与上世纪50年代相比，总体上并没有多大变化。不然我们就不会经常看到有一些硕士、博士乃至教授、博导，在使用《西汉会要》、《东汉会要》、《十国春秋》、《续资治通鉴》、《辽史纪事本末》、《金史纪事本末》，直至当今学人编纂的《清史编年》、《清通鉴》这样一些根本没有史料价值的著述，来作为研究的依据了。

要在学习阶段打好史料学基础，需要有合适的入门书籍。过去，有些人是依赖清代乾隆年间纂修的《四库全书总目提要》，但是它对于现在的初学者来说，显然过于繁难，而且无法利用它来了解乾隆年间以后的大量重要典籍，所以并不适用。清末张之洞的《书目答问》，是专门为指导初学而开列的基本书目，选书虽大体精当，但只列书名，没有作者和内容的介绍，同样不宜于现在的学生用于初学。

民国以来，出版过一些这方面的入门书籍，但是往往都是只侧重某一个方面，如朱师辙《清代艺文略》，仅成经部，且只叙述清代经学书籍（对于了解清代经学著述，这是一部很好的导读书，遗憾的是流传甚为稀少，现在连专门做清代经学研究的人都很少知道）；吕思勉《经子解题》，仅叙述上古经书和诸子书；柴德赓著《史籍举要》、王树民著《史部要籍解题》、谢国桢著《史料学概论》、陈高华等著《中国古代史料学》、黄永年著《唐史史料学》等，都仅仅是从狭义的历史学研究角度选择典籍，进行介绍，目前还没有见到质量较高的全面介绍古代史料文献的目录书籍（朱自清《经典常谈》见识通达且文笔流畅，最便初学，遗憾的是当时是为中学生撰写，开列书籍太少，不敷学者入门之用）。最近鹭江出版社出版的黄永年先生著《古文献学四讲》，可以说是应从和满足了学术界长期以来的迫切需要。

《古文献学四讲》，是鹭江出版社《名师讲义丛书》中的一种。顾名思义，都是用以教授学生的讲义。黄永年先生这"四讲"，包括"目录学"、"版本学"、"碑刻学"和"文史工具书简介"四种讲义。

上个世纪80年代初，我在西安随史念海先生读书时，史念海先生要求必须去听完黄永年先生开设的上述几门课程。史念海先生当时特别讲到，不听好黄先生这些课程，就无法掌握读书做学问的门径。所以，这本《古文献学四讲》，编录的都是我听过的课程讲义，当年油印向学生发放过。黄永年先生不仅学识渊博，而且善于演讲，授课神色生动，把这些一般人看来枯燥单调的课程，讲得妙趣横生，牢牢吸引我如饥似渴地听完了各门课程（版本学上课时开过小差，但后来私下求教于先生更多，也是以这本《版本学》讲义作为入门向导）。后来我能够在学术上尝试着做出一点研究，首先就是依仗这些课程所打下的最重要的基础。由于自己基础较差，许多授课内容，一下子不能很好理解和记忆，工作后就仍一直把讲义放在手边，随时翻检查阅，不断加深掌握和理解。现在读到正式出版的讲义，既亲切，又兴奋，引发了一些感想。

打好基本功，这是黄永年先生在授课和治学中一贯强调的，也是他教授学生时首先要讲授上述课程的原因。他曾针对时下学术界一些人毫无根基地胡乱著书立说的情况，举述其中典型的荒唐例证，撰写过几篇文章，希望引起大家的注意（如《还是要打好基本功》等，多已收入先生随笔集《学苑零拾》）。学术研究的基本功，包括很多内容，在史料学方面，我想最重要的包括如下三个方面，一是注重传世文献，强调读常见书；二是要尽可能深入地掌握基本史料的内容和性质；三是要尽可能广博地多了解各类史料的内容和价值。

谈到重视文献资料，在实际研究工作中存在两种不同路数。

一派特别强调寻找从未被人利用过的资料，尤其是地下地上新发现的史料。论者往往引据陈寅恪先生的话，谓"一时代之学术，必有其新材料与新问题。取用此材料，以研求问题，则为此时代学术之新潮流。治学之士，得预于此流者，谓之预流。其未得预者，谓之未入流"。甚者且谓学术之每一新进展，必定要仰赖于新材料之出土。

另一派则是强调读传世基本文献，当代著名代表性学者如顾颉刚、余嘉锡等均是这一派的代表人物。据先师史念海先生讲，当年顾颉刚先生向他传授的读书门径，就是以读常见基本史料为正途，要把从人所共知的基本文献中发现新问题，提出新见解，作为治学的基本功夫。顾颉刚先生称此为"化腐朽为神奇"。

学术研究，各自有所偏好，存在不同的路数，所谓"各遵所闻"，本是很自然的事情。但是前一派援依陈寅恪先生的说法为其张目，却未必尽合乎陈氏本意。看一看陈寅恪先生的主要学术贡献全在于使用两《唐书》、《通鉴》等最大路的史料，就可以明白，陈寅恪先生本人，并不特别依赖所谓新材料来做学问。陈垣先生有相当一部分研究，由于题目所需，是比较重视某些当时学术界相对生僻的史料的。陈寅恪先生的话，出自他为陈垣《敦煌劫馀录》撰写的序言，是否带有某些应酬的成分，恐怕还需要结合他自己的研究来揣摩。我想在熟悉基本文献的基础上重视新出土资料，读常见书而知生僻书，这才是对待史料比较合理的态度。

黄永年先生在治学上是师承上述后一派传统的，所以这部《古文献学四讲》的核心内容是传世基本文献的版本目录。常用文史工具书是读古书、做学问的一般工具，版本学、目录学是讲传世文献自不必说，所谓"碑刻学"，也不像有些人可能理解的那样是讲述出土碑刻资料，而是讲授宋代以来的碑刻学知识传统，以便更好地利用这些迭经历代摩挲已成为传世文献组成部分的碑刻资料。近来听说有一部分学者，称谓碑刻为"非文献"史料。至少就中国的情况而言，我觉得是不够妥当的。黄永年先生在序论中说，他是鉴于时下"碑刻之学中衰"，而"专设碑刻学课程者几无所闻"的情形，才"为研究生开设此课，总结近半个世纪个人业馀从事此学之所得，窃欲重振斯道，且使从学者开阔眼界，借免拘墟之诮而已"。可见，其志趣与争竞观睹新见石刻碑版资料者，亦判然不同，从本质上是把碑刻看作传统目录学的一个特殊组成部分来加以阐释的。

黄永年先生本人，从青年时期起就收藏善本书籍和碑帖拓本，几十年间所得甚丰，早已是蜚声海内外的藏书名家，可是做学问却极力主张以读常见基本史籍为主。黄先生文史兼通，在历史研究方面，强调要首先花大力气读正史。《古文献学四讲》书后附收了他的三篇文章：《述〈注坡词〉》和《读唐刘濬墓志》，分别为研究版本和碑刻的实例；《我和唐史以及齐周隋史》则是其治学经历的简要叙述。

在《我和唐史以及齐周隋史》这篇自述性文章里，黄永年先生阐述自己对待史料的原则是，"撰写义章不依靠孤本秘笈而用人所习见之书，要从习见书中看出人家看不出的问题"；他说："习见书如纪传体正史中未被发掘未见利用的实在太多了，再利用上几辈子也用不完。不此之图，光坐等孤本秘笈的出现，包括考古掘得新东西，岂非有点'守株待兔'的意味？"在本书的"目录学"讲义部分，他也讲到："想研究我国古代的文史以至哲学，必须懂得历史，读点史书。而史书中最重要的可作为第一手文献的，要首推这纪传体的《二十四史》。"《二十四史》即传统所谓正史，这是把读正史置于整个古代文史哲研究的基础地位。重视基础，是为了掌握精髓。读书遵依主从次序，方可避免由终南捷径而堕入旁门左道。这种治学态度，应该是贯穿这部《古文献学四讲》的内在主旨，"四讲"内容的设置，都是服从于这一主张，

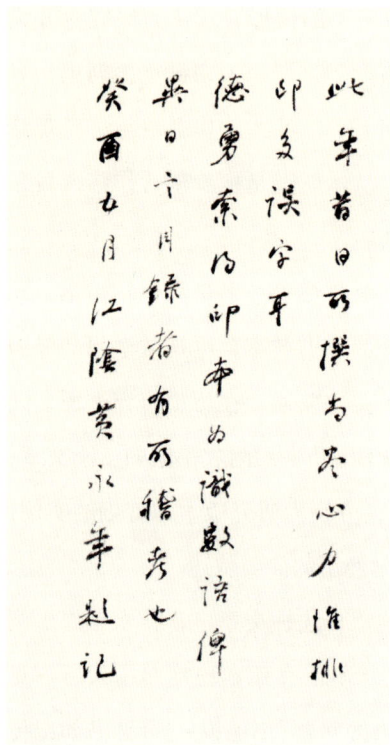

黄永年先生为作者藏《陕西师范大学
图书馆善本书目》所撰题跋手迹

读者不应只看具体的文献知识而忽略了它。

　　因为是强调读常见基本史籍，所以首重目录学。此"目录学"既非研究图书编目之书籍分类体系，亦非研究书目分类体系变迁之目录学史，只是介绍有哪些基本史籍及其内容构成和史料价值。不过要想在短短十几万字篇幅内，开列出经史子集各类古籍的要目来（如果说可以把清人编纂的《四库全书总目》作为选书的基本依据，那么撰写这部"目录学"讲义需要考虑的范围，不仅增加了清代乾隆年间以后的大量著述，还多出小说戏曲一大门类），是一件很不容易的事情。撰作书目，求全固然甚难，但那是难在花费时间和功夫；而拔萃之难，则需要更高的学术素养，特别是通贯的学识。张之洞的《书目答问》过去一直为学者看重，主要也在其高屋建瓴的学术眼光上。

《古文献学四讲》的"目录学"部分，在继承张氏神髓的基础上，立足于当今的学术视野和"五四"以来大量全新的学术认识，精心别择各领域内最基本的著述，选书比《书目答问》更精，分类更切合现代学术需要，叙述更注重学术发展的系统性，因此，在很大范围内，完全可以取代《书目答问》，作为研治古代文史的最基本入门书目。

由于是入门书籍，要想从每一门类的大量著述中选出最有代表性的著述来，就需要撰述者明了古代各门学术的发展脉络。《古文献学四讲》最精彩的地方，是通过简明扼要的叙述，阐明了相关的学术源流，在此基础上揭示出其中最有代表性的著述。

比如，经学是中国古代学术的核心内容，而传统的四部分类方法，往往只是按易、诗、书、礼等经书的类别来划分细目，以此准则来编纂著述总目固无不可，可是像《书目答问》这样的经籍入门书籍，依然大致遵用不改，就与其津逮初学的目的，不尽相契合了。对此，黄永年先生认为，"我国所谓经学的时代性特别强，不讲清楚各个时代的经学趋向，就无法使人理解为什么会出现这样那样的经学著作"。所以，黄先生在讲义中独创一格，按照经学发展的起源、经今古文学、义疏之学、宋元经学、清人经学这样几个大的阶段，分别举述各个时期的经学名著。这样不仅使学生摆脱了目录学学习中孤立地死记书名、作者、内容的枯燥和艰涩，还可以通过目录学的学习，初步了解各类著述背后所相关学术的源流。

又如子部书籍中的思想文化性著述，在《书目答问》单列"周秦诸子"的分类方法的基础上，本书又将汉代以后的书籍分为"汉魏以下议论"、"理学"和"考证之学"三类，分别予以论列。具体每一类中讲述的内容，也都能提纲挈领，举重若轻。如讲清人考证，先举顾炎武《日知录》发其端绪，以知一代学风之本源；次举钱大昕《十驾斋养新录》、王念孙《读书杂志》、俞正燮《癸巳类稿》与《癸巳存稿》，以见乾嘉汉学家考证之博大精深；最后以陈澧《东塾读书记》殿其尾，以反映考据学适应时代主流学风转移所发生的变化（即陈氏"已不拘乾嘉汉学之传统"）。

其实，强调读常见基本史籍的内在意义，正是为了全面、系统地掌握这些最基本的历史知识，以作为治学的根基。所以除了如上一些比较系统的讲述安排之外，讲义中随处都体现出这一思想。如集部讲文章选本，仅列三部书籍，为姚鼐《古文辞类纂》、张惠言《七十家赋钞》、李兆洛《骈体文钞》。姚鼐为清代桐城派古文家代表人物，所纂《古文辞类纂》撷历代散体之精粹，自然大多数人都会列举这部书，可是张惠言的《七十家赋钞》和李兆洛的《骈体文钞》，却一般不会被人想到。黄永年先生这样选择，是因为散文与骈文是古代文体的两大类别，一直相辅并行，不能像现在一般古代文学教科书那样，偏重散文而忽略骈文。事实上，在清代桐城派最为盛行的时候，也从来没有能够独擅文坛；即使是在古文家之间，也一直有阳湖派与之相颉颃。黄永年先生在讲义中对此清楚交待说："阳湖派之不同于桐城派者，是要兼采骈体使其文字更光辉充实。"由于张、李两家与姚鼐一样，是

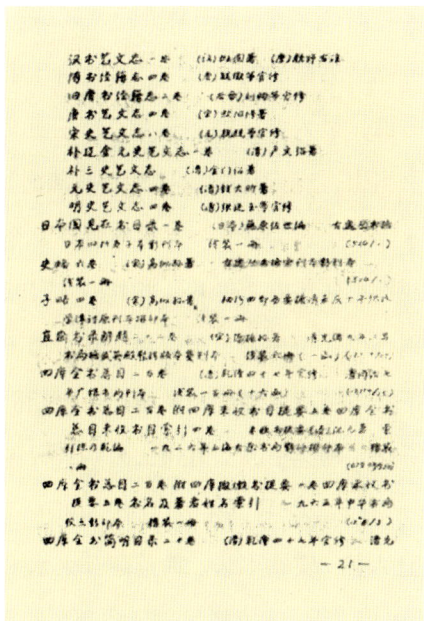

黄永年先生编纂并刻制蜡版油印之《西安交通大学图书馆馆藏古籍目录》（1973年）

采辑历代代表性文辞，读者自然可以由此入手，领略骈体精华，窥得骈文的流变。初学者胸中蓄此常识，并品味一些经典骈体文章，至少可以免却一谈起古人文章，便只知唐宋八大家散体古文的陋略，进而还能够明白唐宋以来的所谓古文运动，实际上在社会很大一个范围内，始终没有能够撼动骈文固有的位置。

在学术发展的体系当中，选择最有代表性的著述介绍给学生，让学生通过这些代表性著述，来认识一个时代的学术风尚，在此基础上，去采摘利用具体文献的史料价值。——我体会这就是这部"目录学"讲义最大的特点和特别值得称道的水平与眼界所在。

　　本书对典籍的具体介绍，颇具学术深度，这体现在如下几个方面。首先是书籍的类别归属，这是对于书籍基本内容和性质的认识。在这方面，最为典型的例子是《册府元龟》。传统目录一向著录此书于类书当中，有人还把它与《太平御览》等并列为宋代"四大类书"。黄永年先生认为，它"其实体制以及今天的用途都和会要相同"，因此，便把它列在史部政书类当中。《册府元龟》自是研究魏晋南北朝隋唐特别是唐代历史的重要资料，其价值不在《唐会要》及《通典》诸书之下，体例与分类编制政事的会要相同，而与采摘旧事轶闻辞章以供寻章摘句的类书，却有很大差别，只不过历朝会要是汇集一代政事，而《册府元龟》是贯穿历代而已。旧时直至《书目答问》的目录都把它划归类书，实在不当。而前述今人水平较高的史料入门书籍如柴德赓著《史籍举要》，王树民著《史部要籍解题》，也都未加深究，仍旧沿袭前人成例，在举述政书要籍时未能列入此书。尽管后来居上是理所应当的事情，但从中还是可以看出黄永年先生超越前人的学术见识。类似的情况，还有明人王圻《续文献通考》，本是为接续南宋马端临《文献通考》而作，保存有丰富的珍贵资料，自然应当一如《文献通考》，列在政书类中，可是清人纂修《四库全书》时，却无端贬斥其为"兔园之策"，降格打入子部类书之存目书籍当中，今此"目录学"讲义，也恢复了它的政书地位。

　　其次，是应当尽可能深入地介绍每一种典籍的具体情况，让学生了解到最有价值的学术界研究进展，使其对于每一种文献都能够获取准确的认识，并从中体会到对待文献典籍，不能简单地人云亦云；明白我们对于古代典籍的认识是一个不断深化的过程。因此，要养成探究的习惯和态度，在使用过程中，时时注意思索，力求对文献有更深入更客观更全面的独到的认知。

在这一方面，黄永年先生首先是在思辨对比的前提下，充分吸收了前代学者特别是五四以来学者的研究成果，如吕思勉、顾颉刚、陈垣、余嘉锡等人的研究，同时也在讲义中讲述了许多自己独到的研究看法。如章回小说《西游记》的作者，自胡适认定为吴承恩以来，早已成为通行的常识，近年虽有章培恒等人撰文否定胡适的说法，但仍不为一般人所接受。黄永年先生在讲义中根据自己的研究，谈到《西游记》最早的百回刻本，应出自嘉靖初年，而此时吴承恩年仅二十出头，根本不可能写出如此世事洞明、人情练达的长篇巨制，从而从根本上推翻了胡适当年的观点。

又如关于传世今本《孙子》十三篇的作者问题，旧题为春秋时吴将孙武所作，而叶适、全祖望、姚鼐直至钱穆诸人皆怀疑实际出自战国时人，或即出自齐将孙膑之手，而孙武可能是孙膑的本名。上个世纪 70 年代初，在山东临沂银雀山汉墓中，同时出土了一批同于今本《孙子》的残简和另外一些未见于今本《孙子》却明确涉及到齐将孙膑的《孙子》残简。今研究者普遍认为后者即《汉书·艺文志》著录的《齐孙子》，将其定名为《孙膑兵法》，并相应的推论：既然另有《孙膑兵法》，那么今本《孙子》就不可能再是孙膑所作，只能依传统说法，认定为春秋时吴将孙武所作。对此，黄永年先生则有不同看法，他认为，"战国的诸子书本不一定是本人所作，多数是治其学者所为"。因此，所谓《孙膑兵法》"即使真是孙膑所作，何以能断然说今本《孙子》便是孙武所作，难道不会是战国时另一些兵家所作。何况从《孙膑兵法》内容看也不像是孙膑本人所作，其水平也远不如今本《孙子》。再则叶适、全祖望、姚鼐等提出的今本《孙子》多处与春秋时情况不符，主张今本为孙武作者并未能作任何否定（恐怕也无法否定），并未能翻掉叶适以来定的案"。所以"现在只能仍旧认为今本《孙子》是战国时的书，作者可能是本名孙武的孙膑，也可能是其他高水平的兵家"。尽管这样的看法还不能像上面讲的《西游记》的作者一样作为定案，但至少在目前情况下，这是一种比较全面的分析，依我看也是一种最合理的解释。通过这样的讲授，学生可以学习到对待历史文献的综合分析方法，摈弃简单的纯文本的非此即彼的思维方式。

对于历史文献价值的评价，一般包括两个方面：一是作为一种著述的撰著水平的评价，一是我们今天的使用价值。其中后者又可以区分为阅读价值和史料利用价值。过去的一些评价著述，往往将这几层价值混为一谈，不能切中实际情况。这部"目录学"讲义，对所涉及的文献，就这几个方面分别做出了评价。

如题为清人毕沅所撰《续资治通鉴》，讲义中评述说："其中北宋部分尚好，元代较简略，总的质量不算高。"这是对于撰著水平的评价；又说此书"可供阅读而不宜引用"，这是对阅读价值和史料利用价值的不同评价。

有些著述如清人周济的《晋略》，水平较高，得要领，有见识，有较高阅读价值，在后人重修的纪传体史书中颇有代表性。所以，"目录学"讲义在二十四史之外的纪传体史书中，列举了它。这样做是着眼于它的著述和阅读价值。但同时黄永年先生也明确地指出，此书"只是据《晋书》改写，并无史料价值，今天研究两晋史事不宜引用"。

与此相反，有些书从著述角度看是很糟糕的，可是对于今天的研究却很有史料价值。如《永乐大典》，尽管四库馆臣早已指出其"割裂庞杂，漫无条理"，但现在还是有许多人非要称颂它是中国古代伟大的百科全书式著述，并且要效法故事，搞某某大典。其实《永乐大典》从著述角度看，是无比荒唐的，纯粹是皇帝老子硬充风雅的产物。至于借由它保存下来大量明以前史料，那只是我们今天研究利用的史料价值问题，与《大典》编得好坏，根本不是一个范畴里的事情。黄永年先生在讲义中用很幽默的语言评价了《永乐大典》的著述价值，说它"是一种将作诗用的每个字注有故实的韵书，加以无限制地扩大而产生的怪物"；由于它的编纂既愚蠢又荒唐，所以绝无阅读价值可言，现在"惟一的用处就是可以用来辑佚和校勘"。

"目录学"讲义中对于史籍精彩的评价有许多，初学者要想很好地领略这些观点，阅读时胸中首先要区分开这些不同的评价角度。这也是对待所有历史典籍所需要具备的一种眼光。

每一位学者都有自己比较擅长和熟悉的领域，在撰写这类文献入门书籍时，如何避免个人的专业色彩，跳开一步，尽可能从一个广博的视角来选择和介绍各种典籍，均衡地体现古代文献自身的内在体系，这对于作者学术视野的宽度，是一个考验；而从读者角度来看，只有使用这样的讲义，才能打下宽厚而不是偏狭的文献学基础。

黄永年先生虽然以治史为主业，但是对于古典文学也有很深的造诣，做过很多高水平的研究，如前述《西游记》的作者问题就是其中之一。除此之外，他还广泛涉猎了经、史、子、集四部以及释、道要籍。所以，这部"目录学"讲义，并没有过分浓重的历史学色彩，有时甚至会为了整体均衡的需要而舍掉一些重要的历史典籍。例如诗文总集部分讲到《明文在》而略去了《明经世文编》，这是从文学史角度所作的抉择。因为《明文在》之编选着眼于文辞而《明经世文编》着眼于社会事务。作为初学的入门书籍，整个讲义篇幅有限，在二者不能兼顾的情况下，只能有所取舍。

由此一例，即可以看出，阅读这部"目录学"讲义，足以使读者获得广博的文献学知识——其实这种广度，正是学术素养深度的先决条件和它的一个侧面。很长一段时间以来，不断有人呼唤学术界要出大师，古代文史学界，甚至有人想通过聚集青年精英办培训班的方式来造就养成大师，实际效果却不甚理想。大师的评判标准，人各不同。但是在古代文史研究领域，只知道自己特别关注的某一方面的文献史料而缺乏广博的文献学素养，恐怕是很难称为大师的。

黄永年先生是当今顶尖的古籍版本学家，所以能够在这部篇幅有限的"目录学"讲义中，根据需要，信手拈来，三言两语地讲述出关系到文献实质内容的重要版本问题，这既是本书的特色，也是反映其学术水平和深度的一个重要侧面。如谈到经部清人郝懿行的《尔雅义疏》时，谓此书"最初刻入《皇清经解》的和道光三十年陆建瀛刻本，都用王念孙删定的本子，咸丰六年杨以增刻本及同治四年郝联薇覆刻本方是足本，但王氏学识优于郝，所删定之本实胜过足本"。这与咸丰足本优于道光删定本的通行说法大不相同，这绝不是慑于王念孙大名所做的轻率推断，而是认真比较二者异同后（并撰写过研究文章）得出的结论。讲义中所有的版本讲述，都是这样有特别的考虑和需要，精义纷呈，简明实用，读来可以大获裨益。

　　从以上例证中可以看出，读书讲究版本与选择书籍同等重要。而要想得心应手地选用得当的版本，还应当具备一定的版本学知识。

　　版本学包括版本鉴别与版本史、"版本目录"这两大部分内容。前者讲版刻特点及其变迁，后者讲某一种古籍曾有过哪些版本以及这些版本之间的相互关系。作为给初学者开设的课程，前者可以系统讲，而后者则只能开列一些基本书籍，供使用者检阅，没办法也根本没有必要逐一讲解。我过去听黄先生讲课，前后见过繁简程度不同的三个版本的油印讲义，这次收入的是最简单的简本。从目前的实际需要情况来看，选择这个简本作通行的讲义，应该是比较合适的。因为大多数人只要通过这个讲义的学习，能够对于版本学知识有个最基本的了解也就可以了，要求太高而达不到，并没有什么实际意义。个别人若想对于版本学知识有更加深入的了解，黄永年先生另有《古籍版本学》一书即将出版面世，该书是对当年的繁本讲义加以新增订而成的。

　　这部"版本学"讲义，虽然比较简单，却很系统。黄永年先生对已往版本学中的很多问题作了全新的系统的梳理。如谓明代文学上前后七子的复古运动，促成了翻刻仿刻宋本古籍的需要，于是出现了仿宋浙本字体，继而又因印刷技术进展而出现了呈规范化特征的嘉靖本字体，同时，由于倡导其事的都是苏州的文人，于是使嘉靖本出现了地域上以苏州为中心向外传播，刻书者从以家刻为主导向官刻、藩府刻、坊刻辐射的扩散方式。又如，谓明万历本肇始于徽州商人，后随着徽商的活动而向南京、杭州等地传播；徽商刻书又常请苏州文人为其主持校勘，所以很快风行江浙并影响全国，等等。凡此，都是融会各方面的历史知识，来揭示版本学这门看似纯经验学科的内在发展因素。从中可以看出，较诸前人只是一一罗列版刻现象的著述，黄永年先生通过这些紧密结合当时社会历史状况的规律性认识，自然已经建立起科学的版本学学科体系。

由于黄永年先生已有数十年的古籍收藏经验，所以他的这部"版本学"讲义，不仅有很好的学科理论建树，还有许多源自多年揣摩的独到见解。如宋代版刻有浙本、蜀本、建本三大系统，在版刻的字体上各有特点。浙本字体以欧体为主，这一点没有什么分歧。其馀两个系统，前人普遍说建本多为柳体，蜀本多为颜体，其实多是陈陈相因，似乎并没有什么人真的深加考究。黄永年先生则凭借自己的书法功力和多年收藏、研究唐人碑拓的体会，指出建本多为颜体，蜀本是以颜体为主而撇捺长、利，带有柳公权的笔意——第一次讲清了宋代版刻的基本字体特征。讲义中类似的精彩见解还有许多，如清代前期的写刻本，过去讲版本的人往往称之为软体字，黄永年先生则将其划分为两类，一类如《全唐诗》、《楝亭十二种》，类似法帖中之晋唐人小楷，确实可以称之为软体；另一类如《通志堂经解》、《泽存堂五种》，字体不仅丝毫不软，而且点划方劲，与宋浙本和嘉靖本有相通之处，绝对不能用"软体"来概括和表述。

眼下搞文史的人，懂版本的人越来越少。学生想学习，老师也不一定会讲。因此印行这部简明扼要且科学系统的讲义，已经是一种很迫切的需要。假如以后学习文史的学生，能够充分吸收了这部"版本学"讲义所提供的版本学知识，那么，至少可以在一定程度上，改变当前引述古籍标注版本千奇百怪的混乱局面。

按照我在前面的理解，可以把"碑刻学"视作对目录学中石刻史料的特别讲述。黄永年先生的"碑刻学"讲义，分设"绪论"、"分类"、"拓本"、"史料"、"书法"五个专题。"绪论"讲碑刻学发展史、研究对象和领域，以及主要参考书籍和学习方法，其"参考书"部分择取审慎且多精到评语，不仅对于初学者最为重要，文史研究者也可时时取以参考。"分类"和"拓本"两个专题，是关于碑刻形式本身的基本知识，最为实用。其"书法"部分，以碑刻为主论述书法渊源流变，发自累年揣摩，故融通畅达，胜义迭出。

　　"碑刻学"讲义中直接关系到利用碑刻史料从事研究的内容，为其"史料"部分。除论述碑刻记郡望、世系不尽可信，职官、地理对于史书多有订正增补，以及碑刻资料可以利用来抉隐发微的价值之外，黄永年先生在这一专题下，还针对一些人"重碑刻文字重于史书"的"偏见"，特别强调指出："据碑刻治史事者贵有通识。欲具通识，则非熟于史书，且受史学研究之严格训练不可。即以史料而言，完整之史书亦高于零星之碑刻万万，治史者自当以史书为主，然后旁采碑刻以为辅，不宜媚俗趋时，颠倒主次。"其实治史者之通识，首先应当建立在对于史料的通识的基础上，若非熟悉各种史料，岂能做到像黄永年先生这样具有如此清醒的头脑？反过来看，我们不妨胡乱猜想，那些过分强调出土文献资料如金文、简帛、敦煌吐鲁番文书等史料价值的学者，会不会是因为对传世基本史料熟悉得还不够透彻方才舍本逐末的呢？

　　由于碑刻之学确实中衰已久，不惟国内，海外也久已无人董理，有日本学者看到 20 世纪 80 年代的油印本后，即将其译为日文正式刊出，所以，它早已是日本学生学习碑刻学的入门书籍。相比之下，此前这份讲义在国内只是于 1999 年在《新美术》上公开发表过，研究文史的人很少看到，影响还不及日本广泛。相信这次收入《古文献学四讲》，能够很快使它发挥应有的作用。

最后谈谈"文史工具书简介"讲义。给学生讲文史工具书，看似简单，却更显见识。黄永年先生这部讲义，一如前述三种，首重简要，而不是贪多求众，一味罗列书目。因为这是入门书，滥举书目只会使读者无所适从，简而得要，方最便读者。除了简要之外，这个讲义与常见的文史工具书介绍书籍相比，还特别体现了黄永年先生重视第一手基本文献以及强调直接利用古代高水平著述的读书主旨。如查找古代文字的应用实例，首推利用《说文解字义证》汇集的资料；查找古代俗语的使用情况，首举翟灏《通俗编》和钱大昕《恒言录》；查找历史人物直接利用正史人名索引，等等。循此路径，能够更直接地贴近历史，获取更为可靠的历史信息。

从读硕士到读博士，我一直在黄永年先生的直接指导下读书学习；从事研究工作以来，深为能够遇此名师得以打下文献学基础而庆幸。现在这些精彩的讲义印行于世，有志学子，当可人手一编，共承嘉惠。我们在感谢鹭江出版社的同时，也期望着出版界今后还能再多印行一些这类高水平的治学基础入门书籍，如前述朱师辙著《清代艺文略》，就应列入其中。不积跬步，无以致千里，根深自然叶茂。走对路径，打牢基础，才能做好学术研究。

2003 年 12 月 18 日记

原刊《书品》2004 年第 4 辑

中国古典目录学中史部之演化轨迹述略

序　说

在中国传统的古典目录学体系当中，史部的出现和定型，有一个历史过程。它不仅并非与传统目录学同时产生，是四部中最晚出现的一个部类，而且在产生之后，其内部的门目划分还一直在不断调整。

《汉书·艺文志》中记载，上古有"左史记言，右史记事"的说法。虽然"言"与"事"都随时会成为历史，但是后来目录学中的史部，或者是它的前身，却都是以记事的内容为主。包括诏令奏议之类的"言论"，也是因其所言属朝政世事而编入史部；至于谈思想、讲理论，或阐释某种技艺的言论，则或入经部，或入子部，均与史部无涉。

"记事"看起来与我们现在所说的历史学有些相似，实际上却并不能完全等同于现代学科意义上的历史学。譬如职官、政书等类中当时正在行用的制度，就算不得历史。从本质上来说，传统目录学中的史部书籍，虽然是以与现代历史学大致相当的历史书籍为主，但应当说是更为侧重反映人类的社会性行为和活动，即与其时间属性相比，其社会属性要更为重要。明白这一点，我们就可以理解，在四部分类的史部当中，为什么会有许多并不属于历史的内容，如地理、时令，即因属于反映人类社会活动的时空环境或是规律而列入史部。虽然这种图书分类并不能完全等同于学科分类，但它毕竟是建立在学科分类基础上的一种进一步概括，从总体上来说，还是反映出史部书籍内部具有上述共同的本质特征。

当然，个别书籍不应当入史部而入史部和应入史部而未入史部的情况总是有的；另外，书籍本身，从学科属性上看，也往往兼跨不同部类，既可入此亦可入彼的情况，总是不可完全避免。所以，任何一种分类的合理性，都不是绝对的，只能做到相对比较合理。再说从史部目录本身的发展历程中，大家也可以看到，对于同一类书籍，人们在不同的历史阶段，对于它的性质往往有着不同的认识，这一点使得史部目录的部类演变和划分变得更为复杂。

一、《七略》与史部的萌芽

现在所知我国古代最早的图书目录，是西汉末年成帝时人刘向等编纂、由刘向的儿子刘歆在汉哀帝时最后纂辑成书的《七略》。

《七略》原书久已佚失，但东汉班固编著的《汉书》，在《艺文志》中完全采用了《七略》的分类方法，并且沿承了《七略》诸略的名称。《七略》中的一略，大致与后来四部分类中的一部相当。但是，《七略》并不是把所有书籍划分为七个部类，亦即所谓七部分类法；而是总共分为六个部类，是六部分类法。这是因为《七略》中首列有"辑略"一略，用来总叙诸书之旨要。其馀六略亦即六部，分别为六艺略、诸子略、诗赋略、兵书略、术数略和方技略。

班固自己叙述说，《汉书·艺文志》是删简刘歆《七略》而成书，故除了把"术数"一略改称为"数术"之外，其馀完全是按《七略》的六部来著录当时所知古今书籍。其中六艺略相当于后世的经部，诗赋略相当于后世的集部，另外诸子等四略合起来相当于后世的子部。可以说除了史部之外，后世四部分类中的其馀三部，在刘向、歆父子《七略》创立的六部分类法中，均已成为一个或几个独立的部类。

《汉书·艺文志》中明显属于后世史部的书籍并不很多，主要是附在六艺略"春秋"类中的《国语》、《世本》、《战国策》、《奏事》、《楚汉春秋》、《太史公书》、《汉著记》等十一种共486篇卷（其中《太史公书》还有十篇是"有录无书"）。从现代历史学的角度来看，《春秋》本来是地地道道的史书，所以，把《国语》和《世本》等后世的史部书籍，附在"春秋"类下面，自然比较合理。只是由于《春秋》被尊崇为经书，后来才没有能同其他史书一道，被划入史部。

在《七略》及《汉书·艺文志》中，没有单独列出"史略"一部，主要是由于当时这类著述还相对较少，不足以自成一部。但是，我们从《汉书·艺文志》六艺略"春秋"类所附列的史书中可以看出，后世史部的萌芽，已经在这时出现。

二、《中经新簿》与史部的创立

《汉书·艺文志》之后，直到唐初纂修《隋书》之前，正史中均再未设立艺文志。曹魏时人郑默，编著有一部名为《中经》的目录书籍。

至西晋，荀勖在此基础上，撰著了一部新的典籍目录，名为《晋中经》或《晋中经簿》，为与郑默的《中经》相区别，史称《中经新簿》。

《中经新簿》在我国古代目录学史上占有重要地位，即由此初步创立了四部分类法。它是把所有典籍划分为甲、乙、丙、丁四部，大略相当于后世的经、子、史、集，另外把佛经附录于四部之外。当时，是把相当于后世史部的书籍，列入丙部，排在乙部子书的后面。

至东晋李充编制《晋元帝四部书目》，才开始把相当于后世的史部书列为乙部，子部书列为丙部，由此确立了经、史、子、集的排列次序。与李充约略同时的葛洪，在《抱朴子外篇》的自序中，谈到各类书籍时，其排列次序，为"五经七史百家之言，兵事杂技"，也是把史部书籍列在子部之前。这说明经、史、子、集的排列次序，在东晋时已经成为普遍定制。在这之后，至迟在梁元帝校定秘阁图书时，已经采用了经、史、子、集的名称。

由荀勖创立并经李充排定次序的经、史、子、集四部分类法，成为此后各种书目特别是官修书目的主流，一直沿袭到清末。

四部分类法虽然已经确立，但是，四部各部中所含的具体类目，却还要有一个调整的过程。李充以后至南北朝期间，还编纂过许多按四部分类的官藏书目，但遗憾的是都没有能够留传下来。在现存官修书目中，唐初所修《隋书·经籍志》，距两晋南北朝时期最近，其类目划分，已经与后世没有太大出入。可是，两晋南北朝时期的四部分类，在史部的一些重要类目上，却与《隋书·经籍志》有较大差别。

首先是据《隋书·经籍志》记载，荀勖《中经新簿》中的丙部，亦即史部书籍，"有史记、旧事、皇览簿、杂事"。其中除"皇览簿"外，其他几项内容均是上承《七略》"春秋"所附史书，下接《隋书·经籍志》之史部，前后一脉相袭。

"皇览簿"是指《皇览》，它是曹魏时编纂的一部类书，为我国类书之祖。在荀勖编纂《中经新簿》的时候，也只有这一部类书。类书在后世比较成熟的四部分类中归属于子部，这是着眼于它的工具性、技艺性功用。由于这种体裁的著述在当时刚刚出现，人们对于其属性的认识，自然还需要一个过程。同时，从另一个角度来看，类书是分类汇编旧言故事，与史传本有相通之处，所以，荀勖把它归入史部，也不是完全没有道理。类书至齐梁间因骈偶文的风行而兴盛，人们自然也就会更为准确地认识其部类归属。所以，稍后在梁元帝萧绎自己的著述书目当中，就已经把它归入子书类中。

梁元帝萧绎本人的著述书目，是目前仅存的一份两晋南北朝期间的四部分类书目，见于萧绎著《金楼子·著书篇》。这份书目，是按照李充的排列次序，分为甲、乙、丙、丁四部，分别著录后世的经、史、子、集书籍。从这份书目中可以看出，当时四部分类中的乙部，亦即史书，与以《隋书·经籍志》为代表的成熟四部分类中的史部相比，有两点很显著的区别，这就是谱牒和地理两类书籍，当时并没有隶属于史书所在的乙部，而是划在子书所在的丙部。

谱牒类书籍，是在魏晋时期，随着门阀制度的发展始日趋繁多的。但是，最早在《汉书·艺文志》中就著录有两部这类书籍。值得注意的是，在《汉书·艺文志》中，这两部书籍（《帝王诸侯世谱》和《古来帝王年谱》）就没有与其他史书一道，附在六艺略"春秋"类下，而是列在数术略"历谱"类中，与历法算术书相并列。与此相似，地理书在

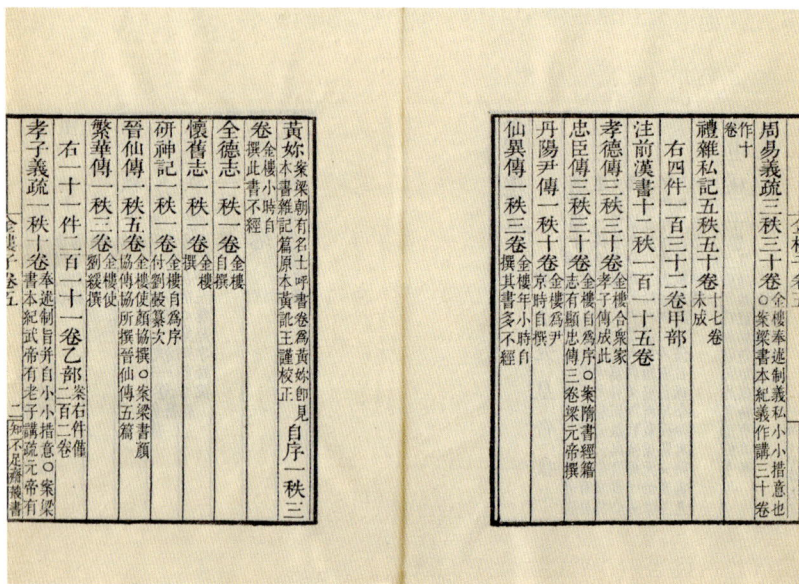

清乾隆原刻初印《知不足斋丛书》本《金楼子》

《汉书·艺文志》中也不在六艺略"春秋"类下，而是列在数术略"形法"类中（有《山海经》）。"数术"或书作"术数"，如前文所述，《七略》与《汉书·艺文志》即互用二者。据《隋书·经籍志》所述，在荀勖的《中经新簿》中，把"术数"类书籍划在乙部子书内，所以，以梁元帝著述书目为代表的早期四部分类，把谱牒和地理两类书籍放在子书所在的丙部，显然是直接承自《七略》和《汉书·艺文志》。这说明两晋南北朝时期的四部分类还不够成熟，同时，也表明四部分类格局中的史部当时还没有定型。

三、《隋书·经籍志》与史部格局的基本定型

今传世《隋书》里面的《经籍志》，本来是记述梁、陈、周、齐、隋五代制度的《五代史志》中的一篇，均为唐初官修。因《隋书》无志，而《五代史志》中的最后一代为隋代，后人遂取以附入《隋书》，以求便利。

通纪梁、陈、周、齐、隋五代制度的《五代史志》，与断代记述有隋一朝人物纪传的《隋书》合在一起，本来显得不伦不类，不过，《经籍志》这部分相对独立，并入《隋书》，倒是没有多大问题。这是因为断代的正史自从《汉书·艺文志》开始，所著录的就不仅仅是一个断代的书籍，而是通纪某一朝代官府贮藏的古今书籍。《隋书·经籍志》在这一点上，仍是沿袭了《汉书·艺文志》的传统，所著录的书籍，也不只限于梁、陈、周、齐，而是一直上溯到远古。

如前所述，在两晋南北朝时期，四部分类中的史部，虽然其中个别类目也有所调整，如类书由史部调到子部，但是，还有地理和谱牒两大类目，仍旧沿袭着《汉书·艺文志》的格局而留在子部。然而，在《隋书·经籍志》中，这两类书籍却都已归入史部。

至此，四部分类中的史部可以说已经基本定型。那么，《隋书·经籍志》史部划分的渊源，除了两晋南北朝时期的四部分类之外还有哪些呢？对此，《隋书·经籍志》在序论中曾有所交待，即除了利用沿袭四部分类的"旧录"之外，还"远览马《史》、班《书》，近观王、阮《志》、《录》，挹其风流体制，削其浮杂鄙俚，离其疏远，合其近密"。所谓"离其疏远，合其近密"，显然是指参据刘宋王俭《七志》和梁

阮孝绪《七录》，对于各部的类目设置做了较大调整。

《七志》和《七录》，是两晋南北朝时期仅见的两部没有采用四部分类的书目。《七志》除沿承《七略》六部之外，另立有"图谱"一志。《隋书·经籍志》说，《七志》中的"图谱志"，是用来著录"纪地域及图书"，可见《七志》图谱志的"图"字，主要是指著录讲地域的地理书。当时的地理书，往往地图与文字并行，所以，这里也连类而附录了其他有图的书籍。图谱志中的"谱"字，阮孝绪《七录》序谓"谱即记注之类，宜与史体相参"，说明就是指谱牒。《七志》以"图谱"并称，实际上是王俭已经注意到，地理书和谱牒书，与其它四部分类中的子书，在性质上具有明显区别，从而将其从子书中独立出来，单列为一部，而其他带图书籍，不过是个附庸。

梁阮孝绪的《七录》分内、外篇。外篇实际上属附录，共有两录，分别为道、释两教典籍；而其正录，则只有内篇的五录。所以，确切地说，《七录》应该属五部分类法。《隋书·经籍志》说《七录》内篇五录中"一曰经典录，纪六艺；二曰记传录，纪史传；三曰子兵录，纪子书、兵书；四曰文集录，纪诗赋；五曰技术录，纪数术"。除了术数书被单列为一录外，其他四录，完全是在沿用经、史、子、集四部分类的成规。

阮孝绪在《七录》序言中自称，"今所撰《七录》，斟酌王（俭）、刘（歆）"，实际上，他在大的部类划分上，较多地师承了稍前梁刘孝标在天监四年编修的《文德殿正御四部及术数书目录》（所做变动是把术数由四部之外的附录上升为与四部并列的正录），只是在类目的设置上，较多地借鉴了王俭《七志》的经验，这一点在地理、谱牒两类书上，体现得最为明显。阮孝绪在王俭把这两类书籍从子书中独立出来的基础上，又前进一步，把它们划归史书所在的"记传录"下，一名"土地部"，一名"谱状部"。

通过以上情况可以看出，在《隋书·经籍志》确立史部基本格局的过程中，较多地吸收和借鉴了《七志》、《七录》这些非四部分类法处理具体类目的经验。《隋书·经籍志》史部所设类目，分别为"正史"、"古史"、"杂史"、"霸史"、"起居注"、"旧事"、"职官"、"仪注"、"刑法"、"杂传"、"地理"、"谱系"、"簿录"。

四、《四库总目》与史部格局的完善

《隋书·经籍志》以后，史部在既有格局的基础上又有一些调整；至清代乾隆年间纂修《四库全书总目》（又称《四库全书总目提要》，简称《四库总目》），吸收这些调整的合理内容，使得传统四部分类中的史部达到了一个比较完善的阶段。

继《隋书·经籍志》之后的《旧唐书·经籍志》和《新唐书·艺文志》，基本上完全沿袭了《隋书·经籍志》的各个类目，只是对个别类目的名称做了一些调整。其中有的改得比较合理，如改"古史"为"编年"；有的不尽合理，如改"霸史"为"伪史"；有的改不改并没有多大差别，如改"旧事"为"故事"，改"谱系"为"谱牒"，改"簿录"为"目录"。就史部而言，两《唐书》经籍艺文志对于《隋书·经籍志》最大的改进，是把钱谱、竹谱之类的器物谱，从史部谱牒类中剔除，划归子部；此外，《新唐书·艺文志》还在史部起居注类下，附列有"诏令"小类，成为后世"诏令奏议"类的萌芽。

《宋史·艺文志》史部与其他各部之间，基本再没有调整，只是对史部内部各类目做了一些变更，包括取消"起居注"类附入"编年"；取消"杂史"，将其一分为二，新设"别史"和"史抄"两个类目；另外又把"杂传"类更名为"传记"。除了完全取消"杂史"一类，从后来史书的发展情况来看，做法有些过头之外，总的来说，所做更改，还是比较合理。

辽、金、元三史没有设经籍艺文志。清官修《明史·艺文志》，则一改过去的正史通纪古今书籍的做法，仅著录有明一代的著述。因此，其各类书籍的多寡，与前此诸史有所区别。于是，编修者便根据具体情况，对史部各类目做了适当调整，包括"编年"附入"正史"；取消"目录"；取消《宋史·艺文志》的"别史"，恢复隋唐《志》的"杂史"。由于此书性质独特，它对史部各具体类目的处理方法，并没有普遍意义。

正史经籍艺文志之外，宋代还有几部重要书目，对于《四库全书总目》的形成产生过重要影响。首先是著录北宋崇文院官藏书籍的《崇文总目》。《崇文总目》对《隋书·经籍志》以来的史部目录有一个重大改进，即新设了"岁时"这一类目。此外，《崇文总目》还删除了《隋书·经籍志》以来的"旧事"或"故事"这一类目。

"岁时"类是指根据年中时令所安排的社会活动或与不同时令相对应的社会风俗。在《隋书·经籍志》和两《唐书》经籍艺文志中，这类书籍一般是放在子部，如隋杜台卿《玉烛宝典》、王氏《四时录》等。从前述史部书籍的本质特征亦即其社会属性来看，《崇文总目》把这类书籍从子部划归史部，并设置专门的类目，显然值得肯定。后来南宋编纂的《秘书省续编到四库阙书目》、《中兴馆阁书目》、《直斋书录解题》，以及明代焦竑编纂的《国史经籍志》等，都沿袭了这一合理做法。只是《中兴馆阁书目》和《直斋书录解题》以下诸书目，都把"岁时"改称为"时令"。其实，改叫"时令"，也未必比叫"岁时"更好。

　　南宋初晁公武的私家藏书目录《昭德先生郡斋读书志》(简称《郡斋读书志》)，对史部目录又做了一点改动，这就是新增一个"史评"类目。当时还没有"史抄"这样的类目，所以《郡斋读书志》的"史评"类中，含有许多属于后来之《宋史·艺文志》中"史抄"类的内容；而《宋史·艺文志》有"史抄"无"史评"，同样在"史抄"类中含有一些属于史评的书籍。

　　陈振孙的《直斋书录解题》，是南宋后期的另一部重要私家藏书目录。这部书对于史部目录的改进有两项。一是借鉴南宋初《秘书省续编到四库阙书目》的做法，同时设立"杂史"和"别史"两个类目，使"别史"从"杂史"中分离出来，而不是像前此南宋官修《中兴馆阁书目》等书目那样，仅仅把"杂史"易名为"别史"(《宋史·艺文志》等沿袭了这种做法)。二是在《新唐书·艺文志》起居注类下附列"诏令"的基础上，再前进一步，第一次把"诏令"单独列为史部的一个类目。

　　《四库全书总目》充分吸收上述书目对《隋书·经籍志》的合理改进，对史部分类做出了进一步的调整。其中比《隋书·经籍志》增出有"纪事本末"、"别史"、"诏令奏议"、"时令"、"史评"、"史抄"和"政书"七个类目。

　　"别史"、"时令"、"史评"和"史抄"都有成法可以袭用，上文均已叙述。只是前此诸书目或单有"史评",或单有"史抄",二者从未出现于同一书目当中,所以在内容上,往往互有纠葛。

"诏令奏议"是在《直斋书录解题》"诏令"类的基础上,取则于《汉书·艺文志》在六艺略"春秋"类下载有"奏事"二十篇的做法,加入关系国计民生的臣僚奏议。"纪事本末"这一类目,为《四库总目》所创立。"政书"是撷取"旧事"或"故事"类中有关国家大政的部分与"仪注"、"刑法"两个类目合并而成。

《四库全书总目》比《隋书·经籍志》减少的类目,有"起居注"、"旧事"、"谱牒"、"仪注"和"刑法"。删除"起居注"和"旧事"有前人成规可循,上文已经讲过;而去掉"谱牒"、"仪注"和"刑法",则是《四库总目》自创。此外,《四库总目》还用"载记"取代了"霸史"或"伪史"的名称。

这样,《四库全书总目》史部共有如下十五个类目,即正史、编年、纪事本末、别史、杂史、诏令奏议、传记、史抄、载记、时令、地理、职官、政书、目录、史评。总的来说,类目的设置比较合理,它标志着传统四部分类中的史部已经达到了一个比较完善的阶段。

特别需要指出的是,所有图书分类,都是根据存世书籍的具体情况而做出的归纳划分。清代去今未远,当时所见书籍,与今天大致相近,这也是《四库总目》的史部分类还大致能够与我们现在的看法相契合的一个重要原因。

2004 年 11 月 26 日记

谈清人著述的目录与版本

过去劝人读书，常说"书山有路勤为径，学海无涯苦作舟"。可是，实际读书，却首先需要讲究方法，要走对入门的路径，并不能不问青红皂白，随便抓住什么书便埋头傻读。上书山要有阶梯，下书海要有舟航，岂是仅仅"勤"、"苦"二字所能解决？所谓版本目录之学，就是读书为学，登上"书山"渡过"学海"的阶梯与舟航。中国古代典籍，汗牛充栋，读古人书，尤其需要借助版本目录学知识。广义的目录，应当包括版本项目在内；而在与版本相对应时，狭义上则指称除版本之外的书名、卷次、作者等书籍著录的基本内容。

在我国古代典籍当中，清代因为时代最为晚近，而且印刷术较之前代大为发达，出版物流行范围广泛，传世文献也最为丰富。正由于传世文献数量庞大，时至今日，一直没有人编纂过一份大体完整的清代著述目录；至于版本的研究和著录，就更是无从谈起了。很长一段时间以来，学术界所能利用的比较全面地著录有清一代书名目录和版本的书籍，似乎只有孙殿起编纂的《贩书偶记》和《贩书偶记续编》。

民国时期，孙殿起在北京琉璃厂经营"通学斋"旧书铺。《贩书偶记》著录的古书名目和版本，均为孙氏营业过程中亲眼所经见，而且这个书店实际出资的后台老板，本来是曾执教于北京大学等著名学府的版本目录学名宿伦明（字哲如），孙殿起随时可以得到他的指点，所以，此书所记述的内容相当可靠。不过，作为一名经营古籍的书店掌柜，孙殿起个人在肆间阅书的视野毕竟有限；加之《贩书偶记》的著录体例，是不收录《四库全书总目》已收的书籍和非单行本书籍的。因此，这部古书经眼目录所著录的内容，远不能反映清代著述特别是书籍版本的全貌。

民国初年，在纂修《清史稿》时，仿正史定规，编纂《艺文志》，当时主事诸公，依循旧史艺文经籍志惯例，但标书名，不记版本。此后，大陆有武作成纂《清史稿艺文志补编》、台湾有彭国栋纂《重修清史艺文志》，也都墨守成规，踵循故事，一律不去标注版本。

秉承古人成法，本身似亦无可非议，而时代的发展，事实上已迫切要求在编纂古籍目录时，要尽可能注明书籍的版本；不然，将无法满足学术界的需要。对此，民国时的版本目录学者范希曾，在评价《清史稿艺文志》时，曾经批评说：

> 史志例不注板本，其著录之书，已刊未刊，及稿本、传抄本之存于何许，俱无从考见。徒存其目，为效有限。此实自来撰史志者之通病。然唐以前书，国有专藏，大抵皆系写本，无庸分别。故汉、隋诸志不之言。宋、明印刷已盛，传本易考，而当时著录家，注板本之风未盛，即清初犹然，故撰史志者，亦未之及，情亦可谅。愚独怪清以来补撰诸史艺文、经籍志十数家，及今编清史稿者，亦无一有意于此，诚大惑也。畏难也？畏渎史体也？意莫可知。然

　　斯举实大有造于学者，应创例为之耶？①

　　事实上，要想创例为之，确实是一件相当艰难的工作。其困难之处，并不在于发凡起例，难就难在清代著述过于庞多，比较全面地将书名、卷次、作者载入书目，已经令人望而生畏；若再更求普遍著录版本，其所需花费的精力和时间，真是不易想象了。

　　学习或研治古代文史，最实用的版本目录书籍有两类。一是选精拔萃的引导性目录，二是有书必录的著述总目。前者要求作者高屋建瓴，关于清代的著述，曾见有朱师辙著《清代艺文略》，时下已罕能有人具备相应的学识。后者需要穷年累月，广搜博讨，现在也没有多少人肯下苦功夫，做这种为他人做嫁衣裳的基础工作。

　　朱师辙是最后改定《清史稿·艺文志》的主事之人，他在《改纂清史艺文志说帖》中，曾论及艺文志收书范围，云：

　　　　编正史艺文志，与编图书馆书目不同。图书馆书目，有书即录；艺文志则不能将一代之籍，尽行收入，故必须加以审定。②

　　可见，《清史稿·艺文志》虽然为有清一代的著述总目性书目，但严格说来，与历代正史经籍艺文志一样，并非有书必录，而是有所别择汰选。所以，后人指摘《清史稿·艺文志》的疏误，并不责求其一一著

---

① 见朱师辙《清史述闻》卷一七《范希曾评〈清史稿艺文志〉》，北京：生活·读书·新知三联书店，1957年版（下同）页372。
② 朱师辙《清史述闻》卷三《撰述流弊第五》，页49。

清代學術。卓越宋元明。著述之富。考訂之精。校勘之勤。胥足逃焉。四部之中。以經學為最。蓋清儒多由小學通訓故為根柢。益以考證名物。發明精義。其於派別源流。釐然不亂。逡成專科。才知之士。瘁力於此。史部雖有宏著。然較治經則不追遠甚。又皆以條攷雜記為夥。而能總挈綱要。筆削纂述。成一家之言。而為史之正宗者蓋寡。子部率多考校注釋秦漢諸子。其雜考經文。糾正史事。彙編而成者亦眾。至於發揮學說。自極宗風。獨立成家。者則趁。集部以文鳴者。實不乏其人。取則漢魏六朝唐宋。駢散各體。胥有專家。派別相承。率能繼軌。又以經義子史考訂之文成集者頗多。詩亦稱盛。

　詞尤超佚前朝。追縱宋代。曲仿元人。亦足與明並駕。有清一代學術。綜而計之。以經學為極盛。以吏部為最衰。

有清經籍廣博。學術浩穰。好學之士。苦難研求。斯編采取清史藝文志四部

清代藝文略

總叙

朱師轍述

朱师辙手批《清代艺文略》

录无遗，而是批评它遗漏许多本不应当遗漏的重要著述。

后来武作成编述《清史稿艺文志补编》，增补清人著述一万多种，数量与《清史稿艺文志》所录基本相当而约略过之。然而，武氏却没有说明增补的原则，似乎其纂述宗旨，与《清史稿·艺文志》不同，已是所见必补，不再甄别去取。彭国栋著《重修清史艺文志》，收书数量不如武作成书而体例近似，好像同样是有书即补。

沿承这一路数，近年王绍曾又主持编纂《清史稿艺文志拾遗》一书，至2000年，由中华书局出版面世。此书主旨，在为《清史稿·艺文志》及《补编》两书拾遗补缺，所以，不再著录这两部书已经著录过的书籍。除此之外，凡见于国内外公私簿录著录者，编者无不采集，累积有年，绩效甚巨，全书共著录清代著述五万四千多种，数量空前，超过《清史稿·艺文志》及《补编》两书收书总数一倍多，虽然名为"拾遗"，实际恰似反从为主。

若将《清史稿·艺文志》、《清史稿艺文志补编》以及《清史稿艺文志拾遗》三书，视同一书，并储合用，单纯就载录书名、卷次、作者而言，目前虽大体上已经比较接近清代著述总目的程度，但由于清人著述数量过于庞多，还是有相当一批当今确有传本存世的书籍，由于各种原因而轶出其外。所以，今后还需要在此基础上做很多增补。

另外，从《清史稿·艺文志》到《补编》和《拾遗》，所著录的书籍，不同程度地都有相当一部分条目，著录者是仅仅依据各种书目而未见原书。主持《清史稿·艺文志》修改定稿的朱师辙，当年已经特别指出过这一缺陷，而这一点在《补编》和《拾遗》当中，应当更为严重和普遍，或者说依据现有书目间接著录，就是这两部书的基本编篡方式。这样，不可避免地就会有一些因袭前人书目错误而误标书名、卷次和作者的情况，这也需要读者在使用过程中注意，不可盲从。

只著录书目编纂者并世实有的书籍，应是《清史稿·艺文志》这类目录书籍著录书籍的一项原则。范希曾曾就此批评《清史稿·艺文志》的疏失说：

> 书本未成，或已成而亡，空张其目，在方志经籍，此病最甚。《志稿》（德勇案：指《清史稿·艺文志》）不收已佚之书，得使后来推知撰志时，其书已隐昧弗显，实为本志特色。……著录存书，不特已刊也，凡稿本传抄本，知其确在，亦当入录。……惜《志稿》于此尚未精尽。①

《清史稿艺文志补编》对其出处依据没有说明，今已无从审辨是否有可靠依据能够证明其所著录的书籍在当时确实存在；《清史稿艺文志拾遗》，则逐条一一标注有所援依的书目，略一翻检，即可发现其中尚存在一定问题。

这主要是引据了一批20世纪20年代的古旧书店营业书目，如《文奎堂书庄目录》、《抱经堂旧书目录》、《苏州来青阁书庄书目》、《文学山房书目》、《来熏阁书目》，等等。这些曾经在旧书铺中流通的书籍，历经日军侵华、国共内战、土地改革、"无产阶级文化大革命"等一系列重大社会动荡之后，是否依旧存世，本无从知晓，依例不应引作依

---

① 见朱师辙《清史述闻》卷一七《范希曾评〈清史稿艺文志〉》，页375。

据（《贩书偶记》及其《续编》实际与此性质相同，也是《拾遗》中不当引据而引据的目录）。在《拾遗》依据征引的资料当中，还有其他一些书目，不同程度上也存在类似的问题，如清代和民国藏书家的私藏书目，甚至包括清初朱彝尊的《潜采堂书目》、徐乾学的《传是楼书目》，这些旧藏的存世状况，更是难以卜知。因此，在利用《清史稿艺文志拾遗》时，需要审辨它所征引的书目，应当根据不同情况，有所区别对待。

除了收书种类大为扩展之外，王绍曾主编的《清史稿艺文志拾遗》，其另一超越《清史稿·艺文志》以及《清史稿艺文志补编》的显著优点，是依据所征引的书目，著录了大多数书籍的传世版本。就大型综合性书目而言，此举堪称中国目录学史上一项前所未有的盛举。

不过，此书在著录版本方面，也还存在一些明显的缺憾。著录版本，要远比仅著录书名、卷次和作者更为复杂，需要具备相应的版本学专门知识。所以，过去已有书目所著录的内容往往并不可靠；理想的做法，需要延聘版本学专家，检视原书，一一辨识。可是，《清史稿艺文志拾遗》，却只是由书目到书目，因而，其中必定相当程度地存在因沿用旧目而误著版本的问题；另外，还有许多版本，会因旧有书目失载而被遗漏。

尽管《清史稿艺文志拾遗》著录了大多数书籍的版本，可是，与之相互匹配的《清史稿·艺文志》和《清史稿艺文志补编》，却根本没有著录这一项内容。因此，那些著录于《清史稿·艺文志》和《清史稿艺文志补编》的书籍，其版本情况，还完全需要另行查找。这样看来，若是从版本项目来说，目前所有关于清代著述的综合书目，距离清人著述总目的目标，都还有很大一段差距。

　　要想真正做好这项事情，似乎需要耐心细致地从头逐项做起。像时下很多文化大工程那样拉场子，恐怕并不能取得切实的学术进展。一些人正在以"国家"的名义兴办的"《清史》纂修工程"，当事者号称，要上续"二十四史"，按理说，无论如何，总应当做出一部像样的清代"艺文志"来。可是，听说主持其事的人觉得太费事，已经放弃不编。

　　幸好，学术界总有一小部分人，始终在为学术建设默默地耕耘。已经出版的《清人别集总目》和《清人诗文集总目提要》，虽然只是别集类一类书籍，并且同样存在一些还不尽完善的地方，但是这两部书籍著录的翔实程度，在目录和版本两个方面，较之以往，都有很大进展，值得称道。遵循这样的方向，持续不懈努力，庶几可以逐渐接近编纂出理想的清人著述总目的期望。

2005 年 5 月 4 日记

原刊《中国图书评论》2005 年第 8 期

《清人别集总目》[①] 书后

　　传世中国古籍到底有多少种书？每一种书又都存有哪些版本？这是一个至今仍无法回答，且足以令我们整个民族都感到尴尬的问题。全国古籍总目的编纂，据说已经启动很多年了，但至今情况仍很缥缈。

　　好在多少年来，就有那么一些埋头实干的人，陆续出版了一批断代分类的现存古籍目录，如《唐诗书录》、《现存宋人别集版本目录》、《现存宋人著述总录》等，逐渐向理清家底的方向蠕动。其实，编纂全国古籍总目，难度最大的障碍，还是清代的著述数量过于庞大，超越以往历代，其中尤以别集为夥；而且在版本研究和著录方面，不像前代著述那样，有较好的基础可以利用，基本上要从头做起。因此，人们难免望而却步。

　　正因为如此，《清人别集总目》一书（以下简称《总目》）的出版，不能不使关注古籍版本目录的学者感到格外欣喜。

　　《总目》共著录近两万名作者的约四万部诗文集，诚如编纂者所言，是迄今为止"第一部全面反映现存清代诗文别集著述、馆藏及其

---

① 《清人别集总目》，李灵年、杨忠主编，安徽教育出版社，2001 年 7 月出版。

作者传记资料的大型工具书"。尽管本书实际上仅仅是依据国内外部分图书馆的馆藏古籍书目和卡片汇聚而成（亦含有个别私人藏书），还不能说已经完全达到"总目"的标准，但在目前情况下，能够在十年左右时间内编成此书，已经难能可贵，成为著录现存清人别集最全面而且也是最完善的目录，为许多相关的古代文史研究提供了重要的文献学基础，相信有许多研究会借助本书的出版而得到发展和提高。在当前学术界风气日趋浮躁的情形下，我们尤其要向这些埋头基础工作、甘为他人做嫁衣裳的编纂者致以敬意。

《总目》的成就是巨大的，工作之繁杂、艰辛，也是许多缺乏实际经历的学者所不易想象的。特别值得称道的是，编纂者耗费很大精力，尽可能为别集的作者撰写了小传，并一一开列相关传记资料目录，以供进一步考索。其附有小传者占到作者总数的十分之六七，达一万数千人，如编纂者所言，"实际上已可视为清代诗文作家的专门性辞典和有关人物的传记资料索引，这对清代文化各学科的研究都有参考价值"。这一点大大提高了本书的学术价值。

正因为《总目》是这样一部具有广泛用途和重要价值的文献学工具书，我们在使用时，需要充分注意到它所存在的一些不足；同时，正因为编纂这样一部书录存在着重重困难，在短时间内还无法做到尽善尽美，本书也就不可避免地带有某些有待进一步完善的缺憾。对此，编纂者已经在前言中做了坦诚、负责任的交待，这是很令人钦佩的；但是还有一些编纂者没有提到的问题，对于读者更好地使用和编纂者今后进一步修订完善此书，我感到也比较重要，提出来供大家参考。

首先是编纂体例有些地方不够纯一。按照《总目》体例，本书的宗旨，不在于查明清人曾有过哪些别集，而是旨在反映清人别集的现存状况，即只收确知存世的别集，不收已经佚失或存佚不明的集子。当然要彻底做到这一点，目前还有困难。因为短时间内还无法一一过目查验每一部诗文集，而依据馆藏书目，如编纂者所说，不可避免地会存在个别有目无书或有书无目的问题，不能对此求全责备。

问题是按照本书的宗旨，著录时只能以整体藏书基本完好无损的公私藏书目录为依据，而《总目》书中个别地方，却依据一些完全无法确知所著录书籍存世与否的书目，著录了一些书籍。如多处著录有仅见于《贩书偶记续编》的集子（像第 2217 页喻成龙《塞上集》，第 2355 页管郁《棠华书屋诗集》）。《贩书偶记续编》是经营古籍收售的孙殿起 1958 年去世前，在营业过程中记录下的他所经眼过手的书籍，这些书籍流向哪里，以及现今还是否存世，仅仅依据书目，是根本无法确知的。

《总目》附录二《别集版本著录所据书目》，划分为《征引书目》和《参考书目》两类，《贩书偶记续编》列在后者当中。按照《参考书目》所开列的单子，类似的存佚无从查证的书目还有《贩书偶记》、《清史稿艺文志及补编》等许多种，编纂者特地说明在《征引书目》未涉及某书时，就要依据这些书目予以著录。可见上述问题并非出于个别编者偶然失误，而是总体编纂体例驳杂，与本书宗旨相矛盾。这一点对《总目》的整体质量造成很大影响。

要想在十年之内一一过目《总目》收录的近两万人、约四万部清人别集，仔细鉴别版本，当然是不可能的事情，所以，本书除查核部分馆藏外，在很大程度上利用了现有的古籍书目和卡片，这也是目前比较可行的办法。问题是编纂者在这方面还存在一些需要订补的疏漏和失误。

首先是存世书目收集不全的问题。编纂者在前言中对于这方面的不足已经做了交待，况且馆藏书目又多未正式发行，确实不易网罗无遗，所以对此本不必苛求，需要以后不断增补。但有一些已经公开出版并且非常著名的书目，譬如像著录郑振铎藏书的《西谛书目》，是由版本学名家编纂，60 年代初就已经由文物出版社出版，广泛公开发行，本来很容易看到，《总目》却未能利用，不能不说是不应有的疏忽。郑振铎的藏书全部捐赠在北京图书馆，自然属存世书目。更为重要的是郑振铎在收藏清人诗文集方面，从现代学术研究角度看，是开一时风气的人物，连续多年花过很大气力，有一批稀见的收藏，这对于编纂存世清人别集目录，具有独特的参考价值。如道光刻本龚自珍《破戒草》和《破戒草之馀》非常稀见，《西谛书目》有著录，而《总目》却因未能利用此书而缺失此项，就是一个典型的例证。如果再稍微苛求一些的话，还有像当代版本名家黄永年、贾二强编纂的《清代版本图录》这样的重要书目，虽然出版略晚（1997 年 5 月），《总目》当时或许已进入排版校对阶段，但此书收录清人别集种类虽然有限而确有一些罕传稀见的书籍，检核一过实际用不了一天时间。编纂者在 1998 年10 月撰写的前言中称"直到三校时仍然在补充刚刚获得的书目"，看起来在时间上还是来得及采录的。据我随手翻检《清代版本图录》第一册，知至少有顺治十三年原刻董说《禅乐府》一项，《总目》即因未能利用此书而失收（《总目》第 2171 页）。虽然《总目》著录的晚出嘉业堂刻本《董若雨诗文集》也据此原刻本重刻有《禅乐府》，但其所据底本末尾有残缺；而《清代版本图录》是依据黄永年本人所藏完本，在文字说明中对此有清楚交待。董说是明清之际的江左名士，《总目》与这样的秘籍失之交臂，似乎也是不应有的遗憾。

在利用现有古籍书目方面，更为需要注意完善的是有些地方未能很好地利用编纂者已经收集到的书目。

例如《总目》征引的《中国人民大学图书馆古籍善本书目》，是一部版本学水平较高的古籍目录，如果没有充分的依据，就应当尽量尊重该书目的鉴定结论，而从我随手翻检到的李兆洛《养一斋文集》的版本著录情况来看，《总目》在一些地方就没能很好地做到这一点。《中国人民大学图书馆善本书目》第 250 页著录的"《养一斋文集》二十卷、《补遗》一卷、《续编》六卷、《诗集》八卷"，本来是"清道光二十三年维风堂活字印本"，可是《总目》（第784页）却著录中国人民人学所藏上书为"道光 23 年维风堂刻本"，且根本就没有著录道光二十三年这个活字本。今案道光二十三年活字本是李兆洛文集的第一个印本，据编印者高承钰题识，当时仅"印书百本"，故传世较罕。至道光二十四年春，李兆洛子慰望拟重刻《养一斋文集》时，即很难觅得一本。虽然其中的《续编》亦即《文集续编》附有高承钰在"道光甲辰岁（亦即道光二十四年）上元节"所撰题识，说明《续编》部分印成在道光二十四年初，中国人民大学善本书目的著录，也不够十分准确，但此本别见于《贩书偶记》著录，也是注明为"木活字本"，中国人民大学善本书目著录馆藏此本封面尚镌有"维风堂聚珍板"字样，应当说不大可能有误，若非亲经目验，确有足够证据，是不宜擅加改动的。问题的严重性，还不仅仅是错误地著录了中国人民大学馆藏的这部活字本，而是根本不存在所谓"道光二十三年维风堂刻本"。《总

種芸詞卷一

紫迻花館體物集上

嘉興　馮登府　雲伯

臺城路

秋草

池塘夢綠西風裏詩情者番多少斷砌蛩吟殘螢
覆昨夜江南秋到蹴春路杳記暮雨清明酒澆蘇小
隴笛聲中吹成牛背夕陽照　淒迷烟冷一片認

六朝金粉舊恨都揣青冢琵琶白城篳篥無限荒堆

清嘉庆刻本《种芸词》

目》著录了四部这种所谓"道光二十三年维风堂刻本"。推测《总目》编纂者改活字本为刻本的缘由，是曾在这四部书当中亲见过一部带有道光二十三年题识的刻本，而这个本子实际上应该是道光二十四年夏亦即道光甲辰李兆洛子慰望刊本。据张式后序，此本"悉仍活字本，不更删纂"，所以一如原编活字本，开卷即可见高承钰在道光二十三年所撰题识。很可能编纂者未能细读题识中本有"用活字编排"诸语，便匆促认作是为刻本而写，所以才会无端造作出一个"道光二十三年维风堂刻本"。这样一来，造成了另一个连锁反应，便是《总目》中失收了《养一斋文集》的第二个版本亦即道光甲辰刊本。可见，如果能充分尊重一些高水平的书目，本可减少许多不应有的失误。

又如嘉庆刻冯登府《种芸词》，是冯氏词作的最早刊本，虽传世极罕，但却见于《总目》征引的中国社会科学院文学研究所善本书目和《中国古籍善本书目》，而《总目》则未予著录。

如果说像《养一斋文集》和《种芸词》这样的书核对起来还有一定麻烦，失误或许在所难免的话，那么刘岳云《食旧德斋杂著》的情况，恐怕就只能归咎于工作粗疏了。《总目》卷末所附《别集版本著录所据书目》之《征引书目》中列有黄裳的《清代版刻一隅》，该书第398—399页，不但清楚叙述了《食旧德斋杂著》的版本源流，而且还附有初刻本的首页书影。黄氏之说明文字曰：

> 光绪壬午刻本。后有光绪八年王家凤跋。卷尾有"江夏王树之、钱桂笙同校"一行。此宝应刘岳云撰，刊于湖北志局，卷页数尚是墨钉。又有四川尊经书院重刊本，此则原刻也。

而《总目》对此却完全视而未见，在第 536 页刘岳云名下仅著录了一部清抄本《刘氏文集》和光绪二十二年"成都遵经书局"的重刻本，根本没有提到黄裳讲的原刻本。同样情况，还可以举出厉鹗词集的最初刻本，即康熙六十一年刻《秋林琴雅》，在《清代版刻一隅》第118-119 页也是同时印有书影和详细说明，《总目》亦失收此书。

如此一来，《总目》著录别集的全面性，即使是在所列"征引书目"的范围内，也不能不打一定折扣。

诚如编纂者所言，各种不同著录来源的文集，其条目分合问题是相当复杂的。但是，这主要是针对书名、卷次都相同的情况而言，至少是书名要基本相同。《总目》在这方面不应有的疏误，则在于它有时会莫名其妙地把一些书名完全不同的书籍，合成同一条目著录。如清中期著名诗人黄景仁的集子，有道光十三年许玉彬广州刊本一种，系由诗、词两部分组成，诗集称《两当轩诗抄》，词集名《竹眠词抄》，可是《总目》第 2038-2039 页却把它作为一种重刻本，附列在嘉庆赵希璜书带草堂刻本《两当轩诗抄》和《悔存词抄》条目下。二书不仅词集部分书名不同，且编纂者各异，内容有一定差别，特别是词集部分，许玉彬有跋，特地注明其所据底本与赵希璜刻本并无渊源关系，乃是另行觅得写本《竹眠词》，据以刊行（雷梦水《古书经眼录》述李兆洛语云"词为杨荔裳方伯选本"），应有自己独特的版本价值，《总目》虽著录了五处收藏有此书的单位，可我们在《总目》上却根本查不到《竹眠词抄》这一书名！类似情况，不能不给读者利用《总目》，带来很大困惑，而且也不利于《总目》发挥它应有的作用。

误标书名，是《总目》另一项比较严重的疏误。同书异名、一书多名，甚至同一书籍同一版本，在书中不同位置所标注的书名，也常常互有出入，这是古籍编目时经常要遇到的复杂问题，而别集在这方面问题尤为突出，处理起来着实不易。所以，著录书名时，应当有一个规范的标准，以便检索。著录者可或据卷端题名，或据内封面，等等。不管怎样，终归要依据原书本身的一种题名，即所谓"名从主人"，而不能依据藏书人随意题写的名目，更不能随意杜撰。

在这方面，《总目》对有些书籍的处理是很值得商榷的。如清末著名桐城派文人贺涛的文集，仅有民国三年一个刻本传世，《总目》第1712页著录的也是这个版本，书名作"贺松坡文集"。可我前后见到过的六七部书却均题作"贺先生文集"，从封面签条到内封面上徐坊题写的书名、徐世昌所撰序文、目录以及各卷卷端的题名，概莫例外，没有一处题作"贺松坡文集"的地方，甚至连寒斋所蓄此书上版前的清稿本，也是题作"贺先生文集"。不知道编者究竟是依据什么，确定了"贺松坡文集"这样一个名字。贺涛另有函札两卷，仅有民国九年一种刻本，我所见到的这一刻本，从封面签条到徐世昌题写的内封面和所撰书序以及卷端题名，均题作"贺先生书牍"。可是，《总目》第1712页却著录其书名为"贺先生尺牍"，也是令人难以捉摸（《总目》贺涛名下另外著录有"贺先生文集诸家评本"一种，卷次及刊刻年代、地点均与前述所谓"贺松坡文集"相同，疑即《贺先生文集》之评点本，而不会是另外刻有一书）。

以上是我粗粗翻阅《清人别集总目》后，感到有必要对编者和读者指出的一些瑕疵。我对清人别集的了解非常有限，主要是根据自己印象较深的几部集子核查《总目》而妄发议论，很可能有以偏概全之失，可能也免不了少见多怪之讥。不过，前面已经讲过，我的出发点，是希望学术界能够借鉴已有成果的经验，逐步提高现存古籍书目的编纂水平，以期最终达到编纂出传世汉文古籍总目的总目标，彻底理清先人给我们留下的文化遗产。同时，也期望《清人别集总目》这样一部具有重要价值的书目，能够在人们充分了解其某些缺陷的前提下，得到更好的利用，发挥出最大的效益。我想，这也应该是《总目》全体编纂者的共同心愿。

2001 年 2 月 16 日—17 日记

原刊《中国史研究》2002 年第 4 期

《宋版古籍佚存书录》序

古籍版本、目录，过去是古代文史学者治学的一项基本知识和技能。说是过去，其实主要也是清代乾嘉考据学兴盛以后才普遍有这方面的讲究。民国学者，承其流风馀韵，又与西洋实证方法相结合，研求日精，使得版本、目录之学，在很大程度上成为我国古代文史研究走向现代学术的一项重要基础。如史学界开山劈路的古史辨学派，以辨古史、古书之伪为主要研究路径；文学界研究俗文学之《红楼梦》研究、《水浒传》研究、《金瓶梅》研究等等，大多也都是循版本、目录以登堂入室，以至于成就一代学术之巅峰事业。

在广泛依赖版本、目录知识研究学术问题的同时，学术界也开始把版本和目录自身作为研究的对象。在古代典籍目录方面，余嘉锡在民国时期，结合大学授课，撰写《目录学发微》一书，系统阐释中国古典目录学的发展脉络，使之成为一门系统的科学。直到今天，在这一领域，并没有太多新的进展；至少在总体上，新出各项论著，仍然没有能够超越余氏当年的水平。余氏另有《古书通例》，研究古书体例、形式以及目录著录方式等，也是版本目录领域的不刊之著，其中很多内容，属于书籍刊本行世以前的版本研究范畴。

目錄學發微

目錄學之意義及其功用

武陵余嘉錫李豫述

目錄之學，由來尚矣，詩書之序，卽其萌芽及漢世劉向劉歆，奉詔校書，撰爲七略別錄，而其體裁淺以完備。自是以來，作者代不乏人，其著述各有相當之價值。治學之士，無不先窺目錄以爲津逮，較其他學術，尤爲重要。今欲講此學，則其意義若何，與其功用安在，不可不首先叙明者也。

隋志言「劉向等校書，每一書就，向輒撰爲一錄，論其指歸，辨其訛謬，叙而奏。」章學誠所謂「劉向父子，部次條別，將以辨章學術，考鏡源流」也（校讎通義叙）其後作者，或不能盡符斯義，雖曰通人所詆訶。雖曰通志藝文略，目錄一家，已分四類，嚮此枝分歧出，派別斯繁，不能盡限以一例，而要以能叙學術源流者爲正宗，昔人論之甚詳，此即從夾目錄學之意義也。

吾國學術，素乏系統，且不注意於工具之述作。各家類然，而以目錄爲尤甚。故

目錄學　一　民國大學講義

民国铅印《目录学发微》讲义

　　宋代以后，雕版印刷书籍，成为书籍流通的一般形式；活字印刷，也从宋代起，就在行世书籍当中占有一定份额。但不管是雕版印刷，还是活字印刷，总之，先雕刻成字，再印字于纸面的印刷术，已经取代用毛笔直接书写于纸张的书籍制作传播方法。这是中国古代"四大

发明"之一，它在人类文明史上的贡献作用，不亚于当今电脑技术的发明，是学术史上值得大书特书的历史性事件。

王国维在民国时撰写《两浙古本考》、《五代两宋监本考》等，从宋代及其以前的古刻本入手，开始从现代学术角度，探索古籍版本的发展规律，将版本研究纳入科学的轨道，为"版本学"的建立，奠定基础。继王氏之后，赵万里、张秀民、郑振铎、屈万里、钱存训、黄永年诸人，又相继刊布一系列著述，从各个侧面阐释古籍版本的内在规律。迄至今日，也已探索揭示出古籍版本演变的基本面貌，全面建立起科学的古籍版本学。

不过，与古典目录学相比，古籍版本学的研究，涉及面更广，难度更大，因此，也还存在很多十分重要的问题有待深入论证。宋代是古代版刻的肇始时期，对该时期版本的研究，具有特别的意义，而存在的问题，也尤为引人注目。即以我本人所关注的宋代版刻地理分布问题而论，虽然也有人撰写文章或者是在相关著述中做过叙述，但往往只是泛泛袭用版本学研究总结的一般现象，没有能够真正从历史地理学角度，分析宋代版刻地理分布的特征和成因。如众所熟知的宋代三大刻书中心杭州、建阳、眉山，究竟这三大刻书中心，在宋代版刻业中各自占有多大比重？形成这三大刻书中心的地理原因究竟是哪些？其技术传播和扩散的范围、途径又是怎样？刻书业的发展对于自然环境特别是山地林木造成了怎样的影响？等等，有一系列饶有趣味的问题，等待研究者做出解答。这些只是版刻研究中很次要的一个侧面，至于版刻技术、版刻艺术、版刻行业经营成本利润状况等等这些核心领域，有待深入研究的问题，更是不胜枚举。这种研究状况，与我们这个发明印刷术的国度，很不相称。

　　造成版刻研究这种相对滞后局面的客观原因，主要是版本研究必须依赖的旧刻古籍，著录和收藏都相当分散，不像古典目录书籍，容易掌握和获取。因此，需要从基础工作做起，首先理清家底，尽可能全面地汇总所有见于文献著录和现有刻本存世的各个时代所刊刻的书籍，为相关研究提供充分、可靠的条件。令人遗憾的是现在一般论述版本学知识的著述很多，却很少见到有人愿意花苦功夫，从事这类基础工作。长此以往，版本学研究恐怕很难取得有价值的实质性进展。当然，这不只是版本学研究领域独有的问题，在很大程度上，也是整个中国学术界的严重病态。这里有研究者个人的学术境界追求问题，但是学术管理者的荒唐无知和肆意胡作非为，恐怕应当承担更多的责任。

　　在这样一种学术现状下，夏其峰和郗荣生两位并不是专门从事学术研究的人士，却在没有任何费用资助的情况下，凭着自己对于古代版刻事业的喜爱，利用业馀时间，潜心多年，耐心细致地广泛搜集、整理宋代版刻资料，汇集编著了这部《宋版古籍佚存书录》，成为著录宋代版刻状况的集大成著述，为进一步研究宋代版刻提供了最为全面系统的资料，不能不使人感到由衷的敬佩。这是多年以来版本学研究中一项令人兴奋的重要成果，我相信，它的出版，一定会大大推进对宋代版刻的研究，同时也会带动版本学其他方面的研究进一步走向深入。

2005 年 2 月 18 日记